宗教造型與民俗傳承

日治時期在臺日人的庶民信仰世界

林承緯　著

目　錄

圖目錄

序 章：課題與方法

在臺灣這塊土地上保有相當豐富多元的文化傳統，各族群不僅擁有其獨特的生活方式，並構成蓬勃發達的信仰風貌。其中，源於漢人所崇信的佛教、道教及民間信仰等宗教信仰，推測應在十七世紀前後，伴隨漢人移民進入臺灣。從中國東南沿海地帶渡海來臺的先民，在面對陌生異地產生的心靈不安及蠻荒僻地的環境考驗，那些由原鄉攜來的神明香火或分靈神像成為心靈重要的慰藉。民俗學者劉枝萬指出寺廟在臺灣的創設雖隨著各種條件相異，而沒有絕對既定的發展模式，但是基本上移民入臺初期，在基礎的生活條件尚未獲得確保時，先民僅能把神明香火隨手攜帶於身。接著在拓墾情形逐漸穩定，逐步達到定住結村的生活型態之下，開始有餘力搭設草寮、小祠祭祀神明香火。再隨著各地開發的情形，營造出公厝、小廟、中廟、大廟等規模不等的宗教設施[1]。這種在漢人移民背景下所生成的信仰模式，在移民渡海來臺歷經數百年的傳承發展之下，早已根深蒂固地涵養於漢人的庶民生活之中，形成一股左右人們民俗慣習與行為規範的力量。一方面，這股宗教信仰所承載的文化元素，也充分於廟宇裝飾、迎神廟會、民俗曲藝中獲得體現。又如佛教在傳入臺灣之後，伴隨宗教而來的，包含有伽藍的空間樣式、建築裝飾題材、佛菩薩造型、經典繪卷、供具法器等物質性的宗教元素，以及宗教本身具有的教義、戒律、組織、儀式等精神要素。這些傳承於庶民社會中的宗教信仰及其周邊文化，在進入十九世紀末葉日本統治之際，基本上仍延續明清以來的發展路徑。

日治時期以來，臺灣的佛教除承襲明清佛教遺留的傳統，隨著日本佛教八宗十四派傳教布道事業的展開，淨土宗、淨土真宗、真言宗、臨濟宗、曹洞宗、日蓮宗等各大宗派，共同將日本佛教移植入臺，除此之外，日本固有宗教的神道亦隨著新統治者的腳步來到臺灣。日本佛教在臺的發展初期，在各宗派主導的開教措施及配合總督府相關政策之下，著手於臺灣各地創設寺院、布教所等設施，並展開相關的傳道工作。一方面，伴隨此宗教所帶來的宗教文化，臺灣開始出現不同於明清佛教的所謂日式風格的文化元素。日治時期可謂臺灣宗教發展重要的一個轉折點，外來宗教接連的傳入，不僅帶給社會各層面程度不一的影響，同時也豐富了臺灣文化的多樣性。關於日治時期臺灣宗教相關的研究，近年來有相當活絡的跡象，以日本佛教方面的研究而言，主要集中於對日本佛教各宗派在臺的布教措施及政府當局宗教政策之關聯性的探討。同樣地在神道的部分，著眼於探究神道在國家體制下所扮演的角色，以及殖民統治與宗教機構之間的關係。我們發現不論研究對象是從日本本土傳入的日本佛教或是神道，多數的研究皆集中於對統治政權或佛教宗派及神道等宗教組織的課題，對於當時實際傳承於一般民眾生活中的信仰習俗卻少有琢磨。難道日治時期居住於臺灣的日本人皆為統治者？這些人除了部分具官方身分或特別肩負某些宗教上的使命目標之外，其他渡海來臺的一般日本人究竟擁有甚麼樣的信仰生活。

關於民族文化的構造，德國民俗學者Naumann.H曾提出表層文化與基層文化之說，如此

---

1   劉枝萬《台湾の道教と民間信仰》（東京：風響社，1994），頁128-132。

的文化詮釋不僅可作為解析一民族文化的觀點，也可作為檢視一文化體內涵結構的論述。事實上，表層文化與基層文化的關係並非全然相對，譬如經常被作為比擬的：統治階級與被統治階級，富人與貧人，貴族與庶民，都市與鄉村等相對概念，這些都可能橫跨兩個基準，因此可說其彼此間具有部分的重疊或相容。舉例來說，日治時期位居統治階層的日本人，平日工作時是以統治者之姿，擬定實行各項殖民政府制定的政策方針；不過當下班之後，這位官僚褪下制服，回到日常生活居住的空間，進出位在住家旁的食堂用餐，與友人聊著去年參與祭典的生活點滴。也就是說，在近代以來階層隔閡已非往昔，當我們在檢視面對歷史時，應該更全面地觀照任何可能的面向。過去關於日治時期的宗教發展研究，甚少留意到以士農工商之姿生活在臺灣一般社會中的日本人，事實上自十九世紀末葉渡海來臺的日本人，在統治臺灣的半世紀期間，除了今日你我所熟知的由日本各大宗教組織及在臺統治機關，有計畫、目的性地將日本本土的宗教信仰移植來臺，尚有多數非官方身分背景的一般民眾，在初入臺灣這塊異地時，懷抱著像3~400年前漢人跨越黑水溝當時的心情一般，同樣將原鄉的宗教信仰與習俗攜來臺灣，構成在佛教宗派、國家神道之外，另一種不同的信仰風貌。

只不過這些由在臺日人為滿足自我宗教需求及心靈寄託，自發並流傳於庶民社會中的信仰習俗，因傳承型式不同於佛教宗派、國家神道，加上本身屬性先天欠缺文字性的紀錄。因此，戰後隨著主要傳承者日本人的離開，這種僅短暫存在並僅限於某些特定族群間的信仰傳承，即隨著傳承者的不在而中斷消失，再加上時空環境背景等因素，導致各面向相關資料取得的困難。也就在這幾個因素的交錯之下，讓這項曾傳承於臺灣的日本庶民信仰文化全然被遺忘。筆者以為若要充分的掌握日治時期臺灣宗教的全貌，實有必要重新探索日治時期在臺日人的庶民信仰內涵，進而作為補述日治時期臺灣宗教發展的重要素材。藉此除了可以達到全盤理解當時各族群、階層的信仰樣貌，亦可開拓出一條不同於以往的庶民信仰研究領域。因此，筆者近年來開始從資料的發掘著手，以臺灣現今遺留的日本宗教文物及遺跡的基礎調查為起點，透過接近普查規模的田野調查，取得超過預期的民俗資料，開始透過各個造型物件的研究，逐一解析其背後象徵的文化內涵。在這樣的研究過程之中，隨著田野調查與研究持續的推動，這些散落片斷的物件逐步地被串連起來，一幅不同以往的日治時期宗教發展景象，彷彿穿越百年的時空而來。筆者在這樣的過程之中，企圖藉由石碑、石佛、繪卷等當年的造型物件之拼貼，還原最接近真實的內涵樣貌。

本研究主要關心的課題，環繞於日治時期在臺日本人的庶民信仰，民俗資料的發掘與解讀可謂這項研究展開的主要手法，而民俗學的觀點與資料論則是筆者在構思此課題時最仰賴的兩大支柱。民俗學[2]是以研究風俗習慣、傳說民謠、生活器物等自古以來流傳於民間的民俗事物為核心，藉由理解人類生活傳承現象的歷史變遷，進而與現今社會的生活文化展開對話所成立的一門學科。雖然民俗學與歷史學皆以探究過去至今的文化現象為志，不過這兩學門在資料利用的著重上卻有明顯的差異。歷史學是以仰賴過去留下的史籍文獻等文字性資料為主，民俗學則側重於透過流傳民間社會的口傳、部份傳抄的文本及實體的物件等資料，

2　關於歷史學與民俗學於研究手法、資料著重等相關論述，參照：古島敏雄〈民俗学と歴史学〉《現代日本民俗学Ⅰ》（東京：三一書房，1974），頁93-107。

並將之視為探究民間文化之有效載體[3]，也就是所謂的「民俗資料」。本研究探討的日治時期在臺日人的庶民信仰，即希望透過對「物」的考察以還原其文化途徑之方式進行研究，同時也將透過對現今仍健全傳承於日本的相關文化現象的理解，以建構出在臺日人庶民信仰的全貌。民俗學的基本研究模式是透過對現代所見之民俗現象的研究調查來理解過去的民俗樣貌，但是如此的研究途徑確實容易在時間、空間等先天條件的侷限下，特別是對於至今已相隔二、三世代以上的庶民社會實態及風俗慣習的理解，產生難以克服的研究侷限。舉例來說，在二十一世紀的今日，當考察的對象為近百年前曾經傳承，不過日後卻在各種因素作用下中斷的民俗文化時，一般僅能期待相關遺留、傳世之物件所能發揮的資料價值。

民俗學者朝岡康二在文字、圖像、物質這三種型式的歷史性研究資料中，特別矚目於物質性資料在民俗研究中所具有的價值[4]。究竟物質性資料對著重訪談調查的民俗學來說具有甚麼樣的意義，同時在傳承文化的探究之上，足以發揮甚麼樣的功能。朝岡康二根據物質性民俗資料之性質，理出「被發現之物」與「受傳承之物」兩種概念。所謂被發現之物，泛指在某個偶然之下，從地底或某些地點發現至今不被熟知之物，這類型的出土發現之物，雖然多數為考古學資料，不過也有部分屬於民俗學研究的資料。另一被稱為受傳承之物或是傳世之物的部分，則是從物質在製作完成賦予功能或價值後，代代持續的被人們所維持利用。譬如北港朝天宮正殿所供奉的十七世紀末從福建迎請來的媽祖神像，這尊神像供奉至今已有300餘年的時間，期間歷經損壞、修復等自然及人為的物質性改變，與發現之物的資料性質有明顯的不同。民俗學在運用物質性資料（特別是傳承之物）進行傳承論分析時，經常也配合口傳性或是部分文字性資料，以求有效掌握完整的傳承文化發展脈絡及內涵。反觀當採取的資料屬新發現、發掘的未知性民俗資料時，則將面臨較多需克服的門檻。畢竟民俗學視點下的物質研究，雖然也關心物本身的型態、尺寸、材質、技術等特徵，不過一方面，更著重於探索物與人之間所構成、衍生的文化現象。換言之，任何一個物（特別是人造物）存在的背後，絕對具有人為的因素，因此透過物的研究將可反映出其背後蘊含的文化[5]。

本書承上述之研究著眼與概念，選定今日仍流傳或近年再發現的日治時期傳承於庶民社會中的巡禮石佛、巡禮記、石佛、宗教繪卷等主題，探索日治時期在臺日人的庶民信仰內涵，以及在戰後時空環境背景下所呈現的轉變。至今關於這類型的研究鮮少有人投入，相關的研究成果亦非常稀少，本書即在探索並還原當時傳承於庶民生活之中的信仰習俗。雖然這些信仰文化隨著戰後日本人回國，讓短暫且僅限於某特定族群的信仰傳承頓時失去了延續，不久便受世人所遺忘。不過，近年隨著部分仍殘留於民間角落的日治時期文物的再發現，提供了一個重新探索日治時期在臺日人信仰樣貌的重要線索。本書所著手的研究即在參考並進一步發掘更多相關訊息、資料下展開，各章節主題扣緊日治時期50餘年間由在臺日人發起或主導的源自日本本土的信仰活動，透過今日遺留可見的造型物件、遺跡及日本本土仍保有的

3　關於歷史學與民俗學於研究手法、資料著重等相關論述，參照：古島敏雄〈民俗学と歴史学〉《現代日本民俗学Ｉ》（東京：三一書房，1974），頁93-107。

4　朝岡康二〈民俗学的な資料としての「モノ」とその記憶〉《民俗学の資料論》（東京：吉川弘文館，1999），頁49-58。

5　朝岡康二〈民俗学的な資料としての「モノ」とその記憶〉《民俗学の資料論》，頁62-64。

文化內涵展開論述考究。

　　日治時期臺灣的宗教狀態呈現複雜多元的重層結構，漢人社會的庶民信仰主要揉合了佛教、道教及民間信仰等元素，原住民族的傳統宗教屬於泛靈信仰，至於在臺日人的宗教信仰看似由日本佛教宗派、神社神道主導。不過事實上，在本書透過各主題的研究探索之下，顯示除了前述制度化宗教引領下的宗教生活，在當時庶民階層中更傳承著一般民眾所主導、肩負的信仰習俗活動。究竟日治時期居住於臺灣的一般日本庶民，過著甚麼樣的信仰生活？另一方面，今日散布於臺灣山間野外的日本石佛及相關遺跡，到底是甚麼樣的宗教信仰之具象表現？這是本書各章展開書寫過程中抱持的疑問。以下彙編成為本書各章節的論文，分別為筆者近年來調查研究所得，以及藉此成果延伸發展而成的一些研究成果。各章節之論述主旨與內容如下：

　　「第一章 日治時期巡禮文化的發展與變異」由日本巡禮遍路文化的基礎構造與概念提起，在近年調查日治時期現存於臺灣各地的宗教相關文物中，發現以作為日本巡禮文化的新西國三十三所觀音靈場之札所石佛的現存數量最多，可謂臺灣現存最豐富的在臺日人移植入臺的庶民信仰相關遺跡與造型。本章從日治初期隨著日本佛教在臺發展及日本人移居，間接將日本佛教庶民化中最著名的西國巡禮、四國遍路，移植到異地臺灣的歷史脈絡談起。這個移植於日本本土的信仰文化，在戰後隨著時空、環境及信仰的轉換，導致當時設置於臺灣的石佛、碑石等宗教造型，完全脫離原有的文脈，成為今日追憶臺灣日治時期這段歷史記憶的重要標的。本章針對現存於臺北、基隆、新竹、宜蘭等地的新西國三十三所靈場（地方靈場）相關遺跡，透過文獻史料分析及實地田野調查，闡述巡禮文化的發展軌跡。同時也嘗試對現存遺址物件的材質、造型、構造所呈現的變化及特徵展開分析，力求以具象的「物體」來探究抽象的「信仰」習俗內涵，重現二十世紀初葉曾短暫落腳於臺灣的日本巡禮文化。

　　「第二章 臺北新四國八十八所靈場的創建」以探討西元1925年由在臺日人創建於臺北市周邊的「臺北新四國八十八所靈場」為題。在日本江戶時期蓬勃發展的庶民信仰之中，前往聖地朝拜巡禮可謂當時極為活絡的一項宗教活動，其中又以西國三十三所靈場的觀音巡禮與四國八十八所靈場的遍路最具代表。第一章在概述日本巡禮文化的歷史源流與內涵之下，選擇了西國三十三所靈場的觀音巡禮移植入臺的數座地方靈場為具體研究對象。本章承襲該章以當年設置至今仍部分遺留於臺灣各地的造型物件、空間場域為主要依據，具體考察對象為日本巡禮文化移植入臺的首例：臺北新四國八十八所靈場。該巡禮靈場從設置計畫、創設資源以至於開創後的巡拜活動營運，基本上皆非屬於某特定宗派或寺院主導，與日治時期由政府當局或宗教組織推動的布教活動之作法差異甚遠，從這座靈場遺構及相關紀錄的解讀中，顯示由一般民眾為主體的庶民信仰與日本各宗教的發展有明顯差異。另一方面，透過該靈場現狀遺跡的考察過程中，顯示戰後隨著靈場原功能喪失，過去做為靈場巡拜對象的石佛，幾乎完全脫離原宗教文脈及信仰價值。伴隨時空環境之轉換，臺北新四國八十八所靈場不論在設置位置、信仰、功能、設置、形貌等面向皆產生極大的改變。本章藉由這座地方靈場今日所殘留的遺構及相關文件，說明日治時期活躍於在臺日人庶民生活中的靈場巡禮，並反映移植異文化的外來宗教在異地的傳布發展及面臨的侷限。

　　「第三章 巡禮記所見的臺北新四國靈場巡禮文化」持續探討日治時期移植來臺的巡禮靈場及其信仰文化，具體的考察手法從一、二章著眼的現存靈場遺跡及相關文物的調查分析，轉移到以當時參與者留下的文字紀錄解析。嘗試透過不同於物質考察為主的研究趨向，在針對當年與巡禮直接相關的文本資料解析詮釋下，讓歷經時空及社會背景巨變，殘缺四散於臺灣各地的地方靈場及其巡禮活動的原貌得以重現。在日本的宗教朝聖、靈場巡禮發展歷程中，由巡禮者將親身體驗及巡禮間的觀察書寫成巡禮記的傳統由來已久，這些包括巡禮記及道中日記、靈驗記、靈場記等相關文本資料，在巡禮遍路成為學術研究課題以來，一直廣受研究者的矚目。作為理解靈場巡禮重要文本資料的巡禮記，雖然絕大多數記錄的是西國巡禮或四國遍路這兩座本靈場的巡拜過程，不過事實上在部分地方靈場中也具有各自巡禮者所留下的紀錄。特別是對多數創建或荒廢原因不明，少有相關歷史記載的地方靈場而言，巡禮記可視為理解該靈場巡禮最重要的一手資料。本章將以現存唯一以日治時期臺灣地方靈場巡禮為題的巡禮記為考察對象，具體針對刊登於西元1936-1937年間，由署名宮地硬介、三九郎分別刊載於《臺灣遞信協會雜誌》、《市街庄協會雜誌》兩刊，題名為〈靈場を訪ねる者〉、〈臺北新四國八十八個所巡禮（一）〉、〈臺北新四國八十八箇所 巡禮の記〉及其（二）、（三）共五篇的巡禮記為題材。預期藉由系統性的對巡禮記內容進行解讀，力求更完整地解讀這段早已被遺忘的戰前移植於臺北的日本朝聖之道。

　　「第四章 日本石佛在臺灣的發展軌跡」將以日本石佛這項宗教造型為起點，全面性的探討日本石佛文化在臺的發展脈絡。矚目日本庶民社會中重要的信仰表徵：石佛，從以石造像的石佛這項宗教物件為題，考察日治時期日本石佛在全臺各地的營造及信仰傳承之經緯。日治時期隨著來自於日本各地移民的遷入，為臺灣帶來不同於漢人、原住民信仰生活中的石崇拜。在戰前50餘年的日本統治期間，不論是日本庶民生活情境中常見設於墓地周邊象徵渡濟六道眾生的六地藏石佛，追憶、移植日本本土宗教聖地西國巡禮、四國遍路的靈場札所石佛，或是為祈願及安頓人心所安奉的不動明王石佛，這些信仰及造型皆跨海出現於臺灣各地。本章透過史料文獻及田野採集，探討日治時期所傳入的日本石佛及其信仰特徵，在民俗學所著眼的傳承與信仰構造的學科視野中，一窺這項至今仍屬未開的研究領域。臺灣從二十世紀初葉出現的第一座日本石佛，直到日本統治落幕之前，日本石佛伴隨著在臺日人的足跡遍布全臺。在數十年間各地所留下的造立事蹟中，多數的石佛皆出自庶民之手，不同的石佛類型反映出各個造立者內心的期盼與寄託，從中呈現在教派佛教與神社神道之外，傳承發展於庶民生活中的信仰原貌。

　　「第五章 高雄市千光路日本石佛及其文化資產價值」這章考察的對象雖然仍環繞於巡禮、石佛等與前幾章相似的研究課題，不過研究的動機及其著眼方向，卻來自近來發生於高雄的老屋宅拆除事件。西元2010年12月，一棟位在高雄市鼓山區千光路上進行著拆除工程的日式民宅，意外地讓塵封七十餘年的日本石佛重見天日。連日來隨著各媒體的爭相報導，這座刻有「西國第一番」銘文及呈現如意輪觀音容像的石佛，一夕間成為世人矚目的焦點。本章綜合田野調查及相關史料，首先著眼於石佛座落原址的環境背景考察，接著考察焦點集中於這座石佛，對千光路石佛的傳承背景、造型特徵、銘文內容、保存狀態進行判讀解析，再

與日本本土同類型的石佛做比較。具體來說，將透過造像目的、造像背景、容像解析等三個層面著手，解析這座至今唯一發現於南臺灣的日本巡禮系統的石佛，一探其背後所蘊含的歷史記憶及宗教意涵。另一方面，面對這座意外出土的日治時期宗教造型，章節中也企圖立足於文化資產角度，以調查研究成果為基，闡述發現於千光路14號的日本石佛所具有的文化資產價值，並對於該石佛未來的保存作法及管理維護之道進行說明。本章可謂在傳統的研究課題探索之下，試圖與近年政府推動的文化資產保護意識接軌，闡述源自日治時期在臺日人遺留之文物具有的文化資產價值及其保存意義。

　　本書前五章以巡禮遺跡、巡禮記、石佛等課題為切入點，探索日治時期在臺日人的庶民信仰實態，「第六章 臺北天后宮藏《弘法大師行狀曼陀羅》繪卷」則選擇了數幅在臺日人為祈願而捐獻給寺院的宗教繪卷，延伸並貫串本書著眼的宗教造型與民俗傳承這項共通主題。至今國內外學界對於日治時期美術發展相關的研究已有豐碩的成果，不過對於宗教性繪畫，特別是當時傳承於日本人信奉的佛教、神道兩大宗教系統下的美術圖繪等作品，甚少有相關的研究成果問世。本章在田野調查的發掘下，針對日治時期佛教真言宗新高野山臺北弘法寺所傳，現收藏於臺北天后宮的《弘法大師行狀曼陀羅》這件堪稱國內現存日治時期佛教美術圖繪中，少見保存完整、作工精緻、莊嚴素美的宗教繪畫之圖像內涵及作品由來進行解析探究。具體而言，本章以臺北天后宮所藏《弘法大師行狀曼陀羅》為考察核心，首先從日本的繪卷藝術及佛教高僧傳繪卷的發展談起，接著敘述傳承於日本民間的弘法大師信仰與大師行狀繪卷之源流譜系。最終解析一式四卷共48個畫面的《弘法大師行狀曼陀羅》高僧傳繪卷圖像內涵，透過歷史文獻考證及繪卷構成之探討，呈現本繪卷畫的風格內涵及其圖像意義。同時透過這部源自庶民奉納之物，提供另一角度來理解日治時期在臺日人的信仰實踐及實際作法。

　　基於上述構成本書的六章內容，大致皆環繞於日本宗教巡禮的信仰文化，透過傳承於民間的巡禮記、新聞報導等文本，宗教巡禮靈場的遺構、石佛、碑石，以及由線條色彩及文字構成的民間繪卷等多樣的宗教造型，檢視其背後所蘊含的民俗、信仰傳承內涵，因此採宗教造型與民俗傳承為本書的主標。透過不同的物質類型、多重的考察面向，探究日治時期傳承於一般庶民生活中的信仰樣貌。除此之外，也希望藉此研究突顯日治時期即使皆來自日本本土所傳入的宗教信仰，不過，隨著宗教信仰傳入的目的及信仰者的差異，除了統治者主導的施政措施下的宗教信仰發展。事實上，當時伴隨著國家領土擴張，跨海移民至臺灣展開新生活的一般日本人的信仰生活，也具備有高度的自由度，得以自主性的結合眾人之力，將日本本土原鄉的信仰移入臺灣。透過本書對於日治時期屬於一般日人庶民的信仰生活探討，期盼能增添回顧日治時期臺灣宗教發展上更完整的風貌，並作為理解補述日治時期臺灣各族群宗教發展情形及辯證史觀的重要素材。看待歷史的方式，除了傳統從國家體制、公領域為主的角度觀看探尋以外，不論在甚麼樣的年代裡，始終默默的活在基層的社會裡，卻因缺乏文字性等明確能傳世之資料，經常受後人所遺忘的廣大民眾，實際上擁有超越今日你我想像之下的信仰生活樣貌。

第一章　日治時期巡禮文化的發展與變異

　　朝聖、巡禮為世界各宗教共有的宗教行為，不論是在東方佛教原鄉的印度佛跡巡禮，
或是中國的聖地巡遊及日本佛教的巡禮遍路，皆為東方宗教朝聖文化的代表。一方面，存在
於西方世界的伊斯蘭教麥加朝聖、基督教的聖地亞哥朝聖，或是與猶太教共有的耶路撒冷朝
聖，同樣也透過徒步巡禮聖地等宗教行為，達到其宗教意義的實踐。日本佛教的巡禮傳統源
起於平安時期僧侶的苦修，如此的宗教文化及其相關造型，在日治初期隨著日本佛教在臺的
發展及日本人的移居，間接將日本佛教庶民化中最著名的西國巡禮、四國遍路移植到異地
的臺灣。如今這些宗教遺跡仍散布於臺北、基隆、新竹、宜蘭及花蓮等地，不過隨著時空、
環境及信仰的轉換，移植於日本本土宗教信仰下的宗教巡禮文化，早已脫離原有的文脈，特
別是伴隨巡禮、遍路文化而遺留在臺灣各地的石佛、碑石等宗教造型，成為了追憶臺灣日治
時期聖地移植這段歷史記憶的重要遺跡。本章著眼於今日現存在臺灣的日本巡禮相關遺跡，
透過文獻史料分析及實地田野調查所得，闡述日本巡禮遍路文化的發展軌跡，同時也嘗試對
現存遺址物件的材質、造型、構造所呈現的變化及特徵展開分析，力求以具象的「物體」來
探究抽象的「信仰」、「行為」之可能。藉本研究重新再現源起南亞印度，日後經歷東傳之
徑，最終於二十世紀初葉曾短暫落腳於臺灣的佛教朝聖文化的原貌。

一、研究之目的與展開

（一）研究背景與對象

　　八〇年代以來，隨著政治環境改善與本土意識高漲，本土研究蔚為一股風潮，不論在文
學、歷史、社會，或是宗教、民俗、藝術等研究領域上，皆相繼有代表性的研究成果問世。
也就在這股浪潮的推波助瀾下，各領域所關注的研究範疇及課題不斷地擴張。就以宗教、民
俗、藝術領域為例，在本土研究正式起步階段，世人的關心多數集中於漢人傳統的寺廟建
築、民俗祭典，或是原住民的文化與藝術表現。不過近年來，學界關注的研究焦點，可說在
持續並進一步深化前述的研究課題之餘，也逐步開始將關心擴及到其他曾在臺灣這塊土地上
留下足跡的文化脈絡，譬如對西荷時期的考察，或者是日治時期的探索。其中特別又以日治
時期遺留下的眾多建築物及公共設施，一時之間成為世人關注的焦點。近年來，隨著相關研
究環境、學科面向，以及基礎知識的成熟，日治時期研究的面向更顯得多元豐富，本研究著
眼的日治時期日本人遺留的信仰文化及其相關造型即為典型一例。

　　朝聖、參拜為古今內外各宗教信仰中最盛行的宗教行為之一，在東方，舉凡佛教原鄉
的印度佛跡巡禮、中國的聖地巡遊、日本的巡禮遍路，以及臺灣的遶境進香，各自展現出東
方朝聖文化多元的樣貌。反觀西方各宗教，亦擁有其獨特的朝聖文化，不論是伊斯蘭教的麥
加朝聖、基督教的聖地亞哥朝聖，或與猶太教共有的耶路撒冷朝聖，無不透過徒步行走巡
訪聖地，達到宗教追求的信仰實踐。今日所見的日本佛教朝聖傳統，源起於平安時期（西元
794–1185年）僧侶的苦修行腳，此類型的宗教文化及其造型，在日治初期隨著日本佛教在臺

的發展及日本人的移居，間接地將日本佛教庶民化中最著名的西國巡禮、四國遍路，自日本本土移植到異地的臺灣。如今這些宗教遺跡仍遺留在臺北、基隆、新竹、宜蘭及花蓮等地，不過，源自於日本佛教體系下的宗教文化及其造型，早已隨著時空、環境、文化之轉變，完全脫離原有的文脈。特別是伴隨巡禮、遍路文化而散落於臺灣各地的石佛、碑石等宗教造型，成為了追憶臺灣日治時期聖地移植這段歷史記憶重要的文化遺址。

　　日本巡禮文化深具濃厚的獨特性，如此的宗教朝聖行為不同於宗派寺院所主導的宗教行為，而是與庶民社會及常民生活慣習緊密結合，因此學界將之視為民俗佛教、民間信仰範疇下的一項宗教活動。這樣的特質充分顯現於日治時期發起於臺灣各地的朝聖巡禮，位於臺灣的巡禮靈場是以石佛作為巡拜對象，這些石造的佛像與相關設施隨著戰後政權及環境、宗教的更替，失去了往昔的功能與意義。並於時光的推移之下，導致過去曾為祭祀對象的宗教文物或設施逐步被世人遺忘；所幸近年來透過部分登山客、寺院、文史研究者的力量，讓這些日治時期遺留下來的宗教遺跡得以重見天日。但是一方面，也由於這些石佛或遺跡早已脫離原本的文脈，加上國內對於日本本土的宗教信仰理解有限，導致目前不論就學界或是民間，對於這些文物造型及其背後存在的信仰文化仍未能有完整的理解。筆者藉此以近年持續展開的日本宗教巡禮的研究成果為基礎，擇以臺灣現存的日本巡禮文化遺跡中，具體事例最為豐富的西國三十三所靈場巡禮系統為例[6]，透過文獻史料分析與實地田野調查的研究手法，考察日本佛教巡禮遍路文化的發展軌跡。透過現存遺址物件的材質、造型、構造等面向展開深入解析，力求以具象的「物體」來探究抽象的「信仰」或「行為」的可能。藉此一探源起南亞印度，日後經歷東傳之徑，最終於二十世紀初葉曾短暫落腳於臺灣的日本朝聖巡禮的原貌。

（二）相關研究成果概述

　　本章以日治時期在臺發展的巡禮文化為題，為求確實對研究課題展開完整的實證考察及解釋分析，本研究所涵蓋的研究範疇與涉獵的相關研究成果，大略可細分為三。其一屬於日本巡禮文化的基礎研究，藉此理解研究課題於原生文化中所具有的實態及構造，以探討文化在移植之下所產生的變化。第二個部分著眼於聖地移植的探討，也就是所謂的地方靈場創建營造，除了參照以日本國內各地方靈場為主的相關考察，也關注部分研究日本聖地移植海外的相關論著。第三個層面所參考的是描述臺灣各地的日治時期巡禮文化遺跡的報導，掌握、理解現存於臺灣的巡禮靈場遺跡的現況實態，並作為田野調查實施的參考依據。回顧日本巡禮文化研究的歷史，早在二十世紀初葉，即零星出現介紹性的刊物及巡禮體驗記，到了五〇年代前後，以學術研究手法所完成的研究專論逐步問世。雖然日本巡禮文化成為學術研究課題的時間僅半世紀，不過在歷代研究者持續累積的研究成果之下，已明確樹立出巡禮文化的獨特性及重要性。特別是近年來，涉獵於巡禮研究的學門已從過去主流的宗教學、歷史學、

6　日治時期移植到臺灣的日本巡禮文化，除了座落於基隆、宜蘭、新竹、臺北觀音山，以及臺北大慈寺等地的西國三十三所觀音巡禮系統的地方靈場之外；另一部分屬於四國八十八所遍路系統的靈場，譬如西元1925年以臺北盆地為中心所設置的臺北新四國靈場，或是座落於花蓮慶修院內的花蓮新四國靈場。關於四國八十八所遍路的巡禮文化移植入臺的考察，在本書第二、三章有完整的論述。

民俗學、文化人類學，逐步擴充到藝術史、文化地理學、社會學等學科領域，讓巡禮研究的發展日趨成熟。

　　具體以本章著眼的西國巡禮的研究為例，就有：淺野清編《西國三十三所靈場寺院の総合的研究》、新城常三《社寺参詣の社会経済史的研究》、矢島浩《秩父觀音靈場研究序說》、武田明《巡礼の民俗》、前田卓《巡礼の社会学》、真野俊和《旅のかなの宗教—巡礼の民俗誌》、五來重《西国巡礼の寺》、星野英紀《巡礼—聖と俗の現象学》、佐藤久光《遍路と巡礼の民俗》、森澤義信《西国三十三所道中の今と昔》等代表性的論著，在數十年間相繼問世。其中，新城常三《社寺参詣の社会経済史的研究》一書透過豐富的歷史文獻與田野調查成果，針對各靈場的發展及變遷有深入的探討，特別是從社會學角度對巡禮者與各札所進行的分析，對了解日本江戶時期（西元1603–1868年）至今的巡禮發展相當有幫助。前田卓《巡礼の社会学》承襲新城常三的研究模式，透過西國巡禮靈場各札所收藏的江戶時期文獻資料為基礎，配合六〇年代起針對西國巡禮展開的縝密調查，還原巡禮文化近百年的原貌，對於巡禮者的性別、宗派、巡禮過程有相當獨創的考察。此外，武田明《巡礼の民俗》與真野俊和《旅のかなの宗教—巡礼の民俗誌》二書，著眼傳承於巡禮文化中的民俗事項，特別對於非宗派主導的巡禮行為所蘊含豐富之民間傳承及民俗知識展開細膩的研究，這是過去在宗教學、社會學、歷史學研究上所少見的。

　　本章涉及的第二個面向為日本聖地移植海外的課題，也就是日本本土發源的巡禮、遍路等宗教行為，隨著移民、布教等因素傳播到日本列島以外的發展情形。這部分的重要研究成果有：星野英紀〈四国遍路における聖地性の特質〉（《現代宗教》3）、近藤隆二郎〈ハワイ日系人社会における写し巡礼地の成立と変遷〉（《日本造園学会誌》68—5）、角南聰一郎〈台湾日本人移民社会における写し霊場の成立とその後—石仏の流用を中心に〉（《天理台湾学会第17会研究大会発表要旨集》）等文、以及パランボ湊石ローレン麗子〈ハワイにおける「プランテーション住居型」寺院建築の研究：ハワイの日系人社会における寺院建築の変容過程に関する研究(1)〉（《日本建築学会計画系論文集》513，1998）這篇間接性的研究成果。可惜的是這些研究成果普遍仍停留在概說性的描述，導致篇幅內容不僅相當有限，對於個別事例也未有深入的考察。僅提供了戰前隨著日本人移民傳到海外的日本巡禮文化的發展概況，除了人們熟知的臺灣與夏威夷兩地以外，在巴西、韓國也發現了疑似巡禮靈場遺跡的訊息。只不過這樣的訊息仍相當片段，在具體的研究成果尚未出現前，對於日本巡禮在海外的發展及其現況仍無法清楚掌握，有待日後更多研究及事例調查的產出，以充實深化該研究課題。

　　本章關注的第三個面向是關於臺灣各地遺留的日本巡禮靈場遺跡的相關考察。這個部分的研究情形，至今除了部分田野探訪性的報導之外，還未有循序著從日本傳入臺灣的這條歷史脈絡，解析日本巡禮文化移植入臺的發展歷程，或關注於外來宗教文化對臺灣社會及宗教帶來的影響。雖然專論性的研究成果尚無出現，不過以鄉土資料或是宗教文物探訪為出發點所完成的論著已有數篇，這些成果成為本研究田野調查的重要基礎資料。代表性的著作如：郭祐孟〈新竹十八尖山的西國三十三所觀音石佛〉（《竹塹文獻雜誌》39期）、〈基隆觀音石

佛巡禮記〉（《圓光雜誌》89期）、〈宜蘭觀音石佛踏查記〉（《圓光雜誌》92期），以及張德南的〈十八尖山的觀音石柱〉（《竹塹文獻雜誌》28期）一文。這幾篇考察報告，詳細地描述新竹、基隆、宜蘭三處地方靈場巡禮遺跡的現況，此類出自實際探訪的第一手報導，對本研究在理解日治時期各靈場遺跡現況相當有幫助。

二、日本的巡禮文化

（一）聖地與朝聖巡禮

雖然朝聖的行為在人類的宗教信仰中普遍可見，不過伴隨著各宗教、文化間的差異，已衍生出各種不同的朝聖風貌及其用語表現。其中，傳承於日本列島上的宗教朝聖行為，相較於其他各國，不僅類型眾多，體系完整，更具備明顯的獨特性。朝聖在日語中稱為「巡禮（Junrei）」，意指巡迴禮拜之意，特別是巡迴這樣的概念，被視為日本朝聖的特色。一方面，日本朝聖文化的豐富多樣，也間接反映於用詞及語彙上。自古以來除了巡禮之外，還出現「順禮（Junrei）」、「迴國（Kaikoku）」、「參詣（Sankei）」、「遍路（Henro）」，或是「詣」、「参り」等關於朝聖行為的稱法[7]。上述這些用詞的產生，可視為日本朝聖概念發展中，隨著歷史緣起、地區傳承的異同，所造就出的各式不同的內涵與構造。「巡禮」一詞，為日本宗教朝聖活動的總稱，泛指前往聖地的旅程。狹義的「巡禮」則限定於巡迴禮拜，也就是連續並長距離地參拜複數聖地的宗教旅程，如著名的西國三十三所觀音靈場的巡禮（西國巡禮）、四國八十八所靈場的遍路（四國遍路），堪稱最典型的日本宗教朝聖行為。長久以來，「巡禮」被作為英語「Pilgrimage」的譯名，不過日語的「巡禮」與英語「Pilgrimage」，在概念上卻存在著明顯的差異。以麥加朝聖或西班牙的聖地亞哥朝聖為例，這些朝聖活動皆擁有一個明確、具體的目的地，雖然在邁向聖地參拜的過程中，也將經過其他的宗教聖地並加以參拜，不過仍以到達最終的聖地為目的[8]；如此所謂的「Pilgrimage」行為模式，可謂西方及世界多數朝聖的廣泛型態。

反觀，上述說明的日本「巡禮」一詞，不論是西國巡禮或是四國遍路，皆並非以單一朝聖場域為目標。名為西國三十三所觀音靈場的巡禮活動是由33座札所寺院所構成，雖然巡禮靈場將各寺院編號，從第一番到第三十三番皆分屬於某特定的寺院，不過該宗教行為本身所重視的是巡迴的過程，而非從起點到達終點這樣的行走模式。換言之，即使多數的朝聖者將第一番視為起點，第三十三番作為終點，不過如此的認知仍屬個人所有，對於日本巡禮的本質而言，不論是以第二番為起點第一番為終點，或是從第十五番出發逆向巡拜至第十四番，基本上這些宗教行為所蘊含的宗教意涵相同，這是日本巡禮與單一朝聖參拜間最大的差異[9]。事實上，日本的宗教朝聖除了巡禮類型之外，同時也擁有世界各國普遍可見的單一聖地型態的宗教朝聖，稱為「參詣」。例如著名的伊勢神宮參拜，或是位於紀伊山地的熊野三

7　林承緯〈日本的朝聖文化：西國巡禮與四國遍路〉《傳藝雙月刊》95期（臺北：國立臺灣傳統藝術總處籌備處，2011），頁88-91。

8　真野俊和〈日本の巡礼〉《日本の石仏》133号（東京：青娥書房，2010），頁5。

9　星野英紀《四国遍路の宗教学的研究》（京都：法藏館，2001），頁17-23。

山朝拜，自古以來分別被稱為「伊勢參宮」、「熊野參詣」。「參詣」擁有一個最終的朝聖
對象、場域，像是「伊勢參宮」的伊勢神宮（內宮、外宮），「熊野參詣」則以熊野本宮大
社、熊野速玉大社及熊野那智大社3座神社為終點，朝聖者即使在前往聖地路途中，也將順
道參拜座落於沿途的神社、寺院、小祠、石佛，不過聖地之旅的落幕在於到達聖地那一刻。

　　比起與西方或東方多數的宗教朝聖類同的「參詣」，「巡禮」可謂日本獨特的宗教朝聖
模式，此宗教行為將巡迴、巡拜視為最重要的核心。選定相當數量的聖地群作為朝聖目標，
並將特定的宗教聖地加以統整，使之成為具系統次序的組合，最後再分別為各聖地標註編
號，如此的聖地營造可說是日本巡禮的基本構造。而這種獨特的朝聖型態及樣貌，除了可溯
及到僧侶的苦修行腳，以及漂泊巡遊四方的巡禮者所賦予；今日依舊廣泛傳承於日本民間的
風俗習慣，例如：三十三度登拜、六十六部迴國、百度詣、千社札等重視多次反覆參拜的民
俗及宗教儀禮作法，亦可視為豐富日本巡禮文化的一項源頭。「巡禮」一詞最早出現於九世
紀中葉由天臺宗僧侶圓仁所著《入唐求法巡禮行記》，意指巡行參拜聖地之意[10]。圓仁於承
和5年（西元835年）入唐，在停留的十餘年之間，不間斷地記錄巡歷於五臺山及各處聖地、
寺院的修行過程。而後隨著西國巡禮的出現，間接地帶動區域性巡禮活動的誕生，「巡禮」
就在這樣的發展背景中，首先成為了觀音巡禮的代名詞[11]。到了十五世紀前後，以座落於四
國地區與弘法大師信仰相關的寺院群為主體所構成的四國遍路正式成立，「遍路」著重於苦
行巡歷山海路徑的修持[12]，孕育出不同於西國觀音巡禮系統的宗教朝聖內涵。

　　不論是西國巡禮或是四國遍路，「靈場（Reijou）」及「札所（Hudasyo）」為構成日
本巡禮、朝聖行為的兩大要素。所謂「靈場」，指的是以數個聖地構成的聖地群，例如由33
間寺院編組而成的西國巡禮靈場，或是88座寺院所構成的四國遍路靈場，如此作為巡禮者朝
聖巡迴參拜的空間場域，即稱為「靈場」。至於「札所」則是被作為巡禮或遍路的一個巡拜
據點，譬如西國巡禮是由33間供奉觀音菩薩為本尊的寺院所組成，這些寺院各個都是靈場內
的一處札所。舉例來說，第一番的青岸渡寺，就是西國巡禮中編號第一的巡拜札所，同樣的
位於奈良的古剎長谷寺，則是西國巡禮的第八番札所。但不論是青岸渡寺或是長谷寺，寺院
本身除了是構成西國巡禮的札所，各自也仍保有其獨立性。因此，西國巡禮實際上是由複數
的聖地所構成，這些聖地群的結合即構成朝聖者巡拜的靈場空間。確實個別札所本身也具備
完整的聖地性格，不過將聖地串聯、整合組織為一系列的群體，並搭配構成聖地所需的環
境、地貌、景緻等條件，形塑出完整豐富的聖地體驗，如此的作法可謂日本巡禮文化的一項
重要特徵。除此之外，在日本列島各地也存在著以小祠、石佛等型式所營造的地方靈場，各
個小祠、石佛被作為西國巡禮各札所的象徵，所以刻上西國第一番文字的石佛，即代表該地
方靈場的第一番札所，由33座石佛設置的空間場域，便象徵位於日本近畿地區的西國三十三
所觀音靈場。

10　星野英紀《四国遍路の宗教学的研究》，頁17-18。
11　佐藤久光《遍路と巡礼の民俗》（京都：人文書房，2006），頁24-27。
12　林承緯〈日治時期宗教繪畫之探析：以臺北天后宮藏《弘法大師行狀曼陀羅》高僧傳繪卷為例〉《臺北文獻直
　　字》175期，2011），頁93-95。收錄為本書第六章內容。

　　日本巡禮文化的豐富多元，清楚地反映於類型樣態上　青木保、真野俊和、小嶋博已、星野英紀等研究者，透過各自的研究著眼闡述其類型論述[13]，筆者參考了各家的類型之說，嘗試從信仰、聖地兩屬性對巡禮文化進行分類。首先以信仰屬性而論，日本的朝聖巡禮應可分成兩大類型，其一是以參拜觀音菩薩、不動明王、十三佛、地藏菩薩、不動明王等特定神佛為核心的「本尊巡禮」；另一種巡禮類型，則是以追隨宗祖、高僧修行之道，或是由宗教名勝所發展而成的「聖蹟巡禮」。前者以西國三十三所靈場也就是「西國巡禮」為代表性，後者是以弘法大師空海修行的四國八十八所靈場的「四國遍路」而聞名。第二種巡禮的分類著眼於聖地的創設型態，將朝聖巡禮分成「本靈場」與「地方靈場」，或者是「原創靈場」與「複製靈場」。本靈場相對於地方靈場，所謂的本靈場指的是以西國巡禮、四國遍路為代表的日本巡禮文化發源地，至於「地方靈場」一稱是對應於西國巡禮、四國遍路的靈場所產生的概念。同樣地，也可以使用原創靈場與複製靈場、模擬靈場之稱來描述靈場的性質，所謂的原創靈場就是指西國巡禮與四國遍路，至於參照巡禮遍路的構成及若干特徵，展開完整或部分複製、移植模擬的巡禮靈場，稱為「複製靈場」、「地方靈場」或是「新靈場」。關於聖地移植、靈場複製的文化構造，在本章的「（三）聖地移植與地方靈場」篇幅中有更詳細的說明。

（二）巡禮與遍路的構造

　　以近畿地區為中心之西國巡禮所構成的三十三所觀音靈場，可謂日本最早創設的巡禮靈場，相傳在西元718年（養老2），大和長谷寺的德道上人因重病彌留，正好閻羅王入夢囑咐創立三十三所觀音靈場以濟度眾生，並授予起請文及33顆寶印。德道上人不久甦生續命，隨即著手創設觀音靈場推動西國巡禮，不過由於時機尚未成熟，導致靈場的完成順延至兩百餘年之後。西元987年（寬和3），花山法皇偕同性空上人、佛眼上人重新為觀音靈場的復興奔走，由於平安時期末葉觀音信仰廣為貴族崇信，間接地促使觀音靈場的發展更為順利。在目前發現關於西國巡禮最早的史實紀錄中，十三世紀初葉的《寺門高僧記》收錄有〈觀音靈場三十三所巡禮記〉一文，描述行尊和尚於西元1090年展開巡禮修行。同時也已標示出當時札所寺院的次序，是從第一番長谷寺至第三十三番千手堂。雖然描述的內容與目前西國巡禮的三十三所靈場現狀有所出入，不過在寺院的構成上並無太大的改變。當時觀音靈場的巡禮是以「三十三所」為名，直到十五世紀前後，才開始冠上「西國」二字，構成西國三十三所觀音靈場之名，並將巡拜靈場之宗教行為稱為「西國巡禮」[14]。

　　西國三十三所觀音靈場的巡禮路程全長約1000公里，橫跨近畿地區的大阪、京都、兵庫、和歌山、奈良、滋賀及鄰近的岐阜縣，這些作為巡禮靈場的札所寺院，多數為各宗派著名的本山名剎。例如：第一番的青岸渡寺、第九番的南圓堂、第十三番的石山寺、第十四番的園城寺、第十六番的清水寺、第十八番的六角堂、第二十七番的園教寺、第三十三番的

13　關於日本巡禮的分類，參照：真野俊和〈日本の巡礼〉（《日本の石仏》133号，東京：青娥書房，2010），頁5、頁7-10；小嶋博已〈巡礼‧遍路〉《民間信仰調查整理ハンドブック》（東京：雄山閣，1987），頁160-163；小田匡保〈巡礼類型論の再檢討〉（《京都民俗》7期，1989），頁77-85。

14　淺野清編《西国三十三所靈場寺院の總合的研究》（東京：中央公論美術出版，1990），頁14-17。

圖[15]1 西國巡禮的第四番札所寺院

圖2 西國第三十三番滿願道場華嚴寺

15 本書中所使用的圖版除了特別標註出處來源之外，皆為筆者及研究團隊於田野調查所拍攝，為求內文之簡潔，
在以下篇幅中，將不再個別加註說明。

圖3 四國遍路的第一番札所寺院靈山寺

圖4 四國遍路的巡禮者

華嚴寺等，都是深具歷史並廣受世人崇信的名寺古剎。特別是作為起點與終點的第一番、第三十三番寺院，更享有發願及滿願道場之稱。33座隸屬西國三十三所觀音靈場的寺院，各自擁有獨自的創立源起及所屬宗派，不過既然是以觀音菩薩作為朝聖對象的宗教巡禮，每座寺院皆以觀音為本尊，其類型包含：如意輪觀音、十一面觀音、千手觀音、不空羂索觀音、准胝觀音、聖觀音、馬頭觀音共7種。例如：第一番札所那智山青岸渡寺，本尊如意輪觀音；第九番札所興福寺南圓堂，本尊不空羂索觀音；第十一番札所深雪山上醍醐寺，本尊准胝觀音；第二十一番札所菩提山穴太寺，本尊聖觀音；第三十番札所嚴金山寶嚴寺，本尊千手觀音[16]。

　　不同於巡拜33座供奉觀音的「西國巡禮」，「四國遍路」則是以分佈於日本四國地區的德島、高知、愛媛、香川4縣，88座弘法大師相關遺跡寺院構成的巡禮場域為核心，發展而成的另一項日本朝聖巡禮類型。四國遍路的原型最早見於平安時期，在《梁塵秘抄》一書中出現「四國邊路」的文字描述。所謂的「邊路」泛指沿海的路徑，人們深信沿著此路徑行走，將可到達長生不老的常世國度。如此的概念被佛教所吸收，轉化成為觀音淨土的補陀落，世人透過邊路修行遙拜聖地補陀落，日後再與弘法大師信仰結合，逐步形成「四國遍路」的朝聖遍路之道[17]。除此之外，在民間也廣為流傳這條環繞四國一周，全長達1400公里的遍路之道，是弘法大師空海42歲那年，為了修行所開創的道場。縱使這則傳說與史實非全然吻合，但是從多處空海當年修行的遺跡皆被列為四國遍路的札所寺院，顯示出四國遍路與弘法大師空海具有的深厚淵源。

　　以巡拜四國八十八所靈場所構成的四國遍路，推測這項朝聖活動從初期的宗教行腳修行，進一步發展成88座寺院為札所的固定編制，應於江戶時期前後。在十七世紀成書的《四國邊路道指南》中，首見今日各札所的番號與寺名，至於「八十八」數字的由來，則代表多數之意[18]。這88座寺院以德島鳴門為起點，依序成順時針方向散布於四國全域，其中具代表性的札所寺院有：第一番靈山寺、第二十一番太龍寺、第二十四番最御崎寺明星院、第三十六番青龍寺、第六十番橫峰寺、第七十五番善通寺、第八十八番大窪寺等寺院。巡禮者將從第一番的札所出發，分別巡拜各札所寺院，最後到達八十八番大窪寺完成全程的巡拜，稱為「結願」。另一方面，也有部分巡禮者選擇從第八十八番起逆向巡拜，或以鄰近札所寺院為起點。但是不論起點為何，多數的巡禮者在完成四國遍路之後，將再轉往弘法大師入定之地的高野山奧之院參拜，以象徵遍路圓滿及表達謝意。

　　相對於以觀音菩薩為主體的西國巡禮，四國遍路各寺院供奉的本尊顯得多樣，除了與西國巡禮相同的千手觀音、十一面觀音、聖觀音、馬頭觀音等信仰之外，還包括以：釋迦如來、阿彌陀如來、大日如來、藥師如來、地藏菩薩、彌勒菩薩、文殊菩薩、虛空藏菩薩、不動明王、毘沙門天等諸神佛作為本尊的寺院。另一項與西國巡禮具明顯差異之處在於，四國遍路與弘法大師信仰淵源深厚，因此在各札所伽藍內除了供奉諸佛菩薩之像，皆設置名為大

16　林承緯〈日本的朝聖文化：西國巡禮與四國遍路〉，頁88-93。
17　佐藤久光《遍路と巡礼の民俗》（京都：人文書院，2006），頁37-39。
18　星野英紀《四国遍路の宗教学的研究》，頁175-181。

圖5 靈場勤行

圖6 四國遍路道旁的石佛

師堂的獨立殿堂以供奉弘法大師像，充分反映出四國遍路的創始背景及其信仰特徵。

　　身著白衣、頭戴斗笠、肩背頭陀袋、手持金鋼杖，可謂今日典型的巡禮者裝扮，日本朝聖文化的內涵構成，並非來自某特定宗派或寺院規範下的產物，而是巡禮者世代積累發展下的結晶。不過，縱使巡禮遍路本身並無嚴謹的規範制約，在千百年的歷史傳承之中，也已發展出一套獨特的巡拜模式。基本上可將朝聖參拜的程序細分成：清淨、禮拜、問候、莊嚴、納經、勤行、禮拜、證明等步驟。首先，巡禮者循著路徑到達靈場札所寺院入口處，雙手合掌朝寺內行禮，接著通過山門或鳥居，象徵從世俗之境進入聖地。隨即以清水或海鹽來潔淨身心，再前往寺院大殿前禮拜本尊，藉由搖動手鈴、敲鐘等方式以示問候，同時以燃線香、蠟燭及奉獻淨財、佛花等作法來莊嚴佛菩薩。此外，將自行抄寫的經文奉納於佛寺，並且在佛前誦持經文這兩項作法，為巡禮遍路草創至今最重要的參拜行事。因此，今日在各個札所寺院中，仍經常可見巡拜者一行於札所佛殿前，依序誦持般若心經、本尊名號、光明真言、大師寶號、御詠歌等經文，稱為「勤行」。最後，在完成參拜之後，巡禮者來到寺院內的納經所，取得代表札所寺院的憑證「朱印」，象徵完成此札所的聖地巡拜。

（三）聖地移植與地方靈場

　　流傳於東瀛的朝聖文化，不論是走訪位於近畿山林的西國33所觀音寺院展開巡禮修行，或是深入四國88座的札所寺院，追憶弘法大師當年的修行之路，如此發展於移動中的宗教信仰，歷經千年以上的發展變遷，成為日本民俗信仰中最重要的宗教活動。但是不論是散布於近畿地區的西國巡禮，或是環繞四國一周的四國遍路，縱使在交通發達便捷的今日，若要完成巡禮全程也非易事，更何況在近代以前。巡禮不僅需耗費龐大的時間、體力與金錢花費，在封建社會與各地域間的隔閡下，庶民要遠離家鄉展開巡禮相當不易。基於上述所列舉的因素，聖地的移植透過複製、模仿的方式，將西國巡禮、四國遍路的靈場札所加以複製，進而形成名為「複製靈場（写し靈場）」，或「地方靈場（地方靈場）」等象徵裝置的型態誕生於日本。所謂的複製靈場、地方靈場或是區域性靈場，實際上這是相對於複製對象西國巡禮的三十三所觀音靈場或四國遍路的八十八所靈場所產生的概念。因此，一般將西國巡禮、四國遍路所巡拜的靈場通稱「本靈場」，至於新複製所產生的靈場名為「新靈場」。就西國巡禮而言，本靈場的複製版本，在民間最常見的命名模式為「○○新西國靈場」、「○○三十三所觀音靈場」，或直接採地名簡稱為「○○靈場」。回顧地方靈場的創設歷史，最早成立者為鎌倉時期（西元1185–1333年）座落於關東地區的坂東三十三所靈場，再進入到室町時期（西元1336–1573年），另一個同樣移植複製西國三十三所觀音靈場的地方靈場「秩父三十四所靈場」誕生。接著從室町時期末葉開始，地方靈場廣泛出現於日本列島各地，根據新城常三的研究統計，在進入江戶時期之前，可確認的地方靈場即有十餘座，例如：西元1715年（正德5）出現於出羽庄內地區的地方觀音靈場，或是西元1785年（寬延3）成立於陸奧氣仙郡的觀音靈場[19]。

19　新城常三〈近世に於る地方靈場の發達：新西国と新四国〉（《民俗学研究所紀要》5号，1981），頁160-162。

　　到了江戶時期之後，地方靈場的發展更加蓬勃，數量至少有150座以上，其規模從一國、一郡、鄉村以至一寺一寺單位皆可見，西國三十三所觀音靈場透過移植的模式，將觀音信仰及其巡禮文化不斷地複製到日本列島各地。如何移植靈場，將具靈力聖性的聖地象徵，複製、移植到外地，任何地方靈場創設時都有不同的作法。最常見的複製模式是以各札所的本尊、環境地貌、御詠歌、建築，以及從本靈場各札所取砂土作為宗教象徵的要素[20]。江戶前期的地方靈場主要以西國三十三所觀音靈場系統為主，同時也出現將西國靈場加上坂東、秩父兩座源自西國靈場的地方靈場，構成百所觀音靈場（西國三十三所、坂東三十三所、秩父三十四所）的信仰巡拜。不同於以西國靈場為複製版本所產生的西國巡禮系統的地方靈場，四國八十八所靈場的地方靈場成立，則遲至江戶中晚期才出現，此狀歸咎於西國巡禮與四國遍路傳承上所存在的時間差。大體來說，四國八十八所靈場的遍路從少數修行者普及到一般民間，是在江戶時期以後，如此的發展歷程也明顯反映於靈場衍生的地方移植上。此外，新四國靈場（四國遍路的地方靈場）的發展不及新西國靈場（西國巡禮的地方靈場）蓬勃這點，可歸咎於靈場性質的差異，西國巡禮是以觀音為巡禮參拜對象，至於四國遍路則是串聯了空海修行寺院所構成的修行場域。因此，新西國靈場的設置者與巡禮者，橫跨日本佛教的各大宗派，至於新四國靈場的根源為真言宗開祖弘法大師空海的遺跡，所以多數的新四國靈場侷限於真言宗的寺院與宗派信徒的參與。當然也有部分的事例顯示地方靈場的創設已順應環境，跨越宗派的鴻溝，譬如大正年間，創設於臺北盆地周邊的臺北新四國八十八所靈場即為代表。

　　移植聖地的日本巡禮文化，除了上述說明的西國巡禮與四國遍路兩大系統之外，江戶中期在其他宗派或信仰崇拜中，還發展出其他不同的巡禮文化，譬如：地藏菩薩四十八所巡禮、六阿彌陀如來巡禮、藥師如來巡禮，或是以祖師為核心所產生的法然上人二十五靈場巡禮、親鸞聖人二十四輩巡禮等。如此多樣的靈場巡禮在日本列島上大量出現，這股風潮一直延續至今未曾間斷。關於日本列島現存的地方靈場數量，長期以來少見相關的統計數據，由於地方靈場的內容構成非只有單一型態，有的新靈場以寺院作為札所，也有採石佛、小祠作為札所的新靈場，如此多樣的營造表現手法，加深了全盤掌握地方靈場現狀的難度。不過，田中智彥[21]綜合20餘年的研究調查，共完成627座地方靈場的基礎資料建立，至於中山和久[22]則指出從中世以來，應有千座以上的地方靈場相繼成立，這些數據皆反映出地方靈場的發展現況。

　　地方靈場的創設、成立，出自於本靈場與新靈場同一化下的產物，也就是說前往移植到居住環境週遭的地方靈場巡禮，將可獲得前往西國、四國等本靈場巡禮同樣的功德，這點可謂地方靈場形成以至於蓬勃發展的關鍵。特別在人們難有能力長路途、長時間前往西國靈場、四國靈場進行巡禮的時代裡，各地紛紛成立地方靈場，發揮其特殊的宗教功能。除了基

20　田中博《巡礼地の世界》（東京：古今書院，1983），頁35-37。

21　田中智彥《地域的巡礼のデータベース作成に関する基礎研究》（科研基盤研究（C）研究成果報告書，岐阜聖徳学園大学，2001）。

22　中山和久〈模倣による巡礼空間の創造─篠栗四国霊場の表象と実践〉（《哲學》119号，2008），頁66。

於信仰因素而設立的地方靈場之外，其創設原因還可歸納出政治及娛樂二因[23]。所謂的政治因素指封建時代統治者為避免過多居民離開領土，影響各區域原有的經濟、治安狀態，進而在領地內創設地方靈場，以滿足民眾的宗教需求，這種來自於政治因素的靈場設立，在近代以來已不存在。至於第二點的娛樂因素萌芽於江戶時期，確實巡禮的源頭出自宗教苦行，但是地方靈場多數設於地域近郊，淡化了艱辛的苦行巡禮性格。另一方面，多數靈場擇風光明媚的地域為設置地點，加上各地方靈場為維持穩定的營運資源，皆賦予地方靈場更廣泛的功能，讓這類型的靈場在滿足宗教功能之外，多數也成為了各地的新興觀光地，滿足人們休閒行樂的需求。

三、日治時期巡禮文化的形成

（一）日治時期日本佛教的發展

追溯日本佛教入臺的濫觴，可從西元1895年（明治28）9月曹洞宗於臺北龍山寺設立布教所開始談起，日本佛教在日本治臺的五十餘年間，共計有曹洞宗、淨土宗、日蓮宗、真言宗高野派、天臺宗、淨土真宗本願寺派、淨土真宗大谷派、臨濟宗妙心寺派等共計8宗14派來臺布教[24]。日治初期，曹洞宗、淨土真宗等宗派首先以派遣從軍布教師的方式入臺考察，接著各宗派逐一向總督府當局申請設立寺院、布教所，準備到這塊新領土展開布教工作。不過，布教活動初期由於語言、文化的隔閡，導致各宗派布教上遭遇困難。在西元1900年12月（明治33）臺中縣回報總督府民政部的公文中，如此描述當地的布教情形：「雖云最初內地各宗派均欲至新領土之本島大力嘗試布教，而爭相派遣布教師，惟其布教師不懂本島語，以致無法感動本島人皈依。另因布教師之意念不堅，導致成效不佳，或因經費等關係，而由總寺召回。[25]」一方面，由於統治初期渡海來臺的日本人不多，導致各宗派在設立布教所之餘，紛紛搭配開設國語講習所、慈惠病院以招攬信眾。不過這時期的布教環境異常艱難，在西元1899、1900年（明治32、33）前後，各宗派本山紛紛調整布教方針，部分宗派特別要求在臺布教使能獨立自營，並將布教重心回歸日本信徒[26]。

其中，淨土宗、真宗本願寺派、真宗大谷派自日治初期起，積極在全臺各地廣設說教

23　新城常三〈近世に於る地方靈場の發達：新西国と新四国〉，頁177-179。

24　關於日治時期傳入臺灣的日本佛教宗派，松金公正指出，江木生〈内地仏教の台湾伝来と其現勢〉所列：天臺宗、真言宗高野派、真言宗醍醐派、淨土宗、淨土宗西山深草派、臨濟宗妙心寺派、曹洞宗、淨土真宗本願寺派、淨土真宗大谷派、日蓮宗、本門法華宗、顯本法華宗等7宗12派之説，由於該文完稿於1937年（筆者註：實際引用數據為1935年的臺灣總督府資料），之後還陸續有華嚴宗及淨土真宗木邊派兩宗派入臺，因此，正確的宗派數量應為8宗14派之説。此外，松金並説歷來對於日治時期日本佛教宗派入臺的數量會出現多種説法，可能與日本在1941年（昭和16）施行宗教團體法，針對部分宗派進行整合有關。由於該法的出現，日蓮宗與顯本法華綜整合為日蓮宗，本門法華宗改稱法華宗，真言宗高野派與醍醐派整合為真言宗，這些改變都將影響宗派的統計數量。（松金公正〈植民地時期台湾における日本仏教寺院及び説教所の設立と展開〉（《台湾史研究》16号，1999），頁20-21。）

25　《公文類纂》，卷04644件26，臺中縣提報文件；溫國良〈日據初期日本宗教在臺布教概況—以總督府民政部調查為中心〉（《臺灣文獻》50卷2期，1999），頁212。

26　關於日本佛教在臺的布教概況，松金公正整理《台湾に於ける神社と宗教》一書的記載，進行詳細的説明。（松金公正〈植民地時期台湾における日本仏教寺院及び説教所の設立と展開〉，頁21。）

所，選擇臺灣人為主要的布教對象，因而取得相對多數的臺灣籍信徒。曹洞宗首先選擇了數個重要都市來設立說教所，平均獲得日本與臺灣籍信徒，在大正至昭和初期期間，開始朝北部、中部的地方城市：宜蘭、竹束、大溪、彰化等地發展，特別在新竹地區的布教上斬獲頗多。臨濟宗妙心寺派初期的布教只集中於臺北、澎湖兩地，到了大正末葉至昭和初期，藉由與臺灣人寺廟的連結，逐步獲得日本與臺灣籍信徒，特別是地方寺院的信徒多為臺灣人。至於真言宗高野派在臺布教的情形則與前述的幾個宗派有明顯的差異，依據臺灣總督府官房調查課《臺灣總督府統計書》資料[27]所示，真言宗在日本領臺初期取得多數的臺灣籍信徒，不過從西元1904年（明治37）起，臺灣人信徒急速流失，雖然大正初期曾積極於臺北、基隆、新竹、臺中、臺南、高雄等重要都市設立布教所，但是布教的對象仍以日本信徒居多。日蓮宗在臺的布教情形與真言宗相似，初期同樣獲得多數的臺灣籍信徒，不過在明治末至大正初期，信徒則回復到以日本人為主體的狀態。在以上所介紹的宗派之外，諸如：天臺宗、真言宗醍醐派、淨土宗西山深草派、木門法華宗、顯本法華宗等宗派，基本上渡臺布教設定的對象皆集中於日本信徒。

綜觀各宗派於領臺期間布教的發展過程，首先顯示各宗派皆以臺北作為布教及宗務中心，紛紛將在臺最高的布教機構設置於此，如：真宗本願寺派設立本願寺臺灣別院、曹洞宗的大本山臺北別院、真言宗的新高野山弘法寺等。曹洞宗、真宗本願寺派、淨土宗、臨濟宗於日治期間始終維持穩定的布教成果，不論在信徒數及布教設施、寺院的保有上，都居領先的位置。相較之下，真言宗、日蓮宗、真宗大谷派雖然入臺初期也向臺灣人布教，但是日後在方針調整下，選擇以日本人居住較多的都市為據點[28]。經由上述對各宗派入臺布教的概況，明顯可見宗派教義、組織規模、布教方針三者對信徒的組成及信仰分布所具有的影響力。至於，宗派與地方靈場創設所構成的關係，新城常三指出：

「相對於除了日蓮與淨土真宗以外，幾乎與其他宗派都具有關連性的三十三寺院的觀音巡禮，要在有限的區域內，找到與弘法大師有深厚關連性的八十八間真言宗寺院是很不容易的。因此，在新四國靈場設置之際，經常必須要納入真言宗以外的寺院或單一廟堂。如果仍有困難的話，則在村落範圍內或一個場所中，造立八十八座石佛作為新四國靈場札所的象徵。[29]」

由前述引文可知，西國靈場（本靈場）各札所寺院所屬宗派與地方靈場創設之間具有關聯性。不過一方面，地方靈場創設時也經常需顧及現實環境，因而出現若干的變通作法。譬如日治時期創設於臺灣的地方靈場即為此典型，在臺灣，由於日本佛教所屬的寺院數量並不多，再加上各宗派寺院的規模也不比日本本土，因此，所有的地方靈場皆採行石佛的型態。除此之外，不論是屬於宗派性格濃厚的四國遍路之地方靈場，或是超宗派特質強烈的西國巡禮，雖然部分靈場因開創緣起或某創設者個人的背景因素而與某寺院關係密切，不過透過相關文獻或田野調查成果的分析，顯示各地方靈場皆未明確地隸屬特定的宗派或寺院。例如座

27 松金公正〈植民地時期台湾における日本仏教寺院及び説教所の設立と展開〉，頁27-28。
28 松金公正〈植民地時期台湾における日本仏教寺院及び説教所の設立と展開〉，頁30。
29 新城常三〈近世に於る地方靈場の發達：新西国と新四国〉，頁172-174。

落於觀音山的臺北新西國靈場，發起願主屬於真言宗新高野山弘法寺的信徒，不過設置地點卻位在臨濟宗妙心寺派所屬的凌雲禪寺與西雲寺間。

（二）新西國靈場的成立

　　根據目前掌握的資料可知，臺灣首度出現的地方靈場，為西元1925年以臺北盆地為中心所設立的臺北新四國八十八所靈場，至於臺灣第一座西國巡禮系統的地方靈場，則是西元1926年創設於臺北近郊宗教聖地觀音山麓的臺北新西國三十三所靈場。西元1926年（大正15）7月3日，臺北新西國靈場在位於觀音山山麓的凌雲禪寺與西雲禪寺的參道間，進行33座觀音石佛的安座及開眼儀式，正式將日本的西國巡禮宗教活動移植入臺。在創建時期設置的「靈場建設紀念碑」上，刻有數名與靈場創設有關的人名，分別是凌雲禪寺住持沈本圓、西雲岩住持盧覺淨，以及奈良縣鎌野芳松與香川縣大神久吉[30]。前兩者為靈場設置地的住持，後兩者應為新靈場籌備真正的推動人，特別是鎌野芳松及大神久吉這兩位旅居臺灣的日本人，同時也身兼臺北新四國八十八所靈場的發願人。鎌野芳松在臺北市內開設鎌野時計鋪，與大神久吉兩人的姓名也出現於臺北新高野山弘法寺的梵銅鐘之上，並冠有「弘法寺世話係」的頭銜，顯示鎌野芳松與大神久吉為真言宗高野派臺北新高野山弘法寺虔誠的信眾。關於該靈場的創設緣起，除了藉由碑文解讀進行追溯，當時臺灣第一大報的《臺灣日日新報》也報導了這項宗教活動。「三十三箇所是圓山臨濟寺的信徒為營造一處靈場的名勝，在西雲岩至同山之間安置三十三座石像而成[31]」。有趣的是在這則報導中，並無提到前述「靈場建設紀念碑」上所記載的人物，反倒指稱創建靈場者為臺北圓山臨濟寺的信眾。藉此現象初步反映出該靈場跨宗派的性格，正好在西元1931年3月《臺灣日日新報》的另一則報導內容中，解開該靈場創設的緣由。

　　日本各地於大正年間，西國巡禮的地方靈場、新靈場的創建相當盛行，鎌野芳松為了讓無法返回日本本土進行西國巡禮者也能有機會參與宗教巡禮，便著手創設臺北新西國靈場。地方靈場創立初期由鎌野芳松及大神久吉負責[32]，於春秋兩季籌組巡拜團進行巡禮，不過從西元1931年（昭和6）起，靈場事務與參拜團招募轉由臨濟寺負責[33]。如此靈場事務的轉移，正好對應於前段對於靈場創建者的詮釋，由於目前能掌握的臺北新西國靈場相關文獻相當稀少，僅能在有限的資料中，盡可能回顧靈場過去的發展軌跡。臺北新西國靈場的參拜人數及型態，從西元1926年創建起即相當具規模，當時前往靈場的模式大致有兩種，其一以西元1926年靈場創設當日為例，信徒於臺北市集合後搭船抵達靈場，再者則是搭乘自動車直達靈場。除此之外，關於巡禮的行程安排，雖然臺北新西國靈場位處臺北近郊一帶，巡拜33座石佛全程約一日內即可完成，不過，應顧及到往返路途及觀光休憩等目的，因此當時所策畫的巡禮活動皆為兩日一夜。

30　何培夫主編《臺灣地區現存碑碣圖誌臺北縣篇》（臺北：國立中央圖書館臺灣分館，1999），頁184-185。

31　〈石佛の開眼供養〉《臺灣日日新報》1926年07月13日，第二版。

32　〈登觀音山　參拜三十三所〉《臺灣日日新報》1928年04月12日，第四版。刊載於日日新報上的觀音山三十三所活動啟事中，清楚標示報名地點為鎌野芳松開設於榮町的鎌野時計鋪，以及大神久吉位於上奎府町的住處。

33　〈觀音靈場巡拜團募集〉《臺灣日日新報》1931年03月27日，第二版。

　　日治時期創設於臺灣的新西國靈場，緊接於西元1926年設置於臺北近郊觀音山麓的臺北新西國靈場之後，於西元1928-1929年間，宜蘭、基隆及新竹3地也分別成立地方靈場。只不過至今關於這3座西國巡禮靈場的相關資料更是稀少，特別是與基隆、宜蘭兩地巡禮靈場創設的相關資料幾乎未見。相較之下，同期設置於新竹的新西國靈場，不論就創設背景或關於巡拜活動的紀錄即顯得豐富。新竹新西國靈場創建於西元1929年（昭和4）10月17日，在新竹街內的有志之士的推動下，擇新竹市郊的森林公園（今十八尖山公園）為靈場設置地。依西國三十三所觀音靈場的編制，向日本山口縣德山訂購作為靈場札所象徵的石佛，這33座觀音石佛於10月14日送抵新竹森林公園。落成法會當日清晨，信徒一同巡拜33座石佛進行「開眼巡禮」，接著於搭設的會場上舉行開眼禮讚式[34]。根據當日的新聞報導顯示，此宗教設施的創立廣受官方的重視，不僅當時的新竹街長擔任發起人總代，總督府本間內務部長等官員也出席這場盛會。這場靈場的落成活動，在石佛的開眼儀式之外，還包括：御詠歌頌詠、稚兒散華及僧侶禮讚讀經、回向文誦讀等宗教儀式[35]，完整地將日本本土的地方靈場開眼儀式再現於臺灣。除了藉由這段報導內容回溯當年的盛況，《臺灣日日新報》不僅連日持續報導這項宗教活動，並且在日語的版面之外，一併將這項新聞刊登於漢文版上，此舉更突顯出新竹新西國靈場創設一事廣受當時社會各界所矚目。

　　新竹新西國靈場於創立一年後，在新竹市尹山本正一等人的發起下，於曹洞宗新竹寺內隆重舉行紀念供養法會，當日依序舉行：入堂、散華、讀經、回向、燒香等儀式。法會之後，與會信眾從新竹寺搭乘巴士前往森林公園，繞行33所石佛進行觀音巡禮[36]。新竹新西國靈場的巡禮活動，經歷數年的發展後，在西元1931年（昭和6）這年頭，三十三觀音更成為地方居民新年初詣的對象。根據報導內容指出該年1月18日，新竹寺觀音講信眾前往森林公園三十三所觀音靈場進行初詣，並在石佛四周灑上花種子，希望透過花草妝點以美化靈場[37]，如此的行為顯示地方靈場的宗教巡禮已逐步融入信眾的信仰生活中。透過僅有的資料解讀，以臺北與新竹的新西國靈場兩例，盡可能還原西國巡禮移植到臺灣的情形，不可否認的是，僅有的文獻資料難以完整呈現至今80餘年前，自日本傳入臺灣的地方靈場信仰活動全貌。因此，下節將透過現存靈場遺跡的田野調查成果，從另一個角度來考察台灣各新西國靈場的發展及其變遷。

四、新西國三十三所靈場在臺的傳承與變遷

　　從大正末葉至昭和初期，陸續創設於臺北、基隆、宜蘭、新竹的新西國靈場，為典型複製於西國三十三所觀音巡禮的地方靈場。據近年來所實施的日治時期佛教文物調查，筆者現今可掌握的新西國靈場，包含上述列舉的四處位在臺灣東北部及北部地區的遺跡，以及臺北市北投大慈寺境內一處疑似靈場的遺跡。除了這五處集中於北臺灣的西國系統地方靈場之外，過去中南部少見相關的報導，直到西元2010年因一棟日治時期的家屋拆除，意外發現一

34　〈觀音石像開眼式〉《臺灣日日新報》1929年10月14日，第四版。
35　〈森林公園の觀音開眼式〉《臺灣日日新報》1929年10月19日，第五版。
36　〈三十三觀音供養法會〉《臺灣日日新報》1930年10月17日，第五版。
37　〈新竹森林公園三十三觀音初詣で〉《臺灣日日新報》1930年01月18日，第五版。

座標示有西國第一番的如意輪觀音石佛。關於高雄這座石佛，筆者於第五章將進行初步的探討[38]，不過仍留下一些有待日後持續探索的課題，特別是僅見一座當年靈場札所石佛的出土，所能夠提供的研究訊息仍相當不足。因此以下篇幅將以現存於臺北、基隆、宜蘭及新竹的四處新西國靈場遺跡及相關宗教造型為焦點，透過田野調查成果來補足現存相關文獻貧乏的臺灣各地方靈場的研究考察。藉由前章節中相關文獻對於臺北、新竹兩座新西國靈場進行的初步解析，可見創建者非出自於寺院宗派，而是以一般有志信徒為主體。如此的靈場性質除了顯示出移植海外的巡禮文化依舊保留以庶民為核心的地方靈場特徵之外，另一方面可預期的是以庶民為主體的宗教活動之研究，經常面臨到相關資料稀少的困境。而本節將仰賴田野調查以探討日治時期移植入臺的西國巡禮新靈場的發展情形，同時也希望由宗教文化及傳承者的斷絕或變遷等層面，探討各靈場的傳承與演變。

（一）基隆的新西國三十三所靈場

關於基隆新西國靈場的文字描述或相關報導，目前僅在西元1929年《臺灣日日新報》[39]及《我が基隆》中各發現一則紀錄。因此，欲釐清日治時期日本移民於基隆地區創建新西國靈場的情形，田野資料成為了重要的線索。基隆位於臺灣的最北端，全境屬於丘陵地形，三面環山少平地，面向東海，是北臺灣最重要的都市、港口，也是首都臺北對外的門戶。其特殊的位置讓基隆自清代至今，一直被賦予軍事要塞功能，日治時期扮演臺灣與日本間最重要的樞紐，因此日本人對基隆的開發相當積極。根據西元1940年的人口統計，基隆人口數達9.5萬人，居全臺灣的第四位，其中日本人就占了2.3萬人之多[40]。從日本統治臺灣的次年起，真宗本願寺派即進入基隆地區展開布教，戰前共計有真宗本願寺派、曹洞宗、淨土宗、臨濟宗妙心寺派、真言宗高野派、天臺宗等8宗9派在基隆建寺布教[41]。相對於宗派寺院主導的宗教活動，巡禮文化往往由庶民信徒為主導。基隆新西國靈場採以石佛型態來象徵西國三十三所觀音靈場的札所，其創設時間推測是在昭和3年（西元1928年），不過各札所的石佛建造時間則分布於昭和3年至昭和6年之間。根據現存石佛基座上的銘文，呈現數種不同的年代標示，例如：第十一番石佛建於昭和3年9月，第九番石佛則完成於昭和4年5月，第三十三番石佛則落成於昭和3年11月。同樣的再根據銘文的判讀，也反映出該靈場的創建乃橫跨數個宗派的信徒，譬如位在基隆西方的第九、十番石佛，是由臨濟宗最勝寺組成的「仙洞御詠歌組」所奉獻；不過在第三十番石佛基座上，則刻有曹洞宗久寶寺大壽代立東町的銘文，顯示該地方靈場並非單一宗派寺院信徒之力所完成。

完整的新西國靈場應有33座石佛雕像，基隆新西國靈場的石佛屬船形光背造型，佛像下緣臺座上刻有札所番號、國名、寺名及本尊名，如：第十二番おうみ正法寺千手觀世音。觀音石佛的高度約90-95公分，或許由於石佛建造的時間不同，導致造型尺寸上出現2至3種的

38　林承緯〈高雄市鼓山區千光路日本石佛「再出土」的考察〉（《藝術學》27期，2011），頁135-165。收錄為本書第五章內容。

39　〈基隆觀音開眼供養〉《臺灣日日新報》1929年03月18日，第四版。

40　參閱臨時臺灣戶口調查部《臺灣現住人口統計》（臺北：臺灣總督府官房課，1940）。

41　王俊昌〈日本佛教在基隆地區的傳佈—以真宗本願寺派為考察對象〉（《海洋文化學刊》7期，2009），頁73。

圖7 基隆新西國靈場的第九番、第十番基座

類型。不過，各札所的本尊、番號與西國靈場完全相同，可說相當完整將巡禮文化的內涵移植而來。當時巡禮的作法，在西元1934年出版的鄉土誌《我が基隆》中，留下寶貴的一段描述：

「聽見了茲鈴茲鈴的聲響，探頭一望，看到身穿白色衣，頭帶白色斗笠，手持白木金剛杖的男女一行十餘人緩步走過。詢問友人得知這些人正在巡拜觀音（中略），參拜者每到一處石刻的觀音像前，點燃蠟燭，供奉上鮮花與菓子，並點燃線香。接著參拜者排列於觀音像前，發聲吟唱。（原文：『ちりんちりん』とりんの音が聞こえる。出て見ると、白い着物に白い笠をかぶり、白木の金剛杖をついた十人ばかりの男や女の人が通る。見てゐる友だちにたづねると観音様まゐりとのことである。（中略）石にきざんだ観音様が立つていらつしやる。其の前にはらふそくがときされ、花やお菓子なども供へられてゐる。立ち上る線香の香がぶんと鼻をつく。お参りの人々は、観音様の前にならんで声をそろへてうたひ出した。）[42]」

這則文字描述清楚地記錄下當時的巡禮模式，顯示當時基隆新西國靈場的巡禮作法相當道地，與日本本土的巡禮活動幾乎一致。

42　三ツ橋安邦《我が基隆》（基隆：不詳，1934），頁48。

圖8 基隆新西國靈場的第十一番、第十二番札所石佛

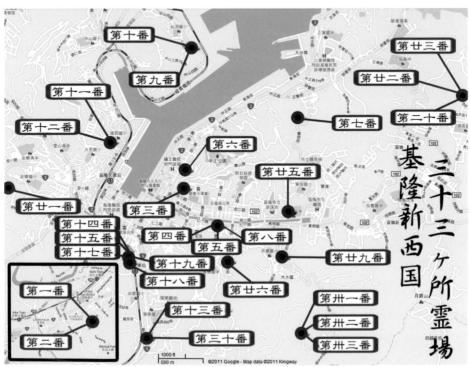

圖9 基隆新西國靈場札所石佛現存分布（依google地圖再製）

接著回到田野調查所得的現狀，根據掌握的25座石佛座落位置顯示，石佛的分布是從基隆西濱的最勝寺（仙洞巖）沿著基隆的丘陵地形，坐落於20幾處的寺院、廟宇空間內。雖然今日調查所得的石佛位置與創立時期並不一致，但依據現存狀態完整的靈場遺跡分布位置推測，基隆新西國靈場的全程約52公里，完成全程的巡禮參拜需花費數日的時間。基隆新西國靈場所有的札所皆以石佛來模擬西國靈場的本尊，有趣的是，隨著戰後日本人離開臺灣，這些原屬地方靈場脈絡的札所象徵，部分被佛寺納入信仰中加以供奉。另一部分則荒廢四散。當然今日所見的石佛除了部分殘留完整基座者，可推測位置從戰前至今未有改變之外，絕大多數的石佛不僅位置改變，形象也隨著宗教文化的不同而產生變化。其中，隨著傳承者的改變，最明顯的變化反映於造像的色彩外觀及供奉型態上。包括不上彩的石佛成為了金碧輝煌的佛像，或是原本供奉於佛寺境內或參道旁的石佛，被移往佛寺內殿內陣中供奉，並採以中國佛教或臺灣民間信仰的祭拜方式。特別值得注意的是，所有原屬於巡禮文化的石佛，皆已脫離原有的宗教文脈，隨著祭拜者的意志賦予新的意義。不過一方面，亦有因為石佛帶來的新信仰傳承，譬如第二十九番松尾寺馬頭觀音石佛，目前被供奉於靜慈寺三樓正殿內。原本臺灣並無馬頭觀音的信仰，卻因這座石佛的供奉，而將馬頭觀音信仰帶入臺灣民間，因此目前在該寺廟殿內，可見新雕製的馬頭觀音佛像。

（二）宜蘭的新西國三十三所靈場

宜蘭位於臺灣東北部，境內三面圍繞高山，一面濱海，該地開發比西部來得晚，在日治時期統治的50餘年間，宜蘭經歷了置縣、廳、州三個時期，九度行政單位的變革。今日在這塊以蘭陽平原及周邊山林構成的土地上，仍保留了十餘座源自日治時期開創的宜蘭新西國靈場的石佛。根據西元1941年的人口統計，包含宜蘭市、宜蘭郡、羅東郡、蘇澳郡的人口數約有23萬人[43]，其中日本人的人口只占不到百分之五，比起基隆地區而言，定居於宜蘭的日本人顯得稀少。關於日本佛教傳入宜蘭的時間，雖然可上溯到明治30年（西元1897年）前後，即有隨軍布教師進入宜蘭展開布教工作；不過由於語言、生活觀念與當地民眾差異甚大，初期的布教活動並不順利。直到大正年間，才有宗派正式到宜蘭地區設立布教所，例如淨土真宗本願寺派、大谷派，先後在大正7年設立布教所與星期學校[44]。除此之外，曹洞宗、日蓮宗、淨土宗等宗派也分別於昭和初期開始在宜蘭布教，或是透過當地舊有寺院齋堂改宗的模式展開宗教活動。如：曹洞宗於昭和3年在宜蘭市建立布教所[45]，或像是十九世紀中期創立的雷音寺，藉由改宗成為淨土宗西山深草派布教所。綜觀該地日本佛教的發展，應屬淨土真宗本願寺派最為活躍，不僅在宜蘭、羅東、太平山及蘇澳等地設立據點，更有計畫透過婦女會、星期學校、幼稚園等社會事業的模式，積極向臺灣人展開布教工作[46]。相較之下，其他宗派在宜蘭地區的發展就顯得貧乏，除了反映於布教設施設立的數量之外，關於相關布教事業的紀錄也相當稀少。

43　臺北州總務部總務課《臺北州統計書》，（臺北：臺北州，1943）。
44　林仁昱〈蘭陽地區佛教發展史初探〉（《宜蘭文獻雜誌》23期，1996），頁23-25。
45　闞正宗〈日本曹洞宗派下寺院調查〉（《古今論衡》8期，2002），頁86。
46　林仁昱〈蘭陽地區佛教發展史初探〉，頁28。

　　探究宜蘭地區日本佛教的發展情形，除了上述的宗派布教活動之外，根據今日在宜蘭地區所發現的10餘座日本石佛，顯示日治時期於宜蘭也設有西國巡禮系統的地方靈場。宜蘭的新西國靈場與基隆新西國靈場型式相同，皆以石佛型態來複製西國三十三所觀音靈場的本尊，不過追溯該地方靈場的創設時間，目前唯一的依據為現存於南方澳金龍寺內石佛下緣的「昭和三年」字樣，除了在這座石佛可見的年代標示之外，在其餘的10座石佛上皆未任何的年代註記。與基隆新西國靈場的情形不同，難以再透過其他銘文來推測宜蘭新西國靈場確實的創設時間，不過昭和3年（西元1928年）這個時間與基隆新西國靈場相同，顯示這兩個靈場成立應在同一的時空環境。現存的這11座宜蘭新西國靈場的石佛本體，大致已非創建當時的原貌，除了自然的風化之外，後人所加諸的安金、彩繪、填補等措施皆改變了石佛的造型原貌。其中唯有設置於水廠內的第十三番石佛，由於水源重地禁止任何開發改變，讓這座石佛不僅石佛的本體完整，更一併將現存唯一的石佛基座也保留下來。

　　宜蘭新西國靈場的石佛造型與基隆極相似，同樣於每座佛像下緣臺座上刻有札所番號、國名、寺名及觀音名，如：第一番キイ青岸渡寺如意輪觀音，觀音石像的高度約90-95公分，銘文樣式及石佛尺寸也與基隆新西國靈場的石佛相當接近。不過，兩地最大的不同在於宜蘭新西國靈場的石佛基座幾乎完全遺失，失去了辨別靈場創建年代的重要資訊。且一方面也未見與該靈場相關的文獻或新聞記載，因此對於靈場創建完成當時的宗教儀式，以及巡禮的實態難有深入的考察。基於前述的研究限制，宜蘭新西國靈場的考察唯有仰賴僅存的石佛及相關遺跡。

　　作為一座傳承巡禮文化的地方靈場，靈場本身大致擁有像「○○三十三所靈場」這種正式稱號，譬如在臺北觀音山的新西國靈場內所見的「臺北三十三所觀音靈場」創設碑文，又如基隆、新竹的靈場名稱亦散見於巡禮道旁的石碑及當時的報章記載中。不過設置於宜蘭的這座地方靈場，不僅未見關於靈場名稱的資料，甚至就靈場開創的歷史經緯，也僅能依據田野調查所掌握的11座新西國靈場的石佛中，唯一出現於石佛下緣的昭和3年字樣，視為推測宜蘭地區巡禮文化傳入時間的重要依據。作為一座西國巡禮系統下的地方靈場，完整的札所應以33座石佛作為本尊，依田野調查發掘的佔總數1/3，也就是11座石佛的座落位置研判，宜蘭新西國靈場乃從宜蘭南端南方澳海邊起，朝北沿著蘭陽平原分布座落，最終至宜蘭北方的頭城山上，以僅存各石佛之間的距離推算，巡禮道約有80公里。確實根據今日各石佛的現存狀態研判，至少就有半數以上的石佛設置地點明顯並非在原址。像是目前供奉於頭城大里石觀音寺岩洞內的第三十番石佛，原座落位置是在宜蘭市內的五穀廟附近，戰後隨著日本人撤離，作為靈場札所本尊的觀音石佛，紛紛脫離原有的信仰文脈，進而隨著人際轉讓被遷移到30公里外的寺廟來供奉。

　　不過，除了三十番石佛這個例子之外，根據田野調查及訪談所得推測，大部分的石佛受遷移更動的位置皆與原址相差不遠，雖然現存發掘的石佛數量僅有11座，但透過殘存的石佛及現存位置周邊的環境，仍依稀可反映出宜蘭新西國靈場設立時期部分的靈場樣貌及部分的特徵。在此值得一提的是，宜蘭新西國靈場的石佛除了完全依據西國三十三所觀音靈場各札所本尊的型態或類型加以製作之外，靈場各札所的設置地點應也根據周邊的地理特徵而有所

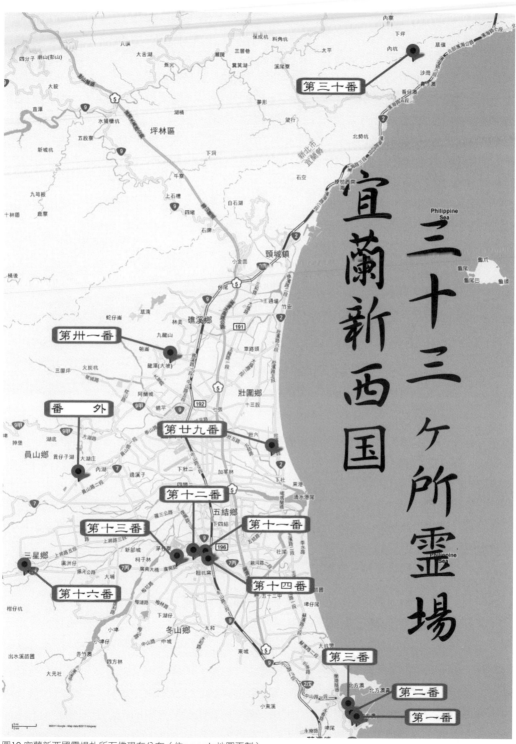

圖10 宜蘭新西國靈場札所石佛現存分布（依google地圖再製）

圖11 宜蘭新西國靈場的第十六番札所石佛

考量。譬如西國巡禮的第一番青岸渡寺座落於紀伊半島南端那智瀑布邊，面向南方海上的觀音淨土，而宜蘭新西國靈場的第一番札所的石佛設置於南方澳漁港附近，正好與西國靈場札所有所對應。再者，宜蘭新西國靈場各札所朝北分布，座落位置不只設在市街之內，也分布於自然景緻豐富的山林水源地帶，這樣的分布特徵也與西國靈場相似，亦可反映出該地方靈場設立應具備的行樂功能。此外，對照日治時期日本佛教宜蘭境內開設的布教機構位置，以及其他原屬臺灣人信仰的寺廟、齋堂地點與宜蘭新西國靈場的石佛安置位址，顯示兩者間並非完全重疊，藉此初步推測，宜蘭這座地方靈場的開創仍出自旅居宜蘭的日本人信徒，而非特定宗派主導下的宗教設施。

（三）臺北的新西國三十三所靈場

　　座落於北部兩大城市的臺北及新竹的新西國靈場，比起設置於東北部的基隆、宜蘭兩靈場而言，留下較多的文字紀錄，特別是《臺灣日日新報》對於靈場的創設及相關宗教活動的描述，成為了探索巡禮文化在臺灣發展的重要依據。西元1926年（大正15）7月3日，臺北新西國靈場正式被設立於臺北市西北方的觀音山麓。觀音山位於今日的新北市五股區、八里區及淡水區之間，海拔標高616公尺，為臺北近郊著名的名勝地標。由淡水河北岸朝南遙望，可見十八連峰的豐富地貌，加上冬季該山嶺阻隔水氣形成的雲霧奇景，自古被文人雅士稱為「岌嶺吐霧」，並名列為淡水八景之一。觀音山以貌似觀音菩薩得名，此外，天然的景緻地

圖12 宜蘭新西國靈場的第一番札所石佛

圖13 臺北新西國靈場的第六番札所石佛

形造就了聖地的特質，導致清代以來即陸續有僧侶在觀音山一帶興建伽藍，如乾隆年間的開山凌雲寺、西雲寺，以及日治初期創立的凌雲禪寺。臺北新西國靈場即設置於西雲寺與凌雲禪寺間的參道旁，由33座觀音石佛及花山法皇石佛所構成。關於該靈場創設的歷史經緯，在本章第二節之二的「新西國靈場的成立」，已透過相關文獻進行初步的介紹。以下將著眼於田野調查資料與靈場創建時期的背景，進一步探索座落於首善之都臺北的新西國靈場發展特徵。

臺北新西國靈場的開創始末，根據今日仍遺留於觀音山上的靈場建設紀念碑，可見：凌雲禪寺住持沈本圓、西雲岩住持盧覺淨，以及奈良縣鐮野芳松與香川縣大神久吉的金石銘文。鐮野芳松與大神久吉為該靈場從發起到實現的核心人物，另兩位出現於石碑上的姓名，分別為新西國靈場設置地的凌雲禪寺及西雲岩的住持。沈本圓與盧覺淨皆為臺灣籍的僧侶，西雲岩位在觀音山南麓半山腰上，建於清乾隆17年（西元1752年），昔稱「大士觀」，並有外岩（巖）的西雲寺一稱。該廟宇採傳統閩南式建築，日治時期成為臨濟宗妙心寺派的寺院，為北臺灣重要的佛教聖地。凌雲禪寺則位於觀音山腰，該寺的開創始末與觀音山上另一座古剎開山凌雲寺有關，具傳乾隆四年（西元1739年）落成的凌雲寺於清末遭逢盜匪盤據，而被官方以火焚毀。日後直到明治42年（西元1909年），在劉金波、林清敦等地方仕紳倡議下，擇開山凌雲寺後方新建「凌雲禪寺」，由本圓法師擔任住持。本圓法師俗姓沈，基隆人，從明治30年（西元1897年）踏入佛門，前往中國福建鼓山受戒習法，歷經中國禪宗叢林十餘年的修行，回臺後曾短暫進駐月眉山靈泉寺，隨後擔任新創設的凌雲禪寺住持。凌雲禪寺於西元1917年編入臨濟宗妙心寺派，本圓法師被任命為臺灣布教使，該寺在臨濟宗的資助下，成為臺灣佛教四大重鎮之一。

從《臺灣日日新報》對於臺北新西國靈場的報導可知，創立之初，33座作為札所本尊的石佛沿著西雲寺與凌雲禪寺間的參道擺置[47]。不過根據近來的田野調查顯示，這條參道早已隨著道路修築，以及在當地嚴重的濫葬開發下消失。而那33座石佛除了部分被遷移偷竊之外，仍有多數的石佛及基座，分別保留於舊址附近的寺院或道路旁。臺北新西國靈場的石佛與基隆、宜蘭靈場的式樣及造型類同，在船型光背的觀音石像下緣，刻有象徵西國靈場的札所番號、國名、寺名及本尊名，如：第十七番キヨト六波羅蜜寺十一面觀世音菩薩。觀音石佛的平均高度約85-90公分，安置於正立方體的基座上，基座正面刻有本尊觀音名號，兩邊則刻上奉獻者姓名。目前掌握的臺北新西國靈場石佛及基座數量，分別為三十三觀音札所本尊的15座石佛及23個基座，以及花山院法皇的石佛基座一組，此外也發現了2座非屬西國靈場系統的石佛[48]，以及2座近年新造的石觀音像。根據田野調查所得比對舊有參道位置，顯示現存的石佛與基座分布位置，幾乎都已不在當年設置原址，數座石佛與基座也因散佚後的再組裝，而出現上下不一致的情形。

47　關於這條參道的景像，可參考1935年金子常光所繪〈大屯山彙鳥瞰圖〉，收錄於莊永明《臺灣鳥瞰圖：一九三○年臺灣地誌繪集》（臺北：遠流出版社，1996）。

48　這兩座石佛分別為五如來的「南無妙色身如來」與「南無多寶如來」，其尺寸與雕刻風格與該處新西國靈場的觀音石佛接近，研判應屬靈場創建同期的產物。這兩尊石佛目前安置的基座皆非原物。

圖14 臺北新西國靈場舊巡禮道旁的石佛

　　座落於觀音山南麓的西雲寺距離淡水河不遠，當年巡禮者從臺北城內搭船沿著淡水河至五股成子寮下船，展開新西國巡禮的巡拜之旅。今日在西雲寺附近的道路上仍遺留第二番的石佛基座，第一番基座目前收藏在西雲寺中，由此可知巡禮當時的起點確實位於西雲寺一帶，沿途各札所本尊的石佛依照一定的間隔距離安置。臺北新西國靈場的終點為第三十三番的石佛，現在這座石佛的位置無法確認，不過在凌雲禪寺後方的開山院內，保留有第三十二番與三十三番的基座。此外在第三十三番石佛基座附近的小丘上，也可見一座花山院法皇的石佛及基座，根據這2座維持原狀的基座位置，以及花山法皇石佛的設置意義，研判此位址即為靈場的終點處。透過田野調查所確認的靈場起點及終點位置，可知臺北新西國靈場的巡禮路徑接近於直線型態，顯示靈場創設時並無刻意仿造西國靈場的環狀巡禮路徑來規劃臺北新西國靈場，而直接利用當地既有的參道及周邊空間。再者，就靈場的地貌而論，整條巡禮道從水平面起，緩坡攀升至海拔330公尺的凌雲禪寺後方的第三十三番石佛，因這條巡禮道早已不在，無法確認當年這座地方靈場規劃時，各札所的石佛安設處是否考慮到複製西國靈場各札所寺院的特徵。就以今日所見的石佛現址而論，第一番石佛最接近水邊，第三十三番石佛位於山腰的特徵，確實是與鄰近太平洋的西國靈場第一番札所青岸渡寺，以及位於岐阜內陸的第三十三番札所華嚴寺的地貌環境相似，不過透過描繪有西雲寺與凌雲禪寺間的舊地圖研判，臺北新西國靈場各札所的石佛設置應未刻意複製西國靈場的地貌特徵。

　　關於臺北新西國靈場創立的緣起，在本章第二節以及本節中，分別透過《臺灣日日新

圖15 花山院法皇石佛

圖16 臺北新西國靈場建設紀念碑

報》與靈場創立碑文為依據，說明臺北新西國三十三所靈場開創之始末。以下將再透過現存靈場遺跡的考察所得，進一步探究臺北新西國靈場創建背後相關的宗派寺院及靈場成立背景。地方靈場由於在創設規模、運作型態、傳承背景等條件上皆不及西國靈場（本靈場），因此在研究上所能仰賴的文獻資料相當有限。多數的地方靈場研究，皆僅能仰賴現存的石佛或周邊造型物為資料線索，特別對至今已中斷達半個世紀以上的地方靈場研究而言，更失去了傳承者訪談的調查管道。根據筆者對臺北新西國靈場現存遺跡實施的田野調查，分別在現存的23座巡禮札所的石佛基座兩側，確認刻有奉獻者姓名的銘文，平均每座基座兩側各有5至6個姓名[49]。雖然部分基座上的銘文因風化或破壞而無法判別，不過絕大多數的銘文仍清晰可見，利用這項原始資料的判讀，將有助於探索該靈場的開創背景及內涵特徵。例如在今日被擺置於西雲寺庭院內的第一番札所僅存的基座左側，可見「臺北弘法寺內御詠歌講中」銘文，顯示該靈場的創立與真言宗在臺布教的重鎮臺北新高野山弘法寺有密切的關連性，這點可再由鎌野芳松與大神久吉二人與該靈場的關係獲得確認。此外，「御詠歌講」為臺北弘法寺信徒所組織的宗教團體，鎌野與大神皆為此團體的成員，御詠歌事實上為巡禮文化中對各札所本尊的詠嘆歌，信徒透過宗教結社的型態進行宗教信仰及社會福祉等活動。

再者，關於臺北新西國靈場創立與宗派寺院間的關係，在位於凌雲禪寺參道旁的第二十三番石佛基座左側，發現另一銘文為「圓山臨濟寺內圓通婦人會」，藉此再度確認臺北新西國靈場的創設，除了來自於真言宗信徒的力量，該靈場創設位置的西雲寺、凌雲禪寺所屬宗派的臨濟宗妙心寺派，以及妙心寺派在臺的核心寺院臨濟寺信徒，也積極參與該靈場的護持事業。基於石佛基座銘文的資料與前篇幅列舉的《臺灣日日新報》報導內容，筆者推測臺北新西國靈場應可視為真言宗與臨濟宗妙心寺派兩派信徒合力開創的地方靈場，此種情形在日本國內並不多見。探究其因，首先由於日本佛教在臺灣布教設寺與信徒取得的規模有限，縱使在政經文化中心的島都臺北，地方靈場的創設也非仰賴單一宗派信徒的力量即可完成。除此之外，真言宗與禪系的臨濟宗、曹洞宗皆重視觀音信仰，這樣的信仰傾向直接反映於日本列島各地的新西國靈場創設事蹟。因此，大正末期由這兩宗派信徒為核心所創設的臺北新西國靈場，可謂日本巡禮文化移植海外時，在適應當地環境之下所產生的變通模式，當然另一方面也反映出在同一觀音信仰之下所構成的信仰活動已超脫宗派隔閡。

除此之外，藉由該靈場遺跡的解讀，除了有助於還原庶民信仰之原貌，對於考察他國宗教文化移植異地所產生的變異也有所幫助，因受限於篇幅，以下僅列舉兩例略做說明。臺北新西國靈場第八番札所，也就是象徵奈良興福寺南圓堂本尊不空羂索觀世音菩薩的石佛與基座，目前被安置於西雲寺的庭園左側，在該基座右側刻有「鎌野芳松」及其妻「ふか」的姓名。鎌野芳松如前述是臺北新西國靈場創建的重要推動者，其家鄉位在奈良市高畑町，相距第八番札所興福寺南圓堂不遠之處，顯示各札所奉獻者的出身與西國靈場札所座落位置具關連性。臺北新西國靈場在透過三十三所觀音石佛以模擬西國靈場的札所本尊之外，也在巡禮道的末端設置花山院法皇的石佛，傳說花山法皇復興西國三十三所觀音靈場，因此在近畿

---

49 根據近幾年對所有現存基座進行的田野普查，發現23個石佛基座落款上的人名或出身地銘義，皆未見有疑似臺灣人的姓名或臺灣地名，藉此研判靈場的創建及巡禮活動的參與者應當時旅居臺灣的日本人為主。

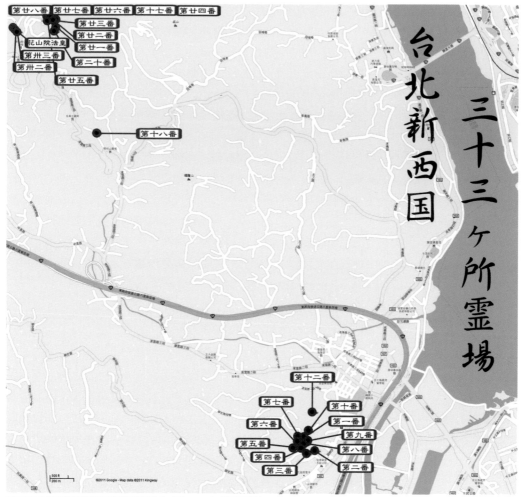

圖17 臺北新西國靈場札所石佛現存分布（依google地圖再製）

地區的西國靈場巡禮中，也將位於兵庫縣三田市的東光山花山院菩提寺這座花山法皇晚年隱居的寺院列為巡禮番外札所。如此的巡禮文化在臺北觀音山的巡禮道終點一帶，同樣透過石佛將花山法皇信仰複製移植，營造與西國靈場類似的巡禮構造。在這座作為終點的花山法皇石佛基座上，除了正面刻有花山院法皇之名號外，在基座兩側分別刻有「願主奈良縣奈良市鐮野芳松　香川縣本田郡大神久吉」，以及「岡山縣上房郡管野秀次郎大正拾五年七月謹建之」清晰的銘文落款，再度確認該靈場創建的歷史時空及信徒構成。

（四）新竹的新西國三十三所靈場

　　西元1929年（昭和4）10月創設於新竹市近郊的新竹新西國靈場，其開創始末在本章第二節的「（二）新西國靈場的成立」篇幅中，已透過《臺灣日日新報》對靈場開設及當時的相關活動報導，進行初步說明與解析。新竹為北臺灣最早開發的城市，從清代作為淡水廳縣治的竹塹城，進入日治時期成為新竹州廳的所在地，繁盛的殖產工業及行政商業活動，讓新

竹成為臺北以南，臺中以北最重要的都會。新竹新西國靈場設在新竹市近郊的十八尖山公園內，今日在設置地點原址仍保留了20餘座的石佛及基座。相較於宜蘭地區日本移民稀少的情形，根據西元1935年（昭和10）施行的人口調查顯示[50]，新竹市內的日本人有5631人，約占了總人口的14.5％。當地日本佛教傳入的時間推測早在西元1897年（明治30）即有淨土真宗本願寺派的從軍布教使及曹洞宗僧侶來到新竹著手布教[51]，接著陸續有真言宗、淨土宗、淨土真宗大谷派、日蓮宗共5宗6派在新竹展開布教活動[52]。其中從《臺灣日日新報》對新竹地區的宗派報導可知，曹洞宗設立於新竹市南門町的禪嶽山新竹寺與新竹新西國靈場的巡禮活動有關，舉凡靈場創建當時的法會及巡禮活動的集合地都在新竹寺舉行。

關於新竹地區當時的宗教現況，根據曾擔任新竹寺住持的佐久間尚孝的描述：

「新竹是州廳所在地，在十萬人口中，日本人約佔一萬人，幾乎都信仰曹洞宗。為了要維持運作而積極的布教，擴大觀音講座、兒童班、日語講習會、附設幼稚園。另外，並創設州佛教護法團，致力於皇民化運動。開設佛教講習，若沒有畢業證書就無法從事喪葬儀式，才意識到這一點，半路就二次大戰結束了。布教活動對於日本人，雖然要影響日本內地的檀信關係很困難，但是，對於本地人是頗有實績的，具有努力的價值。[53]」

由這段引文可知，日治時期新竹地區的日本人多數為曹洞宗信徒，這一萬人含括新竹市及周邊街庄，曹洞宗以新竹寺為中心，透過各種方式積極布教，除了獲得絕大多數日本居民所崇信，一方面也取得臺灣籍的信徒。新竹新西國靈場的開創應與曹洞宗在新竹的傳教有間接的關連性，特別是前段引文所提到觀音講座如此的布教方式，可視為西國巡禮的一環。此外，對於創建一處新西國靈場如此浩大工程，若沒有龐大的信徒群參與支持，相信在新竹這個地區將不容易達成。

新竹新西國靈場設在新竹市東南邊的一座新月形丘陵地上，因由近18個峰頭組成，故名為十八尖山。十八尖山主峰高132公尺，其他山地平均在100公尺左右，前坡為新竹平原，後坡則接竹東丘陵，構成天然的地理界線。明鄭時期，十八尖山以漢番界山之姿登上歷史到了清代，該地由於土地貧瘠、地勢崎嶇不利開墾，開始被作為官山義塚所用。直到日治大正年間，逐步移除十八尖山一帶的墳塚，依山陵線開闢環山道路及瞭望臺，將此丘陵地建設為公園。新竹街役所並於西元1928年（昭和3），以「御大典紀念事業」之名義，將十八尖山規劃為「森林公園」[54]。這座森林公園除了基本的公園設施之外，周邊還規劃有賽馬場、高爾夫球場、水源地、林業實驗地、學校等設施，公園內可瞭望中央山脈與臺灣海峽，具有良好的視野景緻[55]。新竹新西國靈場的誕生，正好在十八尖山成為森林公園的隔年，在官民

50 臺灣總督府《昭和十年勢調查結果表》（臺北：臺灣總督府，1935），頁184-185。
51 闞正宗〈日本曹洞宗派下寺院調查〉，頁74。
52 關於淨土真宗本願寺派在新竹地區的發展歷程，可參照：江燦騰〈日據時期新竹真宗竹壽寺發展滄桑史〉（《竹塹文獻》21期，2001），頁27-51。
53 參照闞正宗〈日本曹洞宗派下寺院調查〉引用《曹洞宗海外開教傳道史》一書的內容。（闞正宗〈日本曹洞宗派下寺院調查〉，頁79；曹洞宗宗務廳《曹洞宗海外開教傳道史》（東京：曹洞宗宗務廳刊，1980）。
54 張德南〈十八尖山發展探尋〉（《竹塹文獻》28期，2003），頁30 36。
55 芝田隆雄〈新竹森林公園に就いてⅣ現在の設施〉（《林學季報》6-4，1937），頁165。

推動與信徒捐贈之下，從日本本土的山口縣德山訂購33座觀音石佛，分別安置於森林公園內，同時在靈場順利落成之後，信徒再度募款計畫在公園內建設觀音本堂及提供巡禮者休息的座椅[56]。

　　新竹新西國靈場與前篇幅列舉的其他3座新西國靈場相同，皆以石佛作為西國靈場札所本尊的象徵，今日在原設置地點的十八尖山內，現存24座石佛，分佈於十八尖山的環山道路及周邊區域。究竟今日所見的各石佛安置處是否為西元1928年創建原址，經筆者調查，由於在該靈場相關記載中未見對當時靈場石佛分布的描

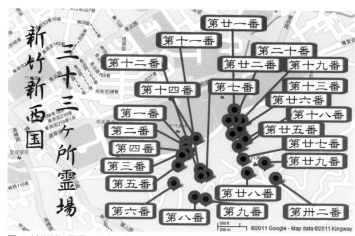

圖18 新竹新西國靈場札所石佛現存分布（依google地圖再製）

述，加上實地考察今日石佛呈現的排序，以及石佛基座與周邊環境的構成所呈現的跡象，皆反映出新竹新西國靈場遺留的部分石佛設置地點已非原址。在造型層面上，這20餘座石佛，在材質樣式及尺寸規格上皆一致，為西元1929年從山口縣德山訂做來臺的原物。但是，這批石佛除了船型光背的石佛式樣與臺北、基隆、宜蘭三處地方靈場的石佛相似，至於地方靈場採用的移植手法及象徵表現上則有所差異。例如新竹新西國靈場的石佛正面，只雕刻象徵該寺院本尊的觀音造型，以及在光背上刻札所番號，並無其他地方靈場石佛常見的國名、寺名、本尊名等文字標示。此外，新竹新西國靈場石佛採用的基座，也非臺北或基隆靈場使用的完整六面體臺基，而採用一塊呈三角形的自然岩石，基座上並無任何與奉獻者或年代有關的銘文，而是將「昭和四年八月」的製作年代刻在石佛光背的背面。

　　論及地方靈場的移植，本尊形象的複製應該是重要的一項特徵，在新竹新西國靈場現存的石佛上，清楚可見如意輪觀音、千手觀音、馬頭觀音、聖觀音等西國三十三所觀音靈場供奉的本尊形象，顯示雖然該地的移植手法雖省略了國名、寺名、本尊名等象徵元素，不過在本尊的對應上仍承襲西國靈場各札所的本尊造像儀軌。只不過，此處石佛採用的淺浮雕施作方式，呈現的石佛造型風格與其他3座新西國靈場的石佛明顯不同，新竹石佛的造型平面，缺乏在臺北觀音山或基隆所見的立體感。今日，這24座新竹新西國靈場遺留下的石佛，除了2座被移入十八尖山內的小廟祠供奉之外，其餘的石佛仍維持原有的野外供奉型態。雖然石佛已被後人上彩改裝，周邊也被放置不少民眾遺棄的神佛像，不過新竹石佛現狀仍是臺灣現存地方靈場遺跡中最少被改變的一例，這點也反映於石佛現存的數量上。

　　筆者認為造就新竹新西國靈場遺址完整性較高的原因在於該靈場設置地點並非一般民

56　芝田隆雄〈新竹森林公園に就いてIV現在の設施〉，頁166。

眾的居住空間，而在自然保育的公園區域內，因此，即使這座地方靈場同時在戰後失去原功能，不過並沒有因都市開發、道路拓寬、偷盜轉賣等因素而造成靈場的破壞散失。當然，十八尖山至解嚴為止被劃入軍事管制區的命運，無意間讓新竹新西國靈場固有風貌保留至今，應也是探討該靈場傳承現況值得提出的原因。綜觀新竹新西國靈場的考察，雖然石佛造像能夠提供的研究訊息相較於相關文獻或文字報導來得少，但從創建期間《臺灣日日新報》大篇幅的報導內容，搭配田野調查所確認的靈場石佛及遺跡現況，大致可掌握昭和初期新竹地區移植自日本本土的巡禮文化及地方靈場開創的發展脈絡。

五、臺灣新西國三十三所靈場的特徵及變異

日本的民俗信仰向來是國內較為陌生的研究領域，不過為求掌握理解日本治臺50餘年的庶民宗教信仰及民俗文化實態，回歸日本原生信仰文脈，再回頭理解、探索臺灣現存的遺跡、文獻及相關資料，這樣的作法具其意義。另一方面，就民俗學立場而言，藉由日治時期在臺日人所創建的新西國靈場為例，除了可理解民間傳承在不同的環境與宗教文脈下所產生的變異，更可作為深掘日治時期流傳於臺灣的庶民生活及宗教文化的一個切入點。本章以現存於臺灣的日本巡禮文化遺跡為例，透過史料分析及實地田野調查，解讀巡禮遍路文化的發展軌跡。臺灣西國巡禮系統的地方靈場開創，多數集中於大正末至昭和初期，正逢宗派初期布教事業邁向穩定的發展期。不過也由於地方靈場非屬正規佛教的宗派布教事業一環，而是以一般信徒、民眾為主體的宗教活動，因此，相關的文字記載、出版物非常貧乏，這樣的情形也反映於日本列島各地的地方靈場研究上。特別是在明治至昭和年間所創設了地方靈場，多數由於創設背景、相關資料不明，導致至今以近代創設的地方靈場為題的研究仍屬少數。本研究同樣面臨到這樣的研究侷限，特別是此課題在臺灣學界，至今未曾有相關研究成果問世，因此除了盡可能廣泛收集文獻資料、田野資料的發掘及解讀，成為本研究最重要的一環。

民俗傳承除了「物」之外，「傳承者」的存在相當重要。戰後因傳承者的消失，讓這些日本巡禮文化下的物件脫離原有的傳承文脈，多數在不同於原有傳承脈絡的作用力驅使下，產生變遷甚至是破壞瓦解。透過本研究可清楚地看到這樣的情形，特別是不同文化系統的轉化，對民間傳承造成的影響更加劇烈。日治時期創設於臺灣的臺北、基隆、宜蘭、新竹這四座靈場聖地，歷經半世紀之後，各靈場遺跡成為了追溯或理解當年新西國靈場發展的重要線索，今日隨著不同的環境或宗教因素，造就出不同的遺跡現況。座落於觀音山麓的臺北新西國靈場，因座落位置在兩寺廟間的參道，雖然戰後在道路開拓、土地變更等因素驅使下，破壞了參道的原貌。不過一方面，由於札所石佛座落位置與周邊居民的生活環境非重疊，加上該地聖地色彩依舊濃厚，讓這座地方靈場的遺跡較完整獲得保留。基隆新西國靈場分佈於基隆周邊的丘陵地，其中不少札所石佛的座落位置位於居民聚落內，導致多數的石佛在戰後失去原有宗教意涵下，紛紛被周邊寺廟接收成佛寺或民間寺廟的神像，融入當地的宗教信仰之中。宜蘭的新西國靈場分佈範圍廣闊，不過可確認的靈場遺跡卻最為稀少，僅存的10餘座石佛，皆被重新卜色、修改，轉化成當地居民信仰生活中的一尊神像，原本的靈場形貌早已消

圖19 新竹新西國靈場札所石佛（聖觀音）

失殆盡。創立時間最晚的新竹新西國靈場，因靈場設置地點位於市街之外的公園地，遠離一般居民的日常生活空間，戰後更劃歸為軍事用地，讓這座西元1929年創設的新西國靈場遺跡的現存狀態最為完整。

　　以上4座新西國靈場在環境、宗教、文化等因素的轉換之下，牽動著靈場原貌、內涵的

圖20 新竹新西國靈場巡禮道旁的札所石佛分布狀態

改變，其中最顯而易見的變遷表現於石佛這項新西國靈場札所的象徵。基本上，日本石佛在脫離原文脈，被轉化為當地寺廟祭祀對象的過程中，大致可歸納出以下3種特徵：（1）供奉位置改變，把原本擺設於戶外的靈場札所石佛，移入室內廟殿或是搭蓋簡易屋簷加以供奉。（2）造像外觀改變，將日本石佛常見的原石外觀，透過色彩原料的塗繪或安金，將造像轉化為臺灣民間所熟悉的神佛形象。（3）祭祀方式改變，從日本型態的短線香、供花，改變為臺灣的長線香、供品的祭拜。

　　綜觀日治時期臺灣各地方靈場的發展，最後將透過歷史為經、地理為緯，為本章畫下句點。就歷史層面觀之，地方靈場成立的時間正逢日本佛教各宗派初期布教事業告一段落，此時不僅宗教層面朝向穩定發展，在臺日人的生活也進入平穩安定的階段。這個時期民眾除了宗教方面的祈求寄託之外，休閒行樂與思念故鄉等需求也日趨高漲。因此，各地有志人士以聖地移植的方式，陸續創建新西國靈場，提供在臺日本人宗教寄託及抒發思鄉情感的設施。因此，自西元1926年臺北新西國靈場的創設起，在2、3年間，基隆、宜蘭、新竹等地也陸續創設地方靈場，這點反應出地方靈場自江戶時期發展至今廣泛存在的流行性特徵。就地理空間的面向而論，本研究論及的這四座地方靈場座落位置，皆位於北臺灣區域內，這點應與日本人居住密度及當時的政經、文化發展重心有關。同時，這樣的情形也明確反映出地方靈場創立初期，巡禮活動的參與主要以日本信徒居多，這可從各地方靈場設施基座的銘文落款獲得應證。新西國靈場在臺灣這塊土地上的發展始末，藉由本章的考察得以還原部分原貌，日後將持續深入發掘相關遺跡及蒐集史料，期待能更完整闡述日本巡禮文化在臺的發展全貌。

第二章　臺北新四國八十八所靈場的創建

　　本章以探討西元1925年（大正14），在臺日人於臺北市周邊所開創的「臺北新四國八十八所靈場」宗教巡禮活動為題，透過當年設置至今仍遺存的石佛及相關遺跡為主要依據，探討日治時期由日本引進移植入臺，流傳於庶民社會之宗教信仰及其相關活動的發展情形。臺北新四國八十八所靈場的創設，不僅為在臺日人將日本本土的巡禮遍路信仰完整移植入臺的首例，也是日治時期日本宗教信仰發展中，有別於特定宗派、寺院主導的布教措施，屬於一般民眾為主體所展開的宗教活動及設施營造。該靈場日後隨著時空轉變，過去做為朝拜對象的石佛，幾乎完全脫離原有的宗教文脈及信仰價值，並在時空環境轉換下，不論在設置位置、信仰、功能、設置、形貌等面向上皆產生極大的變化。不過一方面，藉由這些石佛所留下的痕跡，足以清楚說明日治時期活躍於在臺日人庶民生活中的信仰內涵，同時也反映出移植外來的宗教活動在異地的傳布發展存在的侷限。

一、臺北新四國八十八所靈場的研究背景

　　朝聖為全人類共有的宗教行為，不論就東方或西方世界，巡拜靈場聖地的習俗信仰存在於各民族、宗教之中，其行為模式與表現型態隨著各地域、環境、風土等條件，展現各種不同的特徵。朝聖巡禮於日本列島上的發展甚早，初期的自然信仰將山岳、島嶼奉為神聖之地，日後隨著宗教信仰的演進，這些聖地靈場形成重要的寺院神社，進而呈現多元豐富的日本巡禮文化。其中，平安時期以近畿地區的觀音信仰為核心，所形成的西國三十三所觀音巡禮，以及追憶真言宗開祖弘法大師空海修行之道所產生的四國八十八所遍路，可謂日本宗教信仰中最具代表性的兩大朝聖。這些屬於東瀛的宗教文化傳統，乍看之下與臺灣毫無任何的關聯，不過隨著日本統治臺灣50餘年的契機，日本本土的西國巡禮及四國遍路等宗教巡禮文化，伴隨著日本佛教、神道及移居臺灣的日人原鄉民俗信仰文化，逐一移植入臺並獲得短暫地傳承發展。

　　在此之中，就以日治時期大正、昭和之交，在臺日人於臺北地區創設的「臺北新四國八十八所靈場」，不僅為日本巡禮文化移植入臺的首例，同時也是少見非宗派寺院主導，甚至可說超越宗派隔閡所構成的宗教活動及設施營造。西元1925年（大正14）落成的臺北新四國八十八所靈場（亦可簡稱為臺北新四國靈場），在當時居住於臺北的日本人積極奔走下，選擇臺北市內的寺院及近郊名勝為靈場設置地，分別安置88座石佛以作為日本四國地區88座遍路靈場寺院的本尊象徵。今日這些構成靈場聖地主要元素的石佛雖然在時空改變之下，不論就外觀狀態或功能上皆產生變化，甚至部分的石佛更在環境、人為等因素下散佚或毀壞。不過一方面，也由於部分石佛現存至今，讓今日有機會藉此追溯將近百年前曾存在的宗教活動，並成為開啟以探討移植日本本土宗教文化在臺形成與變遷的重要線索。

　　至今為止，學界對於日治時期日本佛教有關的研究，主要著眼於對各宗派主導的布教活動、措施或特定僧侶的考察，對於由一般信徒主導或者自然傳承於在臺日人生活中的信仰活

動，是全關於日治日本佛教及相關信仰活動所遺留的宗教文物研究，由於過去的時空背景及相關資料欠缺等因素，導致具體的調查及研究成果仍屬少數[57]。筆者為求深入全面發掘這項研究課題，近年先擇臺北地區現存的日本佛教寺院相關遺跡或宗教文物為起點，著手進行全面性的田野普查，並逐步將考察的範圍延伸至全臺，企圖更全面地發掘掌握日治時期遺留至今的宗教遺跡、物件，以作為探究日治時期在臺日人信仰面貌的基礎。本章鎖定日本四國遍路巡禮文化在臺的傳承，具體選擇「臺灣新四國八十八靈場」這座創設時間最早，並座落於當時政經、宗教及文化首善的臺北市及周邊的宗教靈場為題，持續探究在臺日人庶民信仰移植海外所呈現的景象，以及源自日本的宗教物件在脫離原生宗教文脈下所呈現的變化。特別是在日本的宗教信仰中相當豐富的以石造像的文化，當中，巡禮、遍路等宗教靈場經常藉由移植複製往他地，石佛常成為營造聖地及神聖象徵的重要物件。藉此，本研究首先將以現存的石佛為起點，透過具體的宗教遺跡及相關史料的發掘，闡述日治時期傳承於在臺日人庶民生活中的「臺北新四國八十八所靈場」之信仰活動及內涵，並著眼石佛於臺灣宗教文脈轉化下所產生的變容及其特徵。期待對這座至今已鮮為人知的臺北新四國八十八所靈場的全貌進行深入地考察解析。

二、巡禮遍路與四國八十八所靈場巡拜

巡禮遍路可說是今日日本民間最耳熟能詳的宗教用語之一，日本佛教的朝聖傳統，源起於平安時期僧侶的苦修行腳，日後歷經千百年的發展延續，形成以西國巡禮及四國遍路著稱的巡禮文化。傳承於日本列島上的宗教朝聖，其相較於其他各國，不僅類型眾多，體系完整，更具備明顯的獨特性。「巡禮」一詞最早出現於九世紀中葉僧侶圓仁所著《入唐求法巡禮行記》，意指巡行參拜聖地之意。而後隨著西國三十三所觀音巡禮的出現，間接地帶動區域性巡禮活動的誕生，「巡禮」就在這樣的發展歷程中，成為觀音巡禮的代名詞。到了十五世紀前後，以座落於四國地區與弘法大師信仰相關的寺院群為核心所構成的四國遍路正式成立，「遍路」著重於苦行巡歷山海路徑的修持，孕育出不同於觀音巡禮系統的宗教朝聖內涵。

確實日本朝聖概念的發展，隨著歷史緣起、地區傳承的異同，造就出各式各樣的內涵與構造，正如最符合英語「Pilgrimage」一詞的譯名，比起廣泛被使用的「巡禮」用語，似乎「參詣」這個以單一聖地參拜為主的概念更為貼切。總而言之，「巡禮」一詞，可視為日本宗教朝聖活動的總稱，泛指前往聖地的旅程。不過，狹義的「巡禮」則限定於巡迴參拜，也就是連續並長距離地參拜複數聖地的宗教旅程，如著名的西國三十三所觀音靈場巡禮及四

57　關於這方面的研究成果，在信徒組織或一般民眾的信仰活動層面上，僅見闞正宗發表於2009觀音學術研討會的〈日治時代東和禪寺的觀音講會〉（現代佛教學會主辦，臺北龍山寺文化廣場），至於在宗教造型及相關遺跡方面，則受到較高的關注，如：陳清香《臺灣佛教美術的傳承與發展》（臺北：文津出版社，2005）在「供像系譜與造像藝術」篇章中，分別介紹日治初期由臺灣製糖株式會社社長鈴木藤三郎珠捐贈於橋頭糖場內的聖觀音銅佛，以及今日散布於基隆月眉山、基隆寶明寺、基隆仙洞岩、基隆楞嚴寺、臺北大慈寺、臺北臨濟護國禪寺、臺北通法寺等處，屬於新西國觀音靈場的巡禮石佛。再此，郭祐孟也曾撰寫〈新竹十八尖山的西國三十三所觀音石佛〉（《竹塹文獻雜誌》39期）、〈基隆觀音石佛巡禮記〉（《圓光新誌》89期）、〈宜蘭觀音石佛踏查記〉（《圓光新誌》92期）等文，介紹臺灣各地遺留的日本石佛遺跡。

國八十八所靈場遍路，堪稱最典型的日本宗教朝聖活動。選擇一定數量的聖地群作為朝聖目標，並將特定的宗教聖地加以統整，使之成為具系統次序的組合，最後再依序為各個聖地標註編號，應可說是日本朝聖文化最大的一項特徵[58]。朝聖對象在日本所呈現的表徵，也如同朝聖活動具有的多元內涵及風貌，對於寺院或是具宗教意義的特定物體、區域，一般常以「靈場（Reijou）」及「札所（Hudasyo）」相稱。所謂的「靈場」指得是以數個聖地構成的聖地群，例如由88間寺院編組而成的四國八十八所靈場，本身即可稱為「靈場」。至於構成靈場的88座寺院，將依序命名為第幾番的「札所」。由此可見，日本的宗教朝聖場域，主要是由複數的聖地所組成的聖地群為主體。確實個別的札所本身也具備完整的聖地性格，不過將聖地串聯、整合組織為一系列的群體，並搭配構成聖地所需的環境、地貌、景緻等條件，將可提供巡禮者獲得更完整豐富的聖地體驗。

　　日本著名的「四國遍路」，是以分佈於日本四國地區的德島、高知、愛媛、香川四縣，共88座弘法大師空海相關遺跡寺院構成的巡禮場域為核心，發展而成的另一項日本朝聖巡禮類型，其宗教場域亦稱「四國八十八所靈場」。四國遍路的原型最早見於平安時期，在《梁塵秘抄》一書中出現「四國邊路」的文字描述。所謂的「邊路」，泛指沿海的路徑，人們深信沿著此路徑行走，將可到達長生不老的常世國度。如此的概念被佛教所影響，轉化成為觀音淨土的補陀落，人們藉由邊路修行遙拜聖地補陀落，日後再與弘法大師信仰結合，逐步形成「四國遍路」的朝聖之路[59]。星野英紀針對四國遍路各種起源之說，整理出：（1）西元815年（弘仁6）弘法大師空海42歲時前往各靈場修行時所創建。（2）弘法大師入定後，徒弟真濟和尚沿著空海當年的修行路徑巡拜。（3）愛媛松山地區的豪族衛門三郎為自省頓悟而開始展開遍路。（4）從嵯峨天皇之子也就是弘法大師空海徒弟的真如親王創立[60]。以上這幾則傳承於民間的四國遍路開創之說，縱使與史實非全然吻合，但是從多處空海當年修行的遺跡皆被列為四國遍路寺院的情形，反映出四國遍路與弘法大師具有的深厚淵源。

　　四國遍路場域被稱為四國八十八所靈場，推測這項朝聖巡拜活動從初期的宗教行腳修行，進一步完成以88座寺院為札所的固定編制，應該是在江戶時期。在十七世紀成書的《四國邊路道指南》中，首見今日各札所的番號及寺名，至於「八十八」數字的由來，應代表多數之意[61]。這88座寺院以日本四國地區德島縣鳴門為起點，依序以順時針方向散布於四國全域，其中具代表性的札所寺院有：第一番靈山寺、第二十一番太龍寺、第二十四番最御崎寺明星院、第三十六番青龍寺、第六十番橫峰寺、第七十五番善通寺、第八十八番大窪寺等處。一般而言，巡禮者將從第一番的札所出發，依序巡拜各個札所寺院，最後到達八十八番大窪寺完成參拜，即可稱為「結願」。另一方面，也有部分巡禮者選擇從第八十八番起逆向巡拜，或以鄰近札所寺院為起點。但是不論起點為何，多數的巡禮者在完成四國遍路之後，皆會再轉往弘法大師入定之地的高野山奧之院參拜，以象徵遍路圓滿及表達謝意[62]。

58　真野俊和〈日本の巡礼〉，頁5-7。

59　佐藤久光《遍路と巡礼の民俗》，頁37-39。

60　星野英紀、淺川泰宏《四国遍路》（東京：吉川弘文館，2011），頁14。

61　星野英紀《四国遍路の宗教学的研究》，頁175-181。

62　林承緯〈日本的朝聖文化：西國巡禮與四國遍路〉，頁91-92。

上述所說明的西國巡禮及四國遍路這兩項日本的朝聖巡禮文化，不論是橫跨近畿地區的大阪、京都、兵庫、和歌山、奈良、滋賀及鄰近的岐阜等7個行政區，巡禮路程達1000公里以上的西國三十三所觀音靈場；或是環繞四國地區德島、高知、愛媛、香川4縣，全程長達1400公里前後的遍路巡拜之道，對於在交通狀態、經濟條件、社會環境等因素已相對發達的今日而言，要完成一趟西國巡禮或四國遍路的宗教朝聖仍非易事。更何況在近代以前，巡禮所需的路途、時間、經費、體力等必要條件並非人人能夠負擔，再加上當時的政治情勢、社會型態及營生模式，能夠長時間離開家鄉赴異地進行朝聖的人極為有限。因此，當時能夠來到西國三十三所觀音靈場、四國八十八所靈場進行巡禮遍路者，多數為宗教者及一小部分的富裕階層，至於一般民眾唯有透過眾人集資的方式由代表前往朝聖[63]。在上述的社會背景之下，隨著廣大民眾對於巡禮意願的高漲，日本列島各地開始透過複製、模仿等方式將西國靈場、四國靈場移植到各地區，如此相對於原創巡禮地點的小區域規模的宗教場域，稱為「地方靈場」、「複製靈場」、「模擬靈場」。

相對於第一章所述的西國三十三所靈場系統的地方靈場，以四國八十八所靈場為原型所創造的地方靈場創立時間略晚[64]根據目前可確認的事例，多數靈場的成立時間集中於江戶時期，譬如：西元1835年（天保5）創立於出羽新庄的「新庄新四國八十八所靈場」，以及著名的小豆島四國八十八所靈場[65]、篠栗四國八十八所靈場等。如何移植巡禮靈場，將其擁有的靈力聖性加以複製、移植到異地，在任何新靈場創設時都有不同的作法。常見的複製模式有各札所的本尊、環境地貌、御詠歌、建築，以及從本靈場各札所取砂土作為象徵[66]，特別是以石造像的「石佛」來象徵本靈場各本尊佛像的複製手法，為各地方靈場營造時相當常見的做法，本章考察的「臺北新四國八十八所靈場」即為此一類型。

三、日本石佛與臺北新四國八十八所靈場的成立

日治時期陸續傳入的日本石佛造型與巡禮遍路文化，在戰後隨著日本人的撤離及新統治者入主，讓喪失原宗教文脈及認知的日本石佛，除了部分被臺灣的佛教及民間信仰接收，促使石佛的宗教意義及價值獲得延續之外，不少的石佛或宗教遺跡早已荒廢於芒草堆中或遭到遺棄或轉賣，增添展開石佛等日本宗教文化或遺跡的研究難度。關於臺灣現存的日本石佛類型，經筆者近年調查掌握所得，基本上根據石佛原有的宗教功能可粗略分成兩大類，其一屬於「地方靈場」系統的石佛，如設置於臺北周邊的「臺北新四國八十八所靈場（西元1925年成立）」與「臺北西國三十三所靈場（西元1926年成立）」兩個靈場所屬的石佛，或是西元1929年前後，分別設於新竹森林公園的「三十三所觀音靈場」與基隆的「西國三十三所觀音靈場」，這些都屬於第一種類型。其二則是因祈願、奉納、供養等因素個別設立於寺院境內或周邊的石佛，如安放於臺北天后宮廟內的新高野山弘法寺子安大師、弘法大師，或是圓山

---

63 山本準〈德島県における四国八十八か所写し靈場〉（《鳴門教育大学研究紀要》18巻，2003），頁29-30。

64 新城常三《新稿社寺参詣の社会経済史的研究》（東京：塙書局，1982），頁1112-1122。

65 小豆島四國八十八所靈場為分布於日本瀬戶內海中島嶼小豆島的著名地方靈場，別名「島四國」。該靈場傳說是由弘法大師空海所創，遍路全程約145公里。

66 田中博《巡礼地の世界》，頁35-37。

臨濟護國禪寺的地藏菩薩、如意輪觀音，北投普濟寺的鐵真院子安地藏、湯守觀音等石佛。

　　本章所探討的西元1925年（大正14）創建於臺北的「臺北新四國八十八所靈場」，這項宗教設施即透過88座石佛來複製、重現本靈場的宗教特徵。將石佛作為四國八十八所靈場各札所本尊的象徵，石佛成為信徒進行巡禮遍路宗教活動時的巡拜對象，並藉此營造出宛如「本靈場」般的宗教情境及擬似體驗。「臺北新四國八十八所靈場」創立於西元1925年（大正14）4月，為日本本土的巡禮遍路信仰完整移植入臺的首例，其冠有「新四國」之稱的靈場命名，清楚表現出該宗教設施具有的屬性。這座首度落腳於臺灣的日本巡禮遍路靈場，從發起至落成歷經完整一年的時間。西元1924年（大正13），「臺北新四國八十八所靈場」由當時居住於臺北市的鐮野芳松、平尾伊三郎、大神久吉、二宮實太郎、尾崎彌三郎等五人共同發起，著手籌設的工作。在西元1925年（大正14）4月10日，該靈場創設事業取得總督府的認可，同年4月14日（農曆3月21日），擇第一番札所設置處的臺北新高野山弘法寺舉行靈場落成暨石佛開眼法會。當年的儀式法會相當盛大，出席者除了發起人及一般信眾之外，多位提供臺北新四國八十八所靈場場地設置石佛的淨土宗、臨濟宗、曹洞宗及北投鐵真院的僧侶們也出席這場法會。此舉不僅突顯該靈場的成立廣受在臺佛教各宗派的矚目，更顯示臺北新四國靈場的屬性已超越各宗派間的鴻溝。臺北新四國靈場落成相關典禮從上午11點起，首先在弘法寺本堂內進行「本尊御法樂」儀式，接著一行轉往殿外搭設的會場[67]，由發願人總代表鐮野芳松代表誦讀靈場發願文，內容如下：

　　我高祖弘法大師於弘仁年間，於德島（阿）、香川（讚）、愛媛（伊）、高知（土）四國的山川間跋涉，披荊斬棘地開拓選擇景勝之地開創梵剎，制定了八十八所的靈場。在皇化未普及的邊海孤島上開創浩大的宗教大公園，自開創至今千年以來受眾信之響嚮往，藉由順拜此靈場，沉浸於高山大川之靈氣，達到去除內心煩惱，醫治身體之苦痛。感得大師靈驗者不知有數千萬人，我們同志相謀商議，在臺灣設立新四國靈場，眾人共同仰願大師靈驗而發願。一時之間匯集四方信眾之力，見設立臺

圖21 臺北新高野山弘法寺

北新四國八十八所靈場時機純熟，即擇臺北市內、圓山、芝山巖、草山、竹子湖、北投之間的名勝地，在獲得官方許可之下安置本尊。今日正逢高祖入定之聖日，隆重舉行修持開眼供養法會，我等發願者滿懷歡喜心，冀望大師威靈長存此靈場，護持我等同胞的幸福及新領土的隆昌[68]。

　　發願文內容清楚說明弘法大師空海開創四國八十八所靈場的歷史源由，並強調巡拜四國靈場具有的宗教意義及靈驗性，基於這些原因，鐮野芳松集合眾人的力量將此宗教活動與設施移植到臺灣，在臺北一帶開創「臺北新四國八十八所靈場」之名的地方靈場。這座新靈場

67　〈臺北を中心とする　新靈場八十八所　有志の發願で新設〉《臺灣日日新報》1925年04月13日，第二版。
68　譯自三九郎〈臺北新四國八十八箇所 巡禮の記〉（《臺灣遞信協会雜誌》153号，1934），頁99。

的設置地點，發願文中明確標示出臺北市內、圓山、芝山巖、草山、竹子湖、北投等地名，在這些地點安置石佛作為各札所的本尊。最後提到選擇4月14日（農曆3月21日）舉行靈場落成及本尊開眼法會，主要是當天為弘法大師空海入定紀念日，藉此感受到該靈場創建計畫各環節的縝密。落成典禮在發願人誦讀發願文之後，接著由第一番新高野山弘法寺住持為石佛進行開眼儀式，將石雕佛像轉化為神聖的佛像，最後在御法樂與重要與會者致詞之後，於12點左右結束這場典禮。中午，會場備有招待的便當、和果子，下午2點起，在集聚88位男女信眾的念佛聲中，將事前準備的赤白兩色的麻糬拋灑發送，為這場喜慶的開眼儀式畫下句點[69]。

再者，論及靈場各本尊石佛的分布位置，在發願文中可見臺北市內、圓山、芝山巖、草山、竹子湖、北投等地名，另外在《臺灣日日新報》對靈場開創當日的報導之中，更明確地記載著88座石佛個別的設置地點：

「第一番 弘法寺、第二番 天臺宗、第三番 艋舺稻荷樣、第五・六番 不動樣、第七番 大正街公園、第八・九・十番 三板橋墓地、第十一至十四番 臨濟寺、第十五番至第十八番 淨土宗、第十九至三十五番 芝山巖、第三十六番至第四十四番 士林往草山之路徑、第四十四番至第六十一番 草山往竹子湖路徑、第六十二番至第七十一番 草山往北投路徑、第七十二番至第八十番 北投星乃湯佐野的山麓附近、第八十一番至第八十七番 北投往大師山路徑、第八十八番 北投鐵真院。[70]」

前述所記載的石佛設置地點，多數地名在今日已多有改變，不過藉由相關遺跡及資料的考證比對，對掌握臺北新四國靈場實態及還原巡禮路徑原貌有相當的助益。例如：第一番的新高野山弘法寺即為今日位於臺北市西門町的臺北天后宮前身，第一番石佛今日仍遺留在原址；或像是目前被安置於臺北市正願寺內的第十九番石佛，根據原設置地點的描述紀錄，顯示石佛原位置是在芝山巖，也就是說今日座落位置並非原址。關於石佛及靈場其他遺跡現況、變遷等課題，將於下一節中做深入探討。

根據發願文與新聞報導所記載的石佛座落地點，這88座做為札所本尊象徵的石佛位置，從位於臺北市西南側萬華一帶的弘法寺為起點，呈現由南往北的分布情形，巡禮路徑從臺北西南穿越市區中央位置，朝北通過圓山、芝山巖、陽明山（草山、竹子湖）等近郊丘陵、山地，最後以北投為終點。分析臺北新四國靈場各札所的設置地，首先可見該靈場的巡禮出發地位於真言宗在臺最重要的宗務中心—新高野山弘法寺內，至於巡禮終點則座落於北投溫泉區內的鐵真院。對地方靈場而言，起終點的位置具有崇高的地位，亦被賦予發願、結願、滿願道場之稱。該靈場複製、移植的源頭—日本四國八十八所靈場，為真言宗追念教祖弘法大師空海修行之路所衍生之宗教活動，藉此將弘法寺作為新四國靈場巡拜的起點，正好符合該靈場的宗教特徵。此外，當時的巡禮者在完成全程的巡禮遍路之後，將再回到供奉弘法大師的新高野山弘法寺參拜，如此的模式仿照日本本土巡禮者在完成四國遍路之後，再轉往弘法

69 〈弘法寺の開眼供養 新靈場へ奉安する八十八體の佛像〉《臺灣日日新報》1925年04月15日，第二版。
70 譯自〈臺北を中心とする 新靈場八十八所 有志の發願で新設〉《臺灣日日新報》1925年04月13日，第二版。

大師入定之地高野山奧之院參拜以象徵遍路圓滿之舉。

臺北新四國靈場與真言宗[71]的關聯性，除了四國八十八所靈場緣起於弘法大師信仰之外，臺北新四國新靈場起點札所設置地的選定，也間接顯示出該靈場具有的性格。除此之外，在創設臺北新四國靈場的鐮野芳松、平尾伊三郎、大神久吉、二宮實太郎、尾崎彌三郎這5位重要發起人中，除了尾崎彌三郎之外，以鐮野芳松為首的四位人名皆出現於新高野山弘法寺銅鐘銘文上[72]，顯示這四位石佛靈場發起人的另一身分即為弘法寺的護持信眾。特別是這四位發起人除了鐮野芳松出身於奈良之外，其餘3人分別來自於四國地區的香川、德島、愛媛三縣[73]。基於以上數點，不難令人聯想到「臺北新四國八十八所靈場」的創設與真言宗入臺之間具有相當的關聯性。但是，若再針對該靈場與真言宗之間可能的連結進行進一步的剖析，將可發現臺北新四國靈場的產生並非由真言宗或特定寺院所主導，而是在信徒發起下所促成的宗教事業。因此，該靈場創立時，除了請來設置第一番札所的弘法寺住持為石佛進行開眼儀式之外，基本上，「臺北新四國八十八所靈場」的例行活動及相關事業的運作皆以信徒為中心[74]，弘法寺所扮演的角色屬於配合與支援的性質。

再者，參照88座石佛設置地點，可見除了起點與途中兩處石佛設置地點分別位於真言宗派下的弘法寺與弘法寺草山別院之外，譬如：第二番位於新富町的天臺宗，第六番位在東門町的曹洞宗臺北別院，第十一番至第十四番設在圓山町的臨濟宗臨濟寺，第十五番至十八番則座落於淨土宗寺院。除此之外，多數的札所分散於臺北周邊的丘陵、山地一帶，這種跨越

---

71 關於日本佛教真言宗來臺的布教軌跡，可上溯到日本正式統治臺灣的西元1895年，真言宗於西元1895年（明治28）6月1日擬定「新領地傳道布教條例」，隔年派遣小林榮運、椋本龍海赴臺擔任臺灣開教使，其他日本的佛教宗派也約略在這個時期點著手入臺的布教措施。接著於同年4月，真言宗由八大本山共組「各派連合法務所」，並選定位於臺北萬華的黃氏家廟這座屬於臺灣人祖先崇拜的祭祀場所作為臨時布教處，接著再將布教場改設於臺北北門的瞿公廟。歷經草創的過渡時期，西元1899年（明治33）7月於臺北市新起街興建布教所，隨著佈道事業及宗務發展所需，到了西元1908年（明治41）6月，擇新地規劃新高野山弘法寺之寺名的伽藍，隸屬高野山真言宗金剛峰寺末寺。新高野山弘法寺歷經兩年的經建，西元1910年（明治43）6月21日舉行入佛式，成為真言宗在臺發展最重要的據點，也在西元1925年成為臺北新四國八十八所靈場第一番札所的設置地。當時，弘法寺本尊為弘法大師，並供奉有十一面觀音、不動明王等佛像，主要例行法會為正御影供、弘法大師誕生會、十一面觀音法會及護國十善會。

72 今日在新高野山弘法寺舊址的臺北天后宮內，藏有弘法寺遺留下來的宗教文物，包括有銅鐘、銅磬、卷軸畫、佛像、石佛、石香爐等二十餘件，當中又以造價及規模最大的銅鐘最具代表性。在這口西元1920年（大正9）由弘法寺信徒組織御詠歌講以捐募托缽等方式建造完成的大銅鐘，鐘身除了刻有鑄鐘緣由與宗教圖紋，根據田野調查，在鐘身上亦清楚可見記載著該寺信徒姓名的銘文，可分成「弘法寺信徒惣帶　岡田敬五郎、國府石光、江里口秀一、中村誠道、孃浦福藏、大歲德太郎、後藤倉太、長谷川雄吉」，以及「弘法寺世話錄　永井德照、吉岡德松、服部朝子、大神久吉、鐮野芳松、平尾伊三郎、吉田安太郎、川崎秀太郎、二宮實太郎、若狹十四郎、筱原榮吉、菅谷東次郎、水嶋龍」兩部分。在信徒姓名之中，鐮野芳松、大神久吉、二宮實太郎、平野伊三郎四位為臺北新四國靈場的發起人（底線為筆者所加）。

73 鐮野芳松於西元1861年（文久元）生於奈良縣奈良市高畑町，西元1902年（明治35）渡海來臺，在臺北市經營鐘錶買賣；平尾伊三郎生於西元1871年（明治4），德島縣三好郡三野村清水，於臺北市區開設平尾商店販賣各式工具；大神久吉出生於西元1878年（明治11），香川縣木田郡田中村，於西元1909年（明治42）來臺開設建築材料行；二宮實太郎於西元1869年（明治2）生於愛媛縣喜多郡大洲町，西元1905年（明治38）來臺任職於專賣局，並於西元1912年（明治45）獨立經營酒、醬油買賣（參照：大園市藏編《臺灣人物誌》（臺北市：谷澤書店，1916）。

74 此點可透過刊登於《臺灣日日新報》的靈場巡禮活動募集啟示中的連絡方式得到印證，例如在設置當年10月所舉行的靈場巡禮活動中，報名處除了弘法寺之外，還包括發起人鐮野芳松、二宮實太郎所開設的商號。

各宗派寺院境內的靈場札所設置情形，突顯出臺北新四國靈場應非單一宗派所建。若再透過其靈場創建人物與初期巡禮情形觀之，筆者認為該靈場創建及其巡禮活動可視為日治時期少數並行於寺院及宗派主導的宗教活動之外，在臺日本人自主展開的宗教信仰活動。一方面，從宗教信徒數量的角度來說，真言宗相較於同時期入臺傳道布教的其他佛教派別擁有的信徒數，始終並非多數，特別是信徒屬性集中於在臺日人部分，少見臺灣人信徒的存在。因此，「臺北新四國八十八所靈場」的創設基本上應非傳教目的，不論從該靈場創設的主導力量及信徒屬性判斷，畢竟巡禮遍路之宗教活動並非臺灣人所熟悉，所以難以將臺北新四國靈場與傳道布教目的進行聯想。

　　西岡英夫發表於《南瀛佛教》中的〈四國遍路と清明節〉一文，可謂當年在新聞報導之外，少數出現關於臺北新四國靈場的描述。作者於該文中首先說明日本四國遍路的信仰習俗，以及臺灣人過清明節的作法，接著話鋒一轉指出，當時臺北也在新起街弘法寺的策劃下，於臺北至草山北投間設置了石雕佛像為札所，以作為巡拜設施，這座新四國靈場巡禮每年舉行於4月，又稱為島四國[75]。在此暫且不論西岡英夫指出的臺北新四國靈場創設源由是否正確，透過此文至少反映出該靈場活動在當時所受的矚目，與當時人們對於臺北新四國靈場的認識。除此之外，另一則出現臺北新四國靈場的相關記載，出自西元1935年（昭和10）由士林公學校所發行的《郷土読本　わが里》郷土教材，在名為「參拜大師（お大師詣り）」段落中寫到：

　　我們每年三月與十月可見眾多身著白衣、手持金剛杵的遍路者，正在芝山巖、草山等札所進行巡拜。臺北地區就以臺北市的弘法寺作為札所的第一番，在市區有十八處，芝山巖有十七處，而在草山道路與附近有二十一處，竹子湖附近有五處，而在頂北投與北投一帶共有二十七處札所。我們若前往芝山巖或草山等地，必需參拜札所來緬懷千百年前弘法大師偉大的佛法功德[76]。

　　在這篇日治時期地方初等教育所使用的郷土教材中，適時將位處該校周邊的臺北新四國靈場的內容納入課本，該文除了如上述般對當時臺北新四國靈場的規模及巡拜情形略做描述，也針對日本四國遍路的開創歷程與弘法大師空海的生平事蹟有完整的說明。藉由這篇的文字內容，顯示位於臺北的新四國靈場在當時已受到一般民眾所熟知。特別是被寫入小學課程用來認識自己郷土的教材裡，並出現鼓勵參與體驗此巡拜活動的字句，顯示靈場巡拜在當時絕非侷限於某些宗派信仰者，而是人們廣泛認同的一種宗教活動。

75　西岡英夫〈四國遍路と清明節〉（《南瀛佛教》16-4，1938），頁25。
76　譯自由淳吉《わが里　郷土読本》（士林公學校，1935），頁46-47。

圖22 日治時期臺北新四國八十八番靈場札所石佛分布（依google地圖再製）

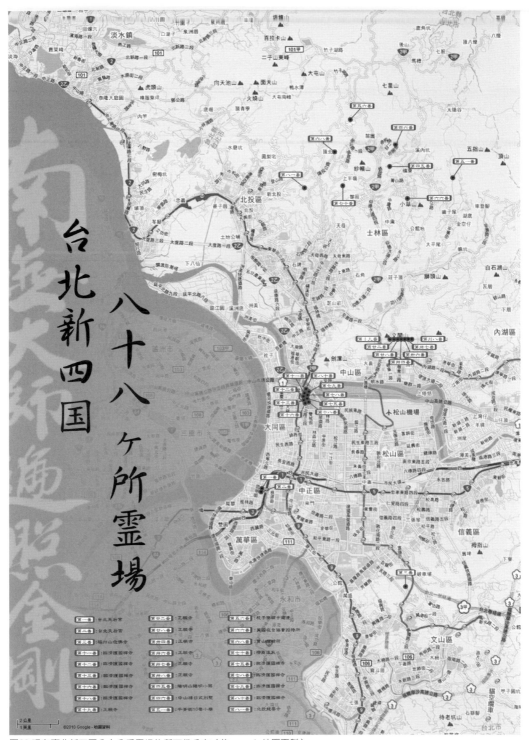

圖23 現存臺北新四國八十八番靈場札所石佛分布（依google地圖再製）

四、臺北新四國八十八所靈場石佛群：宗教遺跡的現況及其變容

　　西元1925年（大正14）創設於臺北的「臺北新四國八十八所靈場」，靈場設置所採取的做法為典型的地方靈場營造手法，其模擬本靈場的元素包含番號、寺名、本尊、御詠歌。一般就地方靈場的札所型態來說，基本上可見寺院、小堂、露天等不同的做法[77]，關於這種移植轉化之下作為札所象徵的本尊，除了以寺院內所供奉的佛像為各札所本尊之外，多數的地方靈場札所也採石雕佛像為札所本尊的象徵。關於石佛型式的表現上，又可分為直接採取四國遍路原番號札所之本尊形象，或藉由地藏、弘法大師等石佛來作為各札所之代表。譬如地方靈場第一番札所採靈山寺本尊釋迦如來形象的石佛，或統一採地藏或弘法大師造型的石佛，再於基座上利用文字標記以顯示各象徵的札所，「臺北新四國靈場」採行前者直接複製四國遍路各札所寺院本尊的做法，打造出88座札所本尊石佛。根據對臺北新四國靈場遺跡的田野調查顯示，該靈場各札所本尊的模擬要素以寺名、本尊名為主，僅部分的札所還出現御詠歌。另一方面，雖然88座的札所本尊規模及樣式統一，不過設置地點呈現數種不同的模式，除了部分位於佛教寺院境內之外，絕大多數的札所採小堂或露天的型式分佈於臺北市街至近郊的道路旁，靈場的規模以創設信徒所居住的臺北市周邊為中心，利於巡禮者能輕易於數日內完成全程的宗教巡拜。

　　論及地方靈場開創的成因，中山和久歸納出：（1）代替行為、（2）追憶裝置、（3）擬似體驗共3種類項。這座設置於日本海外統治地的「臺北新四國靈場」，除了基於上述的理由之外，串連重要的觀光休憩及宗教景點，提供旅居異地的在臺日人在宗教號召之下，達到交誼行樂及排解思鄉之情，皆可視為該地方靈場設置之理由。如此的性質與新城常三所指出的地方靈場的成立多少具備有娛樂性質[78]之說極為吻合。「臺北新四國靈場」每年擇春秋舉行兩次團體巡禮活動，透過具體代表著各札所本尊的石佛，搭配著地理位置及巡禮行程的塑造，將四國八十八所靈場的巡禮宗教活動移植到新統治地的臺灣。這群石佛歷經將近百年的時間及不同文化的洗禮，今日所見的位置及外觀樣貌呈現多樣的改變。目前該靈場各番號石佛的分佈及狀態已非原狀，甚至多數的石佛原貌已遭受破壞或遺失，所幸藉由《臺灣日日新報》當時的報導，能依稀一解「臺北新四國靈場」的設置規模及狀態。根據比前述更為詳細的資料顯示各番號石佛之分佈為：

　　第一番的弘法寺（新起街）、第二番天臺宗傳教所（龍山寺內）、第三番艋舺稻荷樣（西門町）、第四·五番不動樣（新富町）、第六番曹洞宗（東門）、第七番大正街公園（大正町）、第八·九·十番三板橋墓地（三板橋）、第十一～十四番臨濟寺（圓山）、第十五～十八番淨土宗（圓山）、第十九～三十五番芝山巖、第三十六～四十四番士林往草山道路沿線、第四十四～六十一番草山往竹子湖道路沿線、第六十二～七十一番草山往北投道路沿線、第七十二～八十番北投星の湯（佐野）的山邊、第八十一～八十七番北投往大師山

77　關於地方巡禮或稱模擬靈場的基本構造及型態說明，參照山本準〈德島縣の寫し靈場〉（《鳴門教育大學研究紀要》19卷，2004），頁33-35。
78　新城常三《新稿社寺參詣の社會經濟史的研究》，頁1131-1132；山本準〈德島縣における四国八十八ヵ所寫し靈場〉，頁32。

沿線、第八十八番北投鐵真院[79]。

透過當時札所本尊石佛設立的地點，可歸納出以下3種類型：（1）設於寺院境內，設置地點含括當時臺北市內重要的日本佛教寺院，橫跨真言宗、天臺宗、曹洞宗、臨濟宗、淨土宗等大宗派。（2）其他宗教設施，如當時旅居臺北日人最重要的埋葬處三板橋墓地，紀念六氏先生的芝山巖神社，以及北投的大師山及鐵真院兩處與真言宗相關的地點。（3）為串連各番號間的路線，並配合行樂景點所納入的參拜路徑，譬如從士林往草山、草山往竹子湖再到北投。「臺北新四國八十八所靈場」各本尊以石材雕刻，設置於石造小祠內，總數88座的石佛基本樣式一致，皆為船型光背的浮雕石佛，基礎部分陰刻有番號與寺名。石佛依序分佈於各番小祠，第一番到第十八番座落於臺北市街內，實際設置地點皆為重要的佛教寺院，增添這段巡禮路徑的宗教意義。接著從第十九番起，進入到臺北市郊丘陵地帶的芝山巖，此處設有祭祀開創臺灣教育有功者的芝山巖神社，為當時北部地區重要的宗教聖地之一。從第三十六番起，巡禮路線沿著前往草山的道路攀升，進入當時臺北地區最著名的自然休閒聖地，分佈於草山區域內的石佛多達三十多座，信徒依序巡拜各番石佛，順道遊歷風光明媚的山野。

靈場巡禮的後半段，參拜路線從草山一路朝盛名遠播的溫泉鄉北投前進，10餘座石佛分別座落於北投區域內，最後的第八十八番石佛設於北投鐵真院（今北投普濟寺），為該靈場巡禮的終點。以上八十八番石佛的配置，配合著場地周邊環境及性質，營造出與四國八十八所靈場相仿的朝聖修行軌跡，分析各番號分佈環境所呈現的構成，可將「都市→郊外→山地→溫泉」特質用來比擬對應本靈場近年發展而成的「發心、修行、菩提、涅槃」4道場的宗教涵義。讓旅居異地的信徒循各番號札所本尊的巡拜，滿足巡禮者於宗教及精神層次上的需求。再者，「臺北新四國八十八所靈場」創設的時間西元1925年前後，正值臺北市郊如北投、草山等旅遊勝地逐步被開發[80]，周邊沿線交通建造完成之期[81]，如此的時空背景亦可視為促成臺北新四國靈場誕生背後的因素之一。

「臺北新四國八十八所靈場」為日本巡禮文化下典型的地方靈場，自西元1925年創設之後，每年春、秋定期有將近百位的信徒組團，循著靈場各番號進行巡拜，該巡禮的型態與日本本土並無相異，根據當時參與信徒留下的紀錄，巡禮者手持金剛杖、念珠，依序順拜各番號石佛，口誦各札所御詠歌與「南無大師遍照金剛」御寶號。目前透過掌握的資料推測此巡禮習俗的展開，至少持續達數十年之久[82]，不過，如此完全移植自日本本土的民俗宗教活動，在西元1945年日本戰敗結束了對臺灣的統治後，戰後國民政府於政權更替的近20年間，

79 〈臺北を中心とする　新靈場八十八ヶ所　有志の發願で新設〉《臺灣日日新報》1925年04月13日，第二版。
80 西元1910年（明治43）臺北廳設立北投溫泉公共浴場，並陸續於數年間規劃興建北投公園、北投溫泉公共浴場附屬遊樂園、競馬場等設施，讓北投一舉成為北部最著名的休閒聖地。
81 西元1915年臺北北門至北投間的鐵路汽油車開通，隔年，汽油車路線延伸到新北投，並修築興建北投到新北投間的溫泉鐵路支線，加速前往北投溫泉區的便利性。
82 關於臺北新四國靈場巡拜的相關紀事，散見〈臺北新四國靈場廻り〉《臺灣日日新報》1925年10月06日，第三版、〈靈場廻り〉《臺灣日日新報》1926年10月06日，第二版、〈臺北靈場參拜團〉《臺灣日日新報》1931年11月04日，第二版、〈臺北靈場參拜〉《臺灣日日新報》1937年03月06日，第九版。

透過各種型式拆除具日治時期象徵的各種物件[83]。在這波時空背景之下，特別是日本宗教信仰的神道相關事物首當其衝，遭逢全面性摧毀拆除；除此之外，多數具備日本風格的金石碑文、佛像及相關文物也多被竄改與破壞。

目前根據田野調查所確認的「臺北新四國八十八所靈場」遺留物及遺跡，共有30座的石佛及若干的宗教遺構，至今歷經80餘年的歲月，這些意外倖存至今的石佛，皆已完全脫離當初設立時的宗教文脈，順應後人賦予的宗教、文物或藝術等意涵殘存於今日的臺灣，這也就是宗教物在不同文化及宗教脈絡下所衍生的變容。相較於石佛這項物質性的物件，當時信徒藉由各番號本尊石佛配置，進而營造的地方靈場宗教設施，今日除了部分殘存於山林間的原位址之外，多數已消失無存。事實上「臺北新四國八十八所靈場」之所以全然隨著戰後日本撤離而消滅，除了歸咎於不同的文化傳統、宗教等因素之外，相信戰前巡禮參與者多數為日本人，導致該地方靈場的習俗在失去傳承者後，立即走向瓦解消失之路，如此的情形也反應於田野調查時的訪談上。今日殘存的「臺北新四國八十八所靈場」石佛，根據現存型態檢視其石佛於歷史文脈下所呈現的變容，可分為「原址保留」及「異地保留」兩大類型。再者，原址保留型態可再細分成繼承前身寺院及保留原址狀態兩項，而異地保留則可再分為被寺院或廟宇接收祭拜，或成為博物館、私人的收藏。

（一）原址保留

所謂「原址保留」型態的石佛即是隨著原座落位置而被新使用者承接繼承，進而被保留於原位置的狀態。例如：繼承日治時期新高野山弘法寺原址的臺北天后宮，該廟雖不屬於日本佛教或漢傳佛教的寺院，仍接收過去設在新高野山弘法寺境內的第一番札所石佛，此外，原設於鄰近弘法寺的天臺宗第二番石佛，極可能因原設置處荒廢改建，而被移到臺北天后宮內與廟中原有的石佛一同安置於廟埕邊，成為該廟

圖24 臺北天后宮中庭旁的石佛擺設

信眾祭拜的神祇之一。又如戰後接收臨濟宗妙心寺派鎮南山臨濟寺的臨濟護國禪寺，原臺北新四國靈場設置於該寺境內的第十一～第十四番的石佛，除了第十四番遺失之外，其餘3座石佛仍現存於護國禪寺之內。不過有趣的是，目前該寺除了這3座石佛，還有五座同屬原臺北新四國靈場的石佛也被一同被安置於該寺之中，分別是原設置於淨土宗的第十八番，以及

---

83 關於戰後初期國民政府針對日本統治象徵物採取的處理情形，在林會承《臺灣文化資產保存史綱》一書引用了當時的法令及具體事蹟，展開詳盡地說明。（參照：林會承《臺灣文化資產保存史綱》（臺北：遠流出版社，2011），頁67-70。）

圖25 臺北新四國八十八所靈場的第八十番札所石佛

圖26 臺北新四國八十八所靈場的第二番札所石佛

圖27 臺北新四國八十八所靈場的第一番札所石佛

圖28 臺北新四國八十八所靈場的第十一番札所石佛

位於北投星乃湯山邊的第七十五番、第七十八番、第七十九番及第八十番的石佛。雖然這些石佛皆係人為因素下，從原設置地點遷移到此處，一方面，石佛做為地方靈場本尊的原功能也早已喪失，不過做為一尊佛像的宗教意義卻延續下來。以上兩例分別代表該地方靈場石佛在後繼的臺灣民間寺廟及佛寺所產生的受容情形。關於「原址保留」的型態，還有第二個類型是被原址保留於石佛原設置地點，例如第八十八番石佛根據西元1925年（大正14）靈場落成時所標示的設置地點，應在草山至北投的路徑旁。關於當時精確的座落位置，經筆者田野調查確認是設在實業家山本義信家族經營的「雙葉莊」溫泉旅館內，此處產權戰後成為私人所有，反倒讓座落於境內的石佛及小祠等構件免於遭受外來的人為破壞。目前此處不僅仍完整保留住靈場札所當年的景象，小祠配置的詠歌碑、香爐、燭臺皆健在，為現存新臺北四國八十八所靈場遺跡中最完整保留原貌的巡禮札所。

（二）異地保留

「異地保留」型態的石佛隨著戰後地方靈場信仰瓦解及土地產權的轉變，多數的石佛小祠遭受拆除破壞，不過仍有一部分的石佛被私人挪用，或被視為古董文物而流入古物市場。最終成為宗教機構、收藏家及博物館的典藏，以宗教物、收藏品、展示品等不同變容下的身分獲得倖存。例如：第十九番、第二十二番、第二十八番、第三十四番、第三十六番、第三十七番及第三十八番共7座的札所石佛，原設置的位置分散於芝山巖與士林至草山道路上，不過目前則集中安置於一處戰後設立的正願寺內，該寺現藏的石佛是經由古董商轉讓所得，目前這些石佛被羅列於該寺後方通道旁，不過宗教色彩淡薄少受祭拜。再者，譬如第八十六番、第八十七番、第八十八番的石佛，在戰後被移往北投善光寺內安置，但是近年來接連遭到偷竊，唯有第八十七番石佛確認留落到一位古物收藏家之處，其餘兩座石佛至今仍下落不明。至於第二十七番與第四十三番的石佛，則是國立臺灣歷史博物館從古物市場購得，成為了博物館典藏下的石佛。這類的石佛大致已脫離宗教文脈，成為文物、藝術取向的收藏物件。

圖29 正願寺的石佛擺設

圖30 臺北新四國八十八所靈場的第六十八番札所石佛

圖31 臺北新四國八十八所靈場的第七十番札所石佛

圖32 國立臺灣歷史博物館所收藏的石佛

　　在針對臺北新四國八十八所靈場石佛現存型態的分析解構之中，靈場札所石佛處於不同文化或宗教脈絡之下所浮現的變容特徵逐步浮現而出，這些石佛群並非一個單純的文物，透過物件具有的圖文、質地、造型等表徵，代表著其具有的意義及價值。如戰前這些石佛群代表的是四國遍路之巡禮文化的札所象徵，是一種日本庶民信仰的表現；到了戰後該信仰文化瓦解之後，究竟這30座遺留於異文化文脈下石佛群，被賦予什麼樣的意涵及表徵而倖存。筆者試圖透過：1. 座落位置、2. 信仰、3. 功能、4. 設置型態、5. 形貌等五個取向來統整日本石佛「變容」的特徵。

　　1. 座落位置：現存的臺北新四國靈場的札所石佛座落位置可分成「原址保留」與「異地保留」兩類，關於石佛座落位置呈現的變容特徵可參照前篇幅中的說明。所謂以原址保留狀態流傳下來的石佛，現今座落的地點多數仍現存於該地方靈場各番號札所原址，特別又以設於日本佛寺境內的寺院前身居多。譬如臺北天后宮前身的新高野山弘法寺、臨濟護國禪寺前身的臨濟宗臨濟寺等。關於異地保留類型的石佛，基本上是以文物的身分而獲得保留，目前可確認的現存位置有寺院、收藏家及博物館等三類。

　　2. 信仰：從現存石佛賦予的信仰特徵觀之，現存的石佛信仰取向呈現佛教佛像與民間信仰神像兩種類型。所謂的佛教佛像是指石佛被視為佛教宗教脈絡下的一座佛像而被祭拜，例如臨濟護國禪寺內的石佛群，當然在今日的信徒眼中這些石佛已非地方靈場的札所本尊，而只是一座形貌特別的佛陀、觀音或是地藏之尊像。另一類型的石佛則成為民間信仰的神像，例如弘法寺內的兩座原屬臺北新四國靈場的石佛；或像是第五十一番石佛在戰後被當地信徒

圖33 臺北新四國八十八所靈場的第五十一番札所石佛

移往他處興建小祠加以供奉，這類型的石佛已融入臺灣民間信仰之中，被人們視為一座神像而祭拜，因此不論在祭拜方式或是各種相關祭器的使用上，皆完全本地化採臺灣民間常見的供奉祭祀作法。

　　3. 功能：就現存石佛呈現的功能取向而言，可歸納出宗教、藝術、鄉土史料、古董等數種類型，第一類型的宗教目的，正如前述「2. 信仰」說明的佛教與民間信仰的信仰類型，延續日本石佛既有的宗教性功能。第二類型屬於文化功能，石佛為日治時期在臺日人宗教活動的產物，亦為日本海外現存的日本民俗佛教巡禮遍路下的地方靈場之典型；另一方面，對臺灣本地而言也是相當重要的宗教造型及鄉土史料，可謂臺灣日治時期代表性的宗教文物。第三類型屬於古董功能，臺北新四國靈場創設至今已有80餘年的歷史，這些札所石佛可謂臺灣本地少見的日本石雕佛像，因此在戰後原靈場設施在遭受破壞或是偷竊、私自變賣等情況下，流入古董文物市場被待價而沽，進而被私人收藏家及博物館以古董或鄉土史料、藝術品等角度做為收藏。

　　4. 設置形態：對照刊載於《臺灣日日新報》上的臺北新四國靈場的照片顯示，今日所見的札所石佛的設置模式，不僅呈異地保留型態的石佛設置模式並非原狀，甚至就連原地保留型態的石佛也因各寺院空間調整改造等因素，可說目前現存的石佛設置樣貌皆非當年靈場創建的原貌。今日臺北新四國靈場遺留的石佛以戶外集中與新蓋小祠兩種供奉模式而存在，至於戰前將石佛供奉於石造小祠的做法。唯有當年部分的小祠遺跡仍殘存於數個原札所設置地點上，譬如在芝山巖上就可見一座石造小祠，即為當年做為巡禮札所安奉石佛的設施。

圖34 臺北新四國八十八所靈場的第八十一番札所石佛

5. 形貌：關於石佛形貌的部分，原四國八十八所靈場本尊的佛像類型包括：釋迦如來、藥師如來、大日如來、阿彌陀如來、觀音（聖、十一面、千手、馬頭）、地藏菩薩、彌勒菩薩、文殊菩薩、虛空藏菩薩、不動明王、毘沙門天等種類。作為模擬本靈場型態的地方靈場，透過石佛型態來表現各本尊形貌的情形多見，臺北新四國靈場也採行這種作法，於石材上雕刻各本尊的形象及文字，同時保留石材原色而不加上色。今日在石佛形貌上呈現的改變，主要顯現出兩種不同性質的變容，其一是基於政治取向，為戰後國民政府對前統治者相關遺跡進行的毀壞改造或塗改之下所產生的結果，在田野調查中發現多數石佛上的銘文被水泥填補，企圖消除石佛原有的銘文標記。另一項石佛型態上的改變來自於宗教認知，信徒藉由將陌生的石佛塗抹上色，藉此將異國佛像轉換成自我信仰下的佛菩薩形象。因此，現存的部分石佛被塗上金色、白色等色彩，以符合信徒原有宗教信仰上的認知，如第八十一番石佛即為代表一例。

五、結語

本章針對日治時期首度傳入臺灣的日本巡禮靈場的創建及發展，展開一連串的考察，研究手法主要仰賴田野調查以確認二十世紀初葉創設於臺北的新四國靈場的內涵與現況，同時也借助於當時的新聞報導等相關紀錄，作為理解臺北新四國靈場的巡禮及其設施的史料依據。這座將近一世紀前出現於臺北的新四國八十八所靈場，隨著時空更替與人事變遷，今日早已被世人所遺忘。這可從北投耆老訪談資料中所提及的「那時佛教徒曾設好幾百尊石觀音於北投」[84]這樣的說法，對照本章在田野調查與文獻資料解明之下再現的臺北新四國八十八所靈場間所產生的異同，深刻理解跨世代、跨文化的民俗現象歷史探索所需面臨的難題。藉此筆者嘗試將研究著眼於構成地方靈場重要的具體物件：札所石佛，臺北新四國靈場是由88座象徵札所本尊的石佛群所構成，本章的研究在原靈場設置地及周邊區域間，共尋獲了30座以上的石佛及札所遺跡。雖然這些數量僅達創設當初的半數以下，而各石佛現狀也已經呈現相當大的差異變化，不過透過具體文物的掌握及解讀，仍可從中理解當年臺北新四國八十八所靈場的創建規模，一方面透過今日所見的石佛現狀，藉由物的表現來解讀說明宗教文化的傳承及變異。

其中特別是石佛在外觀形貌與供奉位置上的改變，表現出不同宗教文化及信仰者對於神佛的認知。除此之外，根據石佛創建時空的分析，也顯示出臺北新四國靈場這種地方靈場接連設置於臺灣各地，除了來自於數名擁有虔誠宗教信仰的在臺日本人的奔走之外，這樣的宗教場域之創建與宗教活動的引入，也反映出該靈場出現與當時的社會背景及民眾生活期待所具有的深刻關聯。雖然本章的考察僅限於臺北新四國八十八所靈場，不過藉由該靈場石佛於今日所呈現的變容，亦可反映出日本文物於不同宗教、文化下可能呈現的樣貌。下一章節仍以臺北新四國八十八所靈場為考察對象，透過當時巡禮參與者對巡禮過程所寫下的珍貴文字紀錄，從另一面向持續深究臺北新四國八十八所靈場的完整面貌。

84　蔣秀純紀錄〈北投耆老座談會紀錄〉（《臺北文獻》75期，1986），頁13。

附 錄：臺北新四國八十八所靈場札所現存石佛（共31座）

番　號	照　片	札所寺院與本尊名	現存位置
第一番		釋迦如來 靈山寺	臺北天后宮
第二番		阿彌陀如來 極樂寺	臺北天后宮
第三番		釋迦如來 金泉寺	念佛寺

第十一番		藥師如來 藤井寺	臨濟護國禪寺
第十二番		虛空藏菩薩 燒山寺	臨濟護國禪寺
第十三番		十一面觀世音菩薩 大日寺	臨濟護國禪寺
第十六番		千手觀世音菩薩 觀音寺	臨濟護國禪寺

第十八番		藥師如來 恩山寺	臨濟護國禪寺
第十九番		延命地藏菩薩 立江寺	正願寺
第二十二番		藥師如來 平等寺	正願寺
第二十七番		十一面觀世音菩薩 神峯寺	國立臺灣歷史 博物館

第二十八番		大日如來 大日寺	正願寺
第三十四番		藥師如來 種間寺	正願寺
第三十六番		波切不動明王 青龍寺	正願寺
第三十七番		阿彌陀如來 岩本寺	正願寺

第三十八番		三面千手觀世音菩薩 金剛福寺	正願寺
第四十三番		千手觀世音菩薩 明石寺	國立臺灣歷史 博物館
第四十五番		不動明王 岩屋寺	陽明小築後方
第四十六番		藥師如來 淨瑠璃寺	私人別墅內

第五十一番		藥師如來 石手寺	平菁街廟祠內
第五十六番		地藏菩薩 泰山寺	枝子寮埔古道
第六十六番		千手觀世音菩薩 雲邊寺	ＡＩＴ招待所
第六十八番		阿彌陀如來 神惠院	寶山招待所

第六十九番		聖觀世音菩薩 觀音寺	私人收藏
第七十番		馬頭觀世音菩薩 本山寺	北投櫻崗溫泉
第七十五番		藥師如來 善通寺	臨濟護國禪寺
第七十八番		阿彌陀如來 鄉照寺	臨濟護國禪寺

第七十九番		十一面觀世音菩薩 高照院	臨濟護國禪寺
第八十番		十一面千手觀世音菩薩 國分寺	臨濟護國禪寺
第八十一番		千手觀世音菩薩 白峯寺	龍雲寺
第八十七番		聖觀世音菩薩 長尾寺	私人收藏

第三章　巡禮記所見的臺北新四國靈場巡禮文化

　　本章持續探討日治時期移植來臺的地方靈場及其巡禮文化，具體的考察手法不同於前章節從現存新靈場遺跡的調查與資料解讀，加以探索甚至還原靈場巡禮樣貌的模式。而將考察的焦點從靈場遺跡、文物轉移到當時巡禮者所留下的文字紀錄，藉由巡禮相關文本資料的分析解讀，企圖讓歷經時空及社會背景巨變，殘缺四散於臺灣各地的地方靈場及其巡禮活動的實態更為明朗。在日本的宗教朝聖、靈場巡禮發展歷程中，由巡禮者將親身體驗及巡禮間的觀察書寫成巡禮記的傳統由來已久，這些包括巡禮記及道中日記、靈驗記、靈場記等巡禮相關的文本資料，在巡禮遍路成為學術研究課題以來，廣受研究者的矚目。特別是江戶時期至今廣泛傳世所留下的各類巡禮記，成為今日解讀過去巡禮者到訪靈場巡拜過程的重要資料來源。其中，新城常三甚早即廣泛運用巡禮記為史料，探討交通發展與庶民移動的關係，至於真野俊和、田中智彥、星野英紀、佐藤久光等人，則分別針對西國巡禮、四國遍路之巡禮記、道中日記展開系統性的歷史考察。近年來，除了以巡禮記為研究主題，前田卓、星野英紀、淺川泰宏透過納札、宿帳、納經帳、過去帳等文件進行解讀，更開啟了另一種巡禮文本研究的方向。

　　作為理解靈場巡禮重要文本資料的巡禮記，雖然絕大多數的主題集中於西國巡禮及四國遍路兩大靈場，事實上在部分地方靈場中也有出自巡禮者寫下的報導紀錄，特別是對多數創建或荒廢原因不明，少有相關歷史性記載的地方靈場而言，巡禮記可視為理解該靈場巡禮活動最重要的第一手資料。就以本章探討的日本人於戰前移植入臺的臺北新四國靈場為例，臺北新四國靈場的創設非單一寺院或宗派一手主導，而是由當時在臺的日本人共同創建。這種來自於庶民之手打造的地方性宗教設施，由於靈場本身及參與者的規模、範圍、屬性等因素，導致相關的紀錄描述相當欠缺。另一方面，臺北新四國靈場同其他創設於臺灣的地方靈場，在日本人戰敗撤離後，這些宗教設施喪失了原有功能，導致從戰前遺留至今的宗教靈場遺跡、文物，多半不是荒廢就是結構配置四散不齊，所幸筆者近年在資料調查過程中，發掘數篇由當時巡禮者書寫描述的巡禮紀錄。因此，本章將以目前掌握唯一以日治時期臺灣地方靈場巡禮為題的巡禮記為考察對象，針對由署名宮地硬介、三九郎於西元1936-1937年間，分別刊載於《臺灣遞信協會雜誌》、《市街庄協會雜誌》兩刊，題名為〈靈場を訪ねる者〉、〈臺北新四國八十八個所巡禮（一）〉、〈臺北新四國八十八箇所 巡禮の記〉及其（二）、（三）共五篇巡禮記為題材。藉由系統性地對巡禮記內容進行解析，達到全面掌握日治時期由在臺日本人發起的靈場巡禮之內涵，並力求更完整地再現這段戰前移植海外早已被遺忘的庶民信仰文化。

一、巡禮者留下的文字紀錄巡禮記

　　追溯日本宗教靈場巡禮的源頭，平安時期末葉成立的西國三十三所觀音巡禮可謂今日最有力之說，在著眼於歷史性的考據之下，文字性史料成為最關鍵而重要的依據。其中譬如：

《中山寺緣起》描述的德道上人與閻魔大王的約定，僧行尊《寺門高僧記》卷四的〈觀音靈所三十三巡禮記〉，以及僧覽忠《寺門高僧記》卷六中以〈應保元年正月三十三所巡禮則記之〉為題對巡禮的描述，皆成為今日考究觀音巡禮發展的重要史料。不過這些資料多數僅精簡敘述巡禮靈場及其信仰緣起，詳細記錄下巡禮過程的文本則大約要到巡禮遍路普及至一般民眾的江戶時期前後。佐藤久光《遍路と巡礼の民俗》一書對西國巡禮、四國遍路相關的出版物有相當深入性的考察，根據出版物的屬性分類出（1）靈場記・案內記、（2）巡拜記[85]（體驗記）、（3）圖繪・地圖、（4）御詠歌、（5）畫集、俳句集、詩集、（6）寫真集、（7）研究書、（8）著名遍路體驗者等共八大項[86]。這些類型涵蓋江戶時期至今所有與巡禮遍路相關的出版物，我們可根據其記錄型態，再將這幾項資料簡化成文字性資料與圖像性資料兩大類。文字性資料主要以巡禮者在巡禮遍路的路途中所留下之日記，以及靈場緣起、靈驗談與巡禮御詠歌的相關文本，至於研究性的書籍則是從二十世紀至今持續發展的新類型。一方面，圖繪性資料則包含了江戶時期以來的地圖、繪圖，以及採用現代照相、攝影等技術所記錄下的巡禮情報。在這些文字與圖繪型式的資料中，又以巡拜記也就是本章所稱的巡禮記類型，對巡禮靈場在靈場札所、巡拜設施、巡禮用具等具象物質之外的巡禮文化，譬如巡禮的作法、巡禮間的習俗，以及巡禮過程的見聞與體驗等資訊的描述最為豐富。雖然巡禮記與案內記依出版目的不同[87]，在呈現的內容構成上有所差異，不過就整體巡禮遍路的相關圖文資料中，仍可視為掌握過去巡禮遍路習俗文化的最佳材料。

　　至今所見關於四國遍路的巡禮記就以十七世紀中葉出現的《空性法親王四國靈場御巡行記》，以及智積院恓焉房澄禪的《四國遍路日記》成書最早，特別是《四國遍路日記》一書對歷程92日的四國遍路全程有相當詳盡的描述[88]。四國遍路在江戶時期一般民眾的生活環境、都市發達、遊樂普及、交通環境等條件改善之下，從江戶中期開始掀起一股旅行的風潮；此時眾多民眾紛紛啟程展開宗教巡禮，各種源自庶民之手的巡禮記也逐步出現[89]。這種前所未有的巡禮遍路風潮，在除了前述的社會環境等條件的改善之外，高野山的真念《四國邊路道指南》[90]這本著作的出現，可謂開啟四國遍路普及化的一大契機。此書收錄了關於巡拜的作法、八十八札所的本尊、御詠歌，甚至對遍路沿途的順序、遍路宿、善根宿等設施都有相當詳盡的描述[91]，成為一般庶民前往四國遍路最重要的參考案內書。佐藤久光根據四

85　本文參照〈臺北新四國八十八箇所 巡禮の記〉之篇名，將包含西國巡禮、四國遍路等日本宗教靈場中的巡禮，由巡禮者描述各巡拜過程中的食衣住行及個人體驗的書寫，皆稱為「巡禮記」。針對這類屬性的出版物，各研究者根據其立場及詮釋，還可見：遍路記、道中日記等稱法。

86　佐藤久光《遍路と巡礼の民俗》，頁130。

87　巡禮相關的圖文出版物各自有其成書的功能與目的，不過出版物的命名往往隨著作者個人認知，便容易出現出版物名採用的是「巡禮記」一稱，內容除含括巡禮記常見偏重個人性的對巡禮過程、感想的描述外，另一方面又敘述了具有觀光介紹性質的靈場周邊景點、交通狀況等情形。佐藤久光《遍路と巡礼の民俗》一書針對巡禮遍路出版物的類別有相當清楚的詮釋，將出版目的及記述內容視為區別各出版物異同的依據。（參照：佐藤久光《遍路と巡礼の民俗》，頁131）。

88　山本和加子《四国遍路の民眾史》（東京：新人物往來社，1995），頁100-101。

89　星野英紀、淺川泰宏《四国遍路》，頁20-21。

90　關於真念的研究，可參考：田中智彥〈『四国偏礼繪図』と『四国辺路道指南』〉（《神戶大学文学部紀要》14，1987），頁41-61。

91　真野俊和《旅のなかの宗教》（東京：NHKブックス，1980），頁109。

國、關西等地重要圖書館[92]所藏的巡禮遍路相關出版物分析顯示，江戶時期主流為案內記與圖繪，巡禮記除了部分僧侶、探險家及富人的見聞錄之外，數量並不多。出版時間早、描述細緻的《四國遍路日記》可視為初期四國遍路巡禮記的代表之作，進入四國遍路最盛的江戶中期[93]，由一般庶民所留下的個人巡禮紀錄也逐步問世。山本和加子《四国遍路の民衆史》[94]一書以佐伯藤兵衛《四國邊路中萬覺日記》（西元1747年・延享4年）、玉井元之進《四國中諸日記》（西元1795年・寬政7年）、新井賴助《四國巡拜日記》（西元1819年・文政2年）等巡禮記為史料，分析不同於僧侶筆下的巡禮描寫。特別是新井賴助這位出生於四國土佐，擁有書寫日記習慣的人士，在文政2年2月15日至4月13日期間展開四國遍路的巡拜活動。新井賴助在《四國巡拜日記》中詳細描寫這段宗教旅行的過程，包含巡拜的作法及風俗慣習、寺院札所景象、沿途所見景緻、旅程的飲食娛樂以及費用開銷等內容，此文相當生動地再現約兩百年前一般庶民展開四國遍路的情景[95]。

作為巡禮研究重要文字性史料的「巡禮記」，隨著不同書寫者的性質呈現當時巡禮遍路的景象，如此巡禮遍路的文字性出版物到了近代，出版數量隨著宗教狀態及社會環境等變動而產生劇烈的變化[96]。特別是二十世紀初葉四國巡禮在交通改善之下，興起一股四國遍路的宗教旅行熱潮，其中巡禮記及相關案內體驗書籍的出版[97]，也可視為一項主因。女作家高群逸枝《お遍路》這本根據個人參與四國遍路的巡拜經驗所完成的文學作品，可謂在這波旅行或宗教性質巡禮遍路社會脈動之下的代表之作，其實這樣的風氣也間接影響到當時的臺灣。不論是本章探討的西元1925年（大正14）建造於臺北地區的臺北新四國八十八所靈場，或是接連創建於大正昭和年間的臺北、宜蘭、基隆、新竹等地的新西國三十三所觀音巡禮靈場，都可說是日本本土這波潮流下的產物。近年除了與巡禮遍路相關的圖文出版物持續問世，一方面以真野俊和、田中智彥、星野英紀、佐藤久光為主的研究者，針對四國遍路之巡禮記、道中日記展開系統性的考察。不過這些研究主要皆以傳說由弘法大師開創的四國遍路研究為主，甚少有對於移植四國本靈場的島四國、新四國等分散於日本全國甚至海外地區的地方

---

92 主要針對四國地區各縣的縣立圖書館，以及大阪府立中央圖書館、大阪府立中之島圖書館、京都府立圖書館、神戶市立博物館、愛媛縣歷史文化博物館、關西大學圖書館等關西地區重要藏書機構進行的文獻調查成果（佐藤久光《遍路と巡礼の民俗》，頁133）。

93 根據土佐藩針對寶曆14年2月至7月的統計，一天有二至三百名的巡禮者通過該地。（參照：山本和加子《四国遍路の民衆史》，頁131）。

94 山本和加子《四国遍路の民衆史》，頁132-143。

95 關於新井賴助巡禮記的詳細內容，真野俊和《旅のなかの宗教》一書有相當深入的分析（參照：真野俊和《旅のなかの宗教》，頁123-131）。

96 佐藤久光《遍路と巡礼の民俗》一書中，透過圖表對四國遍路相關出版品的歷年出版狀況進行統計，分別為江戶時期87件、明治時期30件、大正時期14件、昭和元年至9年25件、昭和10年至19年22件、昭和20年至29年6件、昭和30年至39年14件、昭和40至49年43件、昭和50至59年64件、昭和60至平成6年104件、平成7至16年231件（參照：佐藤久光《遍路と巡礼の民俗》，頁134）。

97 星野英紀針對二十世紀前半與四國巡禮相關的巡禮記、案內體驗等出版物進行整理，共列出：伊藤駒吉《八十八所四国道中記》明治35年、松本義助《四国八十八ヶ所道中独案内》大正6年、丹生屋隆道《四国八十八ヶ所》大正9年、中村淺吉《絵入弘法大師四国八十八ヶ所山開》大正10年、此村庄助《四国靈場八十八ヶ所遍路独案内》大正14年、大阪わらぢ屋《四国遍路巡礼地図》昭和5年、小林雨峯《四国順礼》昭和7年、高群逸枝《お遍路》昭和13年、荒井しげを《遍路図絵》昭和17年等共26冊。（參照：星野英紀《四国遍路の宗教学的研究》，頁191-192）。

靈場、複製靈場之遍路記進行的研究。確實地方靈場不僅歷史源流、靈場規模、札所配置及代表性無法與四國靈場相提並論，不過各個地方靈場皆反映出該地獨有的宗教容貌及庶民文化。特別是對於多數缺乏正式精確的史料可探究地方靈場緣起及巡禮文化的靈場而言，更顯出由一般庶民所書寫流傳下來的巡禮記重要性。

二、關於日治時期移植入臺之地方靈場的出版品

日治時期自日本移植入臺的日本巡禮遺跡，筆者歷經數年的調查研究，在全臺各地大致確認了西國巡禮系統的地方靈場遺跡有6座，至於四國遍路系統則有2座。這些出自半世紀前在臺日本人設立的宗教靈場，今日多半已廢棄散佚，所幸仍有部分殘留於原處的石佛、基座等物件，成為今日重新回溯巡禮遍路曾移植海外這段事蹟的重要資料。只不過單仰賴片段零散的遺跡資料所得，或再搭配當時新聞報紙對靈場創設及相關活動的報導內容，僅約略能取得譬如創建年代、創建者及巡禮活動等基礎資訊，仍無法充分掌握巡禮遍路文化在臺傳承期間的完整樣貌。在缺少直接採集自當年參與靈場創立或巡禮活動傳承者口訪資料的情況下，相關文字性資料的出現成為本研究課題得以深化的一項契機。向來關於地方靈場的相關紀錄即不多見，加上今日絕大多數傳世的巡禮記，描寫的是西國巡禮或是四國遍路的本靈場巡禮過程。因此，是否能取得戰前臺灣巡禮者所留下的紀錄，確實令人不敢有太大的期待。所幸在全面查詢日治時期各項出版物時，意外發現數篇以臺北新四國靈場為題之巡禮紀錄，分別為屬名三九郎於西元1934年（昭和9）、西元1935年（昭和10）刊登在《臺灣遞信協會雜誌》的〈臺北新四國八十八箇所 巡禮の記〉連載文三篇，以及宮地硬介於西元1936年（昭和11）、西元1937年（昭和12）分別發表於《臺灣遞信協會雜誌》及《市街庄協會雜誌》的〈靈場を訪ねる者〉、〈臺北新四國八十八個所巡禮（一）〉二文。這五篇文章是目前少見由巡禮者親身記錄下當時臺灣地方靈場的相關資料，這些文章全數描寫的對象為西元1925年（大正14）創設於臺北的臺北新四國八十八所靈場（簡稱臺北新四國靈場）。作者雖分屬三九郎與宮地硬介，但根據各篇內文初步的比對，推測三九郎應為宮地硬介之筆名，也就是說這五篇目前僅見臺灣地方靈場巡禮的紀錄應皆出自宮地硬介之筆。

宮地硬介出生於四國高知，故鄉鄰近四國八十八所靈場第二十七番札所竹林山地藏院，幼年即有在春秋兩季前往該札所寺院參拜的經驗，當時沿途所見的遍路巡禮者景象成為宮地硬介重要的童年回憶[98]。西元1930年（昭和5）渡海來臺，在臺期間任職於臺灣遞信協會、財團法人臺灣山林會。宮地硬介自來臺初期起，即接連在雜誌上發表對臺灣的觀察與描述，豐富的文稿於來臺次年便集結成《臺灣吾見たり》一書。以宮地硬介為名刊登的〈靈場を訪ねる者〉、〈臺北新四國八十八個所巡禮（一）〉二文，遠比〈臺北新四國八十八箇所 巡禮の記〉三篇的連載刊載時間略晚。〈臺北新四國八十八箇所 巡禮の記〉描述的內容與前述〈靈場を訪ねる者〉、〈臺北新四國八十八個所巡禮（一）〉這兩篇作者名宮地硬介的文章，不僅題名、構成相似，就連內文描述及用字都相當接近。因此，〈臺北新四國八十八箇所 巡禮の記〉應為宮地硬介記錄自己在西元1934年（昭和9）10月6日至9日共四天間，參與臺北新四

98 宮地硬介〈靈場を訪ねる者〉（《台灣遞信協会雜誌》176期，1936），頁100。

國八十八所靈場巡禮過程的完整描述。

　　不過，〈臺北新四國八十八箇所 巡禮の記〉於《臺灣遞信協會雜誌》的連載，僅見〈臺北新四國八十八箇所 巡禮の記〉及（二）、（三）三篇，第一回出現於西元1934年（昭和9）11月發行的《臺灣遞信協會雜誌》153期，內容主要描述臺北新四國靈場第一番至第十八番的巡禮首日過程。第二回接續刊登於西元1934年（昭和9）12月發行的《臺灣遞信協會雜誌》154期，內文描述從第十九番至第四十五番的次日行程；第三回刊載於西元1935年（昭和10）1月的《臺灣遞信協會雜誌》155期，第三日的巡禮從第四十六番至第七十二番。依照作者的書寫及刊登模式，對於第四日也就是從第七十三番至第八十八番終點的巡禮過程，應該寫成〈臺北新四國八十八箇所 巡禮の記（四）〉，並接續刊載於《臺灣遞信協會雜誌》156期。但是在此刊物中不僅未見這篇作為巡禮記終結之文，清查該雜誌甚至其他同時期的刊物也毫無所獲。另兩篇刊載於新竹市市街庄協會發行的《市街庄協會雜誌》，分別以〈靈場を訪ねる者〉、〈臺北新四國八十八個所巡禮（一）〉為題。第一篇描述的是作者自小對巡禮的印象及自身對四國八十八所靈場遍路的理解，第二篇文章題名與前述三篇的巡禮記連載極為相近，內文為〈靈場を訪ねる者〉與〈臺北新四國八十八箇所 巡禮の記〉兩文的再統整之作；此外在〈臺北新四國八十八個所巡禮（一）〉一文之後，也未見（二）等後續的連載文。基於目前掌握資料所呈現的侷限及描述內容，本章擇以〈臺北新四國八十八箇所 巡禮の記〉及（二）、（三）為主要研究題材，雖尚無法完全取得當時地方靈場巡禮所有的相關資料，不過現階段將盡可能透過這些資料的解讀以解析當時巡禮的習俗景象。

三、巡禮記再現的臺北新四國八十八所靈場

　　〈臺北新四國八十八箇所 巡禮の記〉一文記載的是西元1934年（昭和9）10月7日從第一番札所石佛設置地點弘法寺出發，展開為期四天的臺北新四國八十八所靈場的巡禮過程。全文內容以作者第一人稱的日記書寫模式呈現，順著巡禮過程依序描述而撰寫成文，作者適時採抒情的筆觸書寫沿途的所感所見。一方面也在行文之中，穿插靈場發願文及各靈場札所的寺名、本尊名、御詠歌等訊息，做為巡禮記內容敘述的主骨架，以下將參照該文內容對當時的巡禮過程進行初步介紹。臺北新四國巡禮的起點位於臺北市區內的新高野山弘法寺，當日一早，穿著巡禮衣著的男女信眾約百餘人來到弘法寺，集中於大師堂前誦讀經文及御詠歌，接著首先巡拜座落於弘法寺內的第一番札所石佛。巡禮者來到靈場札所的巡拜作法，先於札所裝置投入奉納札及賽錢，接著合掌參拜，再誦讀經文、御詠歌。完成第一處的札所巡拜後，包含作者三九郎的百餘人隊伍浩浩蕩蕩步行於臺北街頭，朝下一個札所前進，沿路行人見巡禮者紛紛合掌目送。巡禮路線由第二番、第三番、第四番札所依序巡拜，第五番札所設於新富町不動旁，巡禮者抵達這座靈場札所巡拜，獲得民眾準備的茶與御飯糰（おにぎり）作為接待。巡禮者除了獲得茶、御飯糰的御接待之外，該文作者在前往第六番札所途中，正好經過友人的住家，該位友人更奉上金錢為御接待，並請遍路者為家中供奉的佛像吟唱御詠歌[99]。

99　三九郎〈臺北新四国八十八箇所　巡礼の記〉，頁102。

百餘位巡禮者採團體同行的巡拜模式，基本上順著第一番、第二番的次序巡拜各札所本尊，不過譬如在第五番巡拜之後，下一巡拜札所則是從原設置地圓山遷移到第六番札所附近的第十六番札所。藉由此例顯示雖然靈場各札所在設置時，基本考量到巡禮者順向的巡拜途徑，不過當其中有部分札所因故位置搬遷，靈場巡禮次序仍以巡禮者巡拜便利為優先考量，而並無嚴格需遵照各處札所順序進

圖35 曹洞宗臺北別院

行巡拜的規範。第六番札所位於曹洞宗臺北別院內，巡禮者完成巡拜後，接受寺方提供的茶水御招待，並就地享用自備的午餐。接著一行起身往北，到達第七番札所座落的大正町公園，而在鄰近的三板橋葬儀場內則設有第八番至第十番的札所。巡拜者在完成這四處札所巡拜後，順道來到安葬於三板橋墓園內的臺北新四國八十八所靈場發起人鎌野芳松墓前致敬。再朝北逐漸步出臺北市區，抵達第一日巡拜的終點處，臨濟宗妙心寺派臺灣別院的臨濟寺。當時臨濟寺可謂臺灣第一大的佛教伽藍，在該寺內共設有第十一番至第十八番的札所石佛[100]，巡禮者完成這八座札所的巡拜，為首日的巡禮路程畫下句點。

第二天的巡禮約定上午7點10分集合於臺北車站，當日一早，作者三九郎（宮地硬介）身著遍路服裝從住家出發，在前往車站的路途中獲得中年婦人提供金錢為御接待。三九郎在到達臺北車站時，見巡禮同行者皆已搭上火車，每人身上各綁上赤、白、紫、青色的標識，作為該晚住宿地點的識別。火車從臺北車站出發朝北運行，在抵達士林車站後，巡禮者一行杵著金剛杖通過田間小徑，再一步步登上階梯，抵達臺北市郊丘陵的芝山巖。芝山巖上共設置了17座札所，從象徵第十九番札所本尊的立江寺地藏菩薩像至第三十五番札所本尊的清瀧寺藥師如來像皆設置於芝山巖內。巡禮者依番號在各札所石佛前誦經與御詠歌，在完成札所巡拜後，巡禮者順道至芝山巖內的芝山巖神社參拜，社務所也提供茶為御接待，而巡禮者則在此享用自備的午餐。在結束芝山巖丘陵諸札所的巡拜之後，巡禮者順著草山道路朝臺北郊外名列臺灣八景之一的草山前進。草山擁有豐富的天然景緻與溫泉，西元1932年（昭和7）被列入國立公園範圍，可謂臺北地區最著名的觀光勝地。在芝山巖通往草山的道路上，從第三十六番起的札所依序座落於路旁，呈間隔一丁（約100公尺）的設置距離排列。巡禮者口誦「南無大師遍照金剛」御寶號，沿著這條山路巡拜各座札所本尊石佛；在行經位於路旁的草山公學校（海拔350公尺），該校教師準備了當地的清泉招待巡禮者。接著道路持續向上攀升，一行人最終抵達草山中腹最繁華的前山公園溫泉區，以安置於此處的第四十五番札所石佛為本日終點。巡禮者今晚夜宿當地的溫泉旅館，依照早上標示的色彩，分別投宿於巴旅館、多喜之湯、若草屋等旅館。巡禮者在旅館入浴進食後，將弘法大師掛軸懸掛於室，同行眾人齊聚唱誦經文、御詠歌，結束第二天的巡禮。

第三日清晨，巡禮記作者三九郎起床後先去洗溫泉（朝風呂），再於用餐後唱經文、御詠歌，展開第三日的巡禮。巡禮者穿戴著手甲、山野袋、札夾、白衣、菅笠等巡禮裝備，杵

100　原本安置有臺北新四國靈場第十五至十八番札所石佛的淨土宗忠魂堂，在西元1926年(昭和元)忠魂堂遷至樺山町設置淨土宗臺灣開教院（今日的善導寺）之下，這四座石佛則改遷到鄰近的臨濟寺安奉。

圖36 臨濟宗妙心寺派臨濟寺

了昨夜清洗乾淨的金剛杖，從第四十六番札所開始巡拜而下，巡禮札所石佛沿著前山公園往竹子湖的路徑分布，道路雖多平平坦可供車輛通行，不過仍有部分札所座落於險峻山路旁。巡禮者一同仰賴金剛杖緩慢移動，一路誦唸「南無大師遍照金剛」，第六十番札所設在弘法寺草山別院之內，寺方準備了一大鍋蕃薯作為御接待，同時間，旅館也送來作為午餐的御飯糰。午間，巡禮者於草山別院佛壇前誦唸經文及御詠歌，之後順著草山往北投的下山路徑前進，沿途一路俯看淡水美景，從設置於草山別院旁的第六十一番札所起，各札所石佛沿著巡禮路徑間隔設置。在即將進到北投地區的頂北投一帶，櫻旅館亭主特別在門山準備茶水接待巡禮者，當巡禮者穿越林道巡拜設置於溪谷旁的第六十八番札所（圖39），整個北投溫泉區的景緻也近在眼前。身著白衣的巡禮者一行人順行而下，在巡拜過第七十二番札所曼荼羅寺大日如來像之後，結束第三日的巡禮行程，這一晚所有的巡禮者夜宿星乃湯旅館（圖40）。第四日的巡禮行程應從第七十三番札所至終點的第八十八番札所為止，可惜的是在尚未發掘〈臺北新四國八十八箇所 巡禮の記〉（四）一文之下，無法透過巡禮記內容的解讀來呈現整個臺北新四國八十八所巡禮至札所終點的景象，不過參照前三日巡禮記的描述，大致仍可推測第四日巡禮的情形。

四、臺北新四國巡禮記描寫的巡禮習俗

前一節所介紹的〈臺北新四國八十八箇所 巡禮の記〉，是作者三九郎（宮地硬介）根據自己在西元1934年（昭和9）參與臺北新四國靈場巡禮的過程所撰寫而成。這篇巡禮記的構成依據巡禮天數，文稿內容應分成四次做發表，第一回刊登時間為作者完成巡禮後的次月，第二、三回接續刊載於次月號，可惜的是該文在第三回刊載後即中斷，至今仍未能尋獲第四回作為完結的文稿。相較於江戶時期以來分別由僧侶、一般庶民針對前往四國遍路所留下的巡禮記，本章探討的巡禮記所記錄的是西元1925年（大正14）首度移植到臺灣的新四國八十八所遍路靈場的巡禮過程，而非傳說由弘法大師空海開創，88座靈場札所分布於四國地區，遍路道達1400公里的四國遍路巡拜過程。也由於臺北新四國靈場不論就靈場開創時間、札所規模、巡拜歷程及相關習俗的發展有限，導致此篇巡禮記內容的豐富性遠不及多篇描述四國遍路的巡禮記，不過就該文字紀錄的書寫模式與構成而言，該文屬性可謂道地的巡禮記書寫。

〈臺北新四國八十八箇所 巡禮の記〉一文從巡禮出發起，針對巡拜過程一路所見的情景、行為、環境等面向進行細膩的觀察描述，提供不同於以往透過今日殘留的靈場遺跡，或從當時新聞刊登的片面資訊中來認識當年靈場巡拜的狀態，可說是重現當年巡禮者習俗的重要資料之一。以下將針對巡禮記中所描寫的巡禮習俗，選擇了參與巡禮活動的人數、巡禮者年齡，巡禮者來源、巡禮裝扮及巡禮花費，巡拜模式與目的、行程與交通手段，以及傳承於當年的臺北新四國靈場的御接待等面向加以剖析探討。

（一）巡禮團人數、巡禮者年齡

巡禮者可謂宗教巡禮成立絕對的要素，在筆者至今為止以地方靈場遺跡展開的調查研究

中，由於移植入臺的日本巡禮活動中斷至今已達半個世紀以上，加上當年可能的參與者皆於戰後搬遷離臺，因此在巡禮者部分的相關資料始終相當缺乏。所幸〈臺北新四國八十八箇所巡禮の記〉一文記錄下珍貴的內容，成為理解當年傳承於臺灣的日本宗教巡禮，特別是巡禮者及傳承文化的重要依據。作者三九郎參與西元1934年（昭和9）秋天所舉行的臺北新四國靈場巡禮，那次參與者規模約達百餘人，在巡禮記描述首日於第一番弘法寺大師堂前集合的景象，即出現「百餘名善男善女[101]」的字句。另一方面，在巡禮記第二日的篇幅中，也出現對首日巡禮情景的描寫「昨日百餘名一行杵著金剛杖搖著鈴通過…[102]」。第二日的巡禮從士林站開始徒步出發，巡禮記中再度可見關於參與人數的敘述「八十餘名巡禮者杵著金剛杖踩著輕快的步伐，朝向芝山巖後山前進…[103]」。此外，該次參與巡禮的人數也可從第二日晚上的住宿情形，採20人一組分宿於巴旅館、多喜之湯、若草屋等四間溫泉旅館的分配，反映出這場巡禮活動縱使在次日需攀爬山路及離家外宿，仍吸引了八十餘位的參與者[104]，顯示臺北新四國靈場當時具有的規模與知名度。

　　除了當時巡禮參與者的人數規模，在巡禮記中也對巡禮者的年齡與性別有若干的描述，作者三九郎參與這次的巡禮活動時正逢39歲，在巡禮者一行中屬於年輕輩[105]。巡禮首日，與三九郎一路同行的鄰居婦人年約六十多歲[106]，在到達弘法寺庭院內，巡禮記寫下作者當時聽到其他巡禮者之間的對話：「A：我想這次可能是最後一次的巡拜。B：不，我看您身體還很好，請問今年貴庚。A：我已經七十歲了，不過如果還走得動的話，還真想繼續參加巡禮。[107]」當結束位於曹洞宗臺北別院的第六番札所的巡拜，三九郎與同樣參與巡禮的老婦人聊天，對於這位高齡71歲，今早從基隆專程而來的巡禮者毅力感到佩服[108]。巡禮活動進入第二日，一早巡禮者從臺北搭車到達士林車站，巡禮記中描述在出站朝芝山巖邁進的巡禮者中，還可見背負著巡禮者裝扮的嬰兒，並牽著5、6歲大的兒童的人們[109]。此狀顯示巡禮者年齡層除了以中高年為主，也有部分民眾攜帶稚年孩童前往。此外，在到達第二日巡禮住宿處的若草屋溫泉旅館內，作者三九郎再度記錄下兩位巡禮者間關於年齡的對話，一位是69歲，另一位正好70歲，並分析指出50歲前後屬於巡禮團中的中堅年齡[110]。雖然根據巡禮記中作者記錄下的數則訊息，可能無法完全反映出當時巡禮者的全貌，但是參照數則描述可見當時參與臺北新四國靈場遍路巡禮者，年齡層以中老齡居多，依時間的換算多數的巡禮者皆為移居臺

101　三九郎〈臺北新四国八十八箇所　巡礼の記〉，頁98。

102　三九郎〈臺北新四国八十八箇所　巡礼の記（二）〉（《臺灣遞信協会雑誌》154号，1934），頁88。

103　三九郎〈臺北新四国八十八箇所　巡礼の記（二）〉，頁88。

104　根據文中所出現：「七星的朝風吹動著負笈，八十餘名的佛弟子帶來的清淨至純的祈願詠歌誦詠聲，於清澄的草山早晨，如此消除一切眾生罪障的祈求，顯得更為的莊嚴崇高」這段描述，顯示第三日巡禮者至少也有八十餘名。譯自（三九郎〈臺北新四国八十八箇所　巡礼の記（三）〉《臺灣遞信協会雑誌》155号，1935，頁124）。

105　三九郎〈臺北新四国八十八箇所　巡礼の記〉，頁97；三九郎〈臺北新四国八十八箇所　巡礼の記（二）〉，頁97。

106　三九郎〈臺北新四国八十八箇所　巡礼の記〉，頁97。

107　三九郎〈臺北新四国八十八箇所　巡礼の記〉，頁98。

108　三九郎〈臺北新四国八十八箇所　巡礼の記〉，頁103。

109　三九郎〈臺北新四国八十八箇所　巡礼の記（二）〉，頁88。

110　三九郎〈臺北新四国八十八箇所　巡礼の記（二）〉，頁93。

灣的第一代，對於參與遍路巡禮的信仰應源自信仰認知及對故鄉的情感。

（二）巡禮者來源、巡禮裝扮、巡禮花費與飲食

關於臺北新四國靈場巡禮者的考察，還可在巡禮記中發現對於巡禮者的來源及巡禮過程的裝扮、費用、飲食等方面的描寫，譬如作者三九郎首日清晨從臺北市東門住家出發，以及前述在第六番札所時短暫交談的同行巡禮者，作者在詢問那位高齡71歲的婦人家住何處時，便得到這樣的回答：「我今早從基隆而來，我的兒子說很危險不要去，不過我認為這跟一般的旅行不同，這樣的旅途有大師常在，所以幾歲都能安心前往。[111]」根據這段巡禮記的描述內容顯示，當時該地方靈場的巡禮參與者不僅限於臺北，除了臺北市內的居民之外，日治時期營造的便捷交通網絡，讓即使居住於基隆的高齡婦人，也能夠一人獨自在活動當日趕到臺北參與。頭戴菅笠、身穿白衣、肩背頭陀袋、手杵金剛杖可說是典型日本巡禮者的裝扮，在巡禮記開頭三九郎便以「頭戴著書上同行二人的菅笠，肩卜背著負笈，于穿戴了甲杵著金剛杖，胸前掛著山野袋、札夾[112]」描述自己在巡禮中的裝扮。再者，巡禮記對於第三日從投宿的溫泉旅館出發時的情形，出現這般的描述：「將負笈、山野袋、札夾掛到身上，再將放在床邊，清洗潔淨的那把象徵大師之足的金剛杖取出，戴上菅笠出發。[113]」在這兩則分別出現於不同篇幅的描述，加上在若干巡禮過程說明中還出現「白衣」、「鈴」等物件的敘述，藉此大致反映出1930年代臺北新四國靈場的巡禮者樣貌。可說巡禮者裝扮與日本本土的四國八十八所靈場的遍路巡禮相當接近，顯示臺北新四國靈場這座移植四國遍路信仰元素的地方靈場，雖然設置地點位於日本本土外的臺灣，不過參與靈場巡拜的巡禮者，在外觀穿著上完整保有日本本土的式樣傳統。

在多數針對四國遍路相關巡禮記的研究中，巡禮過程的花費一直被視為理解當時巡禮實態的重要依據，特別對江戶時期動輒需花費五六十天及龐大經費的巡禮者來說，如何掌控飲食、住宿及各種雜項開支是巡禮過程的重大工作，也因此在當時眾多巡禮記之中皆出現詳細的開支紀錄。這種對巡禮期間的金錢面紀錄，從江戶時期至今仍一直出現於巡禮記之中，成為研究者掌握各時代巡禮內涵的重要依據[114]。只不過相較於四國八十八所的巡禮記，不論是分布於日本全國各地的地方靈場，或者是飄洋過海設在海外的地方靈場，其規模皆遠小於四國八十八所遍路靈場，加上歷史背景及受注目程度差異甚大，如此情形當然也反映於巡禮記上。在三九郎所撰的這篇巡禮記中，並未見關於巡禮過程任何開銷的描述，當然這篇巡禮記為發表於雜誌上的連載小文，就型式而言較接近遊記風格，而非只是作者個人性的旅遊紀錄。因此這種僅需耗費四日的小規模地方靈場，遠非路途達1300公里的四國遍路可相互比擬。在這篇巡禮記中僅在描寫兩位巡禮者談論此行每晚有溫泉可洗的對話時，出現：「只花這點錢，就可以巡拜八十八所，還可以泡溫泉…[115]」這段文字表現，顯示當時全程收取的費

111　三九郎〈臺北新四国八十八箇所　巡礼の記〉，頁103。
112　三九郎〈臺北新四国八十八箇所　巡礼の記〉，頁97。
113　三九郎〈臺北新四国八十八箇所　巡礼の記（三）〉，頁123。
114　佐藤久光《遍路と巡礼の民俗》，頁207。
115　三九郎〈臺北新四国八十八箇所　巡礼の記〉，頁92。

圖37 大師山弘法大師祠

用應不高。相較於對巡禮一路的開銷缺乏直接的紀錄，對於巡禮者飲食內容就有些描述。先以巡禮每日的午餐來說，首日作者三九郎吃的是家裡準備的「素食飯糰（精進のむすび）」與數片「醃製蘿蔔片（沢庵）」；第二日出門前則準備了當日午餐的「御飯糰」、「梅干」、「醃製蘿蔔片」；第三日於巡禮路途中吃的是住宿飯店外送的「御飯糰」，晚餐為投宿旅館所準備的餐點。從巡禮過程間的飲食而言，內容與份量皆相當簡單，為日本人一般遠足郊遊常見的簡易攜帶食品。在理解巡禮過程的飲食情形之下，顯示臺北新四國靈場巡禮的金錢開銷應主要以交通與住宿兩部分為主，餐飲上的消費除了多數自備外，另一部分來自於沿路信徒自發的御接待。

（三）巡禮行程及交通手段

　　〈臺北新四國八十八箇所 巡禮の記〉描述下的巡禮行程共分成四日，從臺北市區的新高野山弘法寺為起點，巡禮基本上循著從南向北的88座札所依序順拜而行，首日以設置第一番札所石佛的弘法寺為起點。巡禮者各自從住家出發，首先集合於弘法寺大師堂前進行參拜，接著一行出發正式展開巡禮行程，在中午前完成位於臺北市南邊萬華地區的第五番札所巡拜。午後由此出發朝北前進，依札所番號順序，巡拜至位處臺北市街北端臨濟寺內的第十八番札所，完成第一日的巡禮。第二日的巡禮以臺北車站為集合點，巡禮者共乘火車抵達士林站，從座落於芝山巖的第十九番札所起，接續首日已完成的18座札所巡拜。設於臺北市郊丘陵芝山巖上的靈場札所多達17座，完成這些札所的巡拜正好需一個上午，午後起順著往草山的車道前進，第三十六番至第四十五番札所沿路設置，巡禮者巡拜完這十座札所，順勢抵達當日投宿的草山溫泉區。

　　第三日行程接續從第四十六番札所開始，沿著散佈於草山區域的山路攀爬巡拜，中午抵達第六十番札所座落的弘法寺草山別院。午後巡拜的路徑從草山沿著陵線到達北投，第六十一至第七十二番靈場札所沿路設置，該晚投宿於北投溫泉的星乃湯旅館。最後一日的巡禮行程雖無巡禮記可參照，但筆者根據該靈場札所遺跡的現狀調查，研判第四日上午的巡拜應沿著北投溫泉區攀爬上大師山弘法大師祠（今丹鳳山），午後沿著路徑抵達第八十八番札所的鐵真院（今普濟寺）。綜合巡禮全程的巡拜行徑，顯示為期四天的巡拜行程按88座靈場札所的座落位置做相當平均的分配，第二日、第三日行程的休止，正好投宿於當時全臺最具盛名的草山與北投的溫泉區，就行程規劃而言可說兼顧到宗教及娛樂等多重功能。除此之外，此巡禮全程共利用了火車、步行與公車等交通方式，行經地點更含括平地、丘陵、山岳、山谷及溫泉等豐富的地貌場域。巡禮首日全程採徒步進行，途中多為平坦的市區街道，次日利用火車接駁移動，往北進入臺北近郊的丘陵地區，再沿著山路登上臺北近郊的山岳地帶。第三日攀走巡拜於山路林道之間，接著通過陵線及山谷抵達北投溫泉區，巡禮最終日主要巡拜的札所位處北投溫泉區及周邊丘陵。四天的臺北新四國靈場巡禮行程，其行經路線幾乎涵蓋臺北盆地重要的地形景緻，對於這項宗教活動在當時究竟有多少人參與的這個問題，除了巡禮記中所描述的百餘位的巡禮者外，其中還出現第十四次參加的巡禮人士，這些都反映出移植於日本本土的地方靈場巡禮於當時一般民眾生活中所受的關注。

圖38 北投普濟寺

（四）巡拜模式與巡禮目的

　　巡拜靈場各札所的本尊石佛為臺北新四國靈場核心的宗教象徵，究竟當時的巡禮者採取什麼樣的作法來進行巡拜，巡禮記中出現如此的描述：

　　「從札夾取出奉納札，再投下些許的御賽錢，接著首先唱頌：『虔誠奉拜此處的御本尊，大師大神宮鎮守所有日本大小神祇，今上天皇帝寶祚廷長父母師長六親眷屬乃至法界平等利益。』接著依序頌讀：懺悔文、三歸、三竟、十善戒、般若波羅蜜多心經等經文，最後吟唱御詠歌。[116]」

　　作者三九郎描寫下的臺北新四國靈場的巡拜模式大致與日本四國八十八所靈場（本靈場）的巡拜作法相當接近。巡禮者在象徵八十八札所本尊的石佛前，採取相同的宗教參拜作法進行巡拜，唯有御詠歌的部分隨著各札所而有所不同。三九郎在巡禮記中，配合巡拜的過程分別寫下各札所的番號、寺名、本尊名與御詠歌，譬如：「第一番 竺合山 靈山寺，本尊釋迦如來 詠歌 前來釋迦面前巡拜，再多的罪惡也會消失（釈迦のみ前にめぐりきて よろずの罪も 消え失せにけり）[117]。」在全篇巡禮記中完整地寫下各札所的訊息，這些內容與日本

116　譯自三九郎〈臺北新四国八十八箇所　巡礼の記〉，頁100。
117　三九郎〈臺北新四国八十八箇所　巡礼の記〉，頁99。

本土的四國靈場完全一致，顯示西元1925年（大正15）移植來臺的臺北新四國靈場之營造手法，採完全複製四國遍路靈場象徵要素的作法來建造這座新靈場，因此未見任何具獨創或特殊性的新措施或作法。

　　當然也並非所有的地方靈場內涵皆原封不動地複製四國遍路源頭的四國八十八所靈場，就以札所的本尊與御詠歌而言，如享有日本三大新四國靈場之稱的知多四國八十八所靈場，其第一番札所的御詠歌為：「知多四国第一番におはします曹源寺なる釈迦の尊さ」，內容即與四國八十八所靈場（本靈場）的御詠歌並不相同。再者，各札所的本尊也出現差異，如本靈場的第一番至第五番的札所本尊分別為：釋迦如來、阿彌陀如來、釋迦如來、大日如來、勝軍地藏菩薩，至於知多四國八十八所靈場的札所本尊則是：釋迦如來、無量壽佛、十一面觀世音菩薩，延命地藏菩薩、延命地藏大菩薩。當然臺北新四國靈場與知多四國八十八所靈場雖同屬四國八十八所靈場（本靈場）的地方靈場，但就兩者在靈場型態、創建歷史、宗教環境等基礎條件上皆呈現極大的差異。即使如此，在札所的御詠歌、本尊之中仍突顯出臺北新四國靈場營造時完全移植本靈場元素的作法。

　　接著再將考察焦點回到巡禮作法上，臺北新四國靈場的巡禮者來到各札所本尊之前，多半先以燃線香、蠟燭禮佛，並供上奉納札、賽錢作為奉納，最後再誦讀經文及各札所的御詠歌。這樣的巡拜作法除了用在88座札所本尊的巡拜，〈臺北新四國八十八箇所 巡禮の記〉一文還描述巡拜者於巡禮沿途，還順道參拜了萬華龍山寺、三板橋葬儀場墓碑、乃木希典總督母親墓、臺北新四國靈場發願人鐮野芳松墓、芝山巖神社、弘法寺草山別院等各項鄰近靈場札所的宗教設施。特別是行經三板橋葬儀場墓碑前，全體巡禮者一同誦讀經文及御詠歌以慰亡者。除此之外，巡禮者在結束當日巡拜行程投宿於旅館時，仍會在晚餐及隔日早餐後，懸掛弘法大師掛軸加以參拜並誦讀經文、御詠歌[118]，這些現象反映出巡禮者在巡禮期間對宗教實踐與信仰懷抱的熱誠。當然在巡禮記描述的巡拜過程中，除了可感受到巡禮者參與臺北新四國靈場巡禮具有的信仰目的，遊山玩水的旅遊體驗也是此行巡禮可提供的另一層面之功能，甚至可視為部分參與者對巡禮活動的期待。前篇幅曾提起臺北新四國靈場88座札所分佈於臺北近郊自然景緻最豐富的丘陵、山岳、山谷及溫泉地帶，如此的靈場營造除可滿足信徒在信仰層次的需求。另一方面，參與巡禮亦可短暫離開熟悉的生活環境，前往蘊含自然或人文內涵的異地遊覽，這也是日本各項朝聖巡禮中廣泛存在的旅行、觀光、行樂等多重功能。就在巡禮記中可見「今日與明日的路途雖然辛苦，不過想到在巡禮過程每晚都能泡溫泉，真是太好了[119]」如此對溫泉的期待，再者，巡禮途中關於景緻的描述也屢次可見。譬如離開臺北市區經由芝山巖丘陵攀升到草山地區，巡禮道穿梭於草山、竹子湖自然山間地帶，巡禮者沿途近可眺望或俯瞰達中壢、桃園一帶的原野池沼與淡水河流域景觀[120]，這些巡禮記中記述的內容皆充分反映出臺北新四國靈場在宗教功能之外所具有的多重性格。

118　三九郎〈臺北新四国八十八箇所　巡礼の記（二）〉，頁93；三九郎〈臺北新四国八十八箇所　巡礼の記（三）〉，頁123；三九郎〈臺北新四国八十八箇所　巡礼の記（三）〉，頁127。
119　三九郎〈臺北新四国八十八箇所　巡礼の記（二）〉，頁92。
120　三九郎〈臺北新四国八十八箇所　巡礼の記（三）〉，頁124-125。

圖39 第六十八番石佛設置環境

圖40 星乃湯旅館

（五）御接待習俗

御接待是日本以西國巡禮、四國遍路為首的宗教巡禮的特徵之一，特別又以四國巡禮傳承的御接待最具特色，巡禮者於巡拜88座札所寺院途中，地區居民免費提供橘子、芋頭、飲料、食物、金錢等物資援助，這種行為即稱「御接待」[121]。社會學者前田卓曾將御接待依行為主體分成個人接待、村接待與遠隔接待三種類型[122]，而民俗學者真野俊和在承襲這樣的類分之外，再以瀨戶內海著名的地方靈場小豆島八十八所為例，說明不同於四國八十八所靈場的地方靈場型態的接待文化[123]。而文化人類學者淺川泰宏更進一步探討四國遍路的御接待與乞食的關係，藉由田野調查與新資料的採用，提出乞食圈的巡禮空間的新概念[124]。至今遍路御接待文化仍持續傳承於靈場巡禮之中，自古以來這種日常生活少見的體驗，經常成為巡禮記作者特別矚目關心的課題，在三九郎〈臺北新四國八十八箇所　巡礼の記〉文中，也描述了數則在臺北參與巡禮過程所獲得的御接待經驗。在記載了從第一番至第七十二番的三日巡禮記中，共出現十一次關於御接待的描述，巡禮者所獲的接待物有茶、飲料水、飯糰、薯、金錢共五項，其中又以茶水的招待最多。至於御接待的提供者則包含：札所坐落之寺院、巡禮道旁的神社、學校、警察駐在所、旅館、巡禮者的友人，以及不相識的一般路人。就全程巡拜過程僅需四日，成立時間不到十年的臺北新四國靈場而言，如此豐富多樣的御接待行為顯示這種日本巡禮特有的習俗已隨著靈場巡禮活動而根植於臺北。

巡禮記所記載的西元1934年秋臺北新四國靈場巡禮沿途所見的御接待情形，以茶水的招待廣泛出現於札所座落的寺院、神社，譬如第三番札所的稻荷社、第五番札所的不動明王祠、第十六番札所的曹洞宗臺北別院出張所、第六番的曹洞宗臺北別院、第三十五番札所附近的芝山巖神社；此外在草山巡拜沿途，警察駐在所及位於頂北投的櫻旅館也準備了茶水提供巡禮者解渴。巡禮者在接受茶水的招待後，皆會吟誦〈御茶回向的御詠歌〉[125]來感謝提供御接待的一方，如此的巡禮習俗目前在日本的四國遍路中已屬罕見，是否在其他地方靈場中仍有此俗，未來將透過田野調查進行確認[126]。茶水御接待的提供者，除了寺院、神社這些宗教設施，兩處位於巡禮道附近的警察駐在所、旅館，也準備了茶水招待巡禮者。同時，在巡禮者順著草山道路攀爬途中，草山公學校的教師也準備了清泉給巡禮者飲用，在這些非宗教場域或非宗教人與巡禮者的互動間，顯示出巡禮活動散發的濃厚庶民性格。茶水、飲用水的御接待提供巡禮者短暫休息與解渴。巡禮初日在來到第五番札所時，時間正逢午餐時段，寺方準備了每人一份的御飯糰分發給巡禮者。對此作者三九郎寫道：「**我在出門時已準備了午餐，所以拒絕了御招待的好意，不過說御接待是講求不能漏掉任何一人的平等，因此我也**

121　淺川泰宏《巡礼の文化人類学的研究─四国遍路の接待文化》（東京：古今書院，2008），頁208-209。
122　武田明《巡礼の民俗》（東京：岩崎美術，1977），頁87-92。
123　真野俊和《旅のなかの宗教》（東京：NHKブックス，1980年），頁210-211。
124　淺川泰宏《巡礼の文化人類学的研究─四国遍路の接待文化》，頁199-214。
125　關於臺北新四國靈場的〈御茶回向的御詠歌〉內容，三九郎在巡禮記中並無記載，在日本國內部分的地方巡禮御詠歌冊中，可見：「お茶の礼　ありがたや　おちゃのくどくで　みをやすめ　このやのくどく　のちのよのため」的御詠歌內容。
126　近年四國遍路一般巡禮者對於民眾的御接待，多數以「納札」作為回禮，確實部分僧侶的巡禮者會以「御法樂」作為回禮，其作法上與本文描述的吟唱《御茶回向》御詠歌相似，不過並無回贈「納札」的作法來得普遍。

非常感恩的領受，並誦完御茶回向之御詠歌，步出不動明王祠（私は家を出るとき、お昼の用意をしていたので、一応お断りをしたがお接待は一人ももれなく平等ですから、こう言って下さるので、有難く頂戴し、やがて御茶回向の御詠歌をあげて、不動さんを出た。）[127]」這一段關於御接待的描述，相當生動地表現出御接待者及提供者兩者間對於御接待的理解，展現出巡禮期間人與人相互的關懷照顧。關於食物的御接待，除了第一日中午獲得的御飯糰，巡禮第三日中午到達第六十番札所旁的弘法寺草山別院，寺方準備了一大鍋薯給巡禮者享用。

金錢的御接待是常見的另一種型式，巡禮記作者三九郎在巡禮第一日與第二日共獲得兩次金錢的御接待。其一是完成第五番札所巡拜後，在通過萬華地區的街道轉往下一個札所途中，三九郎路過擔任電信局長友人的官舍前，便敲門向友人的妻子問安。局長妻子見到舊識的三九郎滿心歡喜，連同一旁也是三九郎友人的長谷川先生之妻，各提供了十錢作為巡禮的御接待。有趣的是，長谷川先生的妻子在提供金錢為御接待後，還請作者三九郎到家中佛像前誦唸御詠歌，不過三九郎認為自己的修行與經驗仍相當不足，因此婉拒了這樣的要求[128]。其次，三九郎於第二日從自家前往臺北車站途中，突然有一位年約40歲的婦人給了十錢，對此突如其來的遭遇，三九郎寫下：「是該拿，還是不該拿？稍有猶豫，我想這並不是給我的，而是要給弘法大師的。這麼一想，感謝她仰慕大師的慈悲心…[129]」。這段行文表露出初次參與巡禮者獲得御接待的心情感受，一方面也反映出四國遍路的御接待習俗，隨著地方靈場移植設立之下，已根植於1930年代的臺北。值得一提的是，這種與自己毫無關係的巡禮參與者所提供物資、金錢上的資助行為，除了可說是在臺日人將原鄉的習俗實踐移入臺灣這個新移居地之外，巡禮遍路在臺北地區獲得的理解，也反映於御接待習俗廣泛出現於整體的巡禮過程上。

五、結語

本章以記述西元1934年（昭和9）臺北新四國靈場巡禮過程的〈臺北新四國八十八箇所巡禮の記〉為考察重心，透過這部至今僅見出自當年巡禮者留下的文字紀錄，管窺今日殘留於臺北的日本巡禮靈場遺跡的內涵。關於宗教巡禮的相關文字性紀錄的出現由來已久，早在平安時期的《中山寺緣起》、《寺門高僧記》等宗教文獻中即可見其記載描述。今日論及與巡禮相關的資料，更可列舉出：靈場記‧案內記、巡禮記[130]（體驗記）、御詠歌以及圖繪、地圖、照片等影像性紀錄。其中，巡禮記這種出自巡禮者個人性或部分具宗教性、追憶性質的文字性紀錄，生動細緻地記錄下巡禮過程，成為追溯解讀數十年、百年前宗教巡禮活動的一項重要依據。至今可見與日治時期移植入臺的巡禮靈場有關的紀錄相當稀少，除了當時新

127　譯自三九郎〈臺北新四国八十八箇所　巡礼の記〉，頁101。
128　三九郎〈臺北新四国八十八箇所　巡礼の記〉，頁102。
129　三九郎〈臺北新四国八十八箇所　巡礼の記（二）〉，頁88。
130　在佐藤久光《遍路と巡礼の民俗》一書對於巡禮遍路相關出版物的分類中，使用的是「巡拜記」一稱，基本上「巡禮記」與「巡拜記」內涵相同，雖然採用巡拜一詞可避免與狹義的巡禮定義產生混淆，不過本章希望忠於〈臺北新四国八十八箇所　巡礼の記〉的語彙用詞，以巡禮記來指這部針對臺北新四國靈場巡拜過程的描述紀錄。

聞報導對部分的靈場創建及活動留下片段的報導之外，目前唯一掌握的就是宮地硬介或以筆名三九郎所發表的數篇臺北新四國靈場巡禮紀錄。這部名為〈臺北新四國八十八箇所 巡禮の記〉的巡禮記，當初應分成四次發表刊登，但是目前僅尋獲前三篇，雖然無法取得完整的篇幅，不過在這三篇文中所描述的巡禮過程，已含括88番札所中的72個札所，顯示這些內容已充分具備代表性。在作者屬名三九郎的這篇巡禮記中，採用第一人稱及部分對話的方式書寫，內容順著參與巡禮活動的過程描寫，全篇多數為作者所見所聞的陳述，極少出現作者個人的想像或詮釋，因此更提升了本巡禮記的參考價值。

在對於巡禮記全篇內容完成初步的解讀之下，本章著眼於巡禮記中所描寫的巡禮習俗內涵，選擇了五項課題做具體的分析論述，分別為參與巡禮活動的人數與巡禮者年齡、巡禮者來源及巡禮裝扮，巡禮行程與交通手段、巡拜模式與目的，以及御接待這項日本巡禮獨特的習俗文化。在這五項點狀面向的討論上，讓距今將近80年前，由在臺日人發起的靈場巡禮的庶民宗教活動景象更加明朗。西元1925年（大正14）由在臺日人倡導奔走，於臺北地區創設的臺北新四國八十八所靈場，每逢春秋兩季由信徒組成巡禮團進行巡拜。根據巡禮記描述規模有百人以上，各人身著白衣、頭戴書有同行二人的菅笠，肩上背著負笈，手穿戴手甲杵著金剛杖，胸前則掛有山野袋。此裝扮顯示當年設置於臺北的新四國靈場，不僅透過物體、形像、文字符號等具體物件的仿製，將日本四國遍路的巡禮文化移植到臺灣來，傳承於日本本土的遍路巡禮作法，也忠實的落實於當時舉行於臺北的巡禮過程中。此外，令人矚目的是巡禮記所記錄的那場西元1934年（昭和9）秋天所舉行的巡禮活動，巡拜全程不僅達四天，路途多半為徒步行走，巡禮道行經平地、丘陵、山岳、山谷及溫泉等多種的地形場域，對身心及現實條件上皆具考驗。在如此的條件之外，仍吸引了百餘人以上的參與者，特別是年老的巡禮者佔的比例最高，同時也出現了幼童隨家人同行的情形，反映這種移植於四國遍路或西國巡禮的庶民宗教活動，在當時已成為在臺日人重要的宗教活動之一。

一方面，這項流傳於日本人社會下的宗教活動，實際上也獲得一部分臺灣人的理解，在巡禮記描寫從第三番前往第四番札所途中，經過了臺北著名的寺廟萬華龍山寺，當時巡禮者一行人也進入龍山寺參拜並誦唱經文、御詠歌。作者三九郎寫到：「**在龍山寺內遊玩的本島人們，用恭敬的態度目送巡禮者離開。[131]**」雖然只是短短的文字描述，卻相當生動地述說1930年代臺北地區的宗教狀態。由旅居臺灣的日本民眾組成的巡禮隊伍，雖以移植於日本文化的靈場巡禮為主要目的，巡拜著各座設置於寺院、聖地的札所本尊象徵：石佛，不過在行經臺灣人信仰中心的龍山寺時，巡禮者一行也恭敬地參拜、誦御詠歌。反觀當時在龍山寺境內的臺灣人，在遇見一群裝扮特殊的巡禮者，同樣以恭敬的態度觀看目送。又如作者三九郎於巡禮記中自述身穿巡禮服搭公車的感受「**跟我搭同一般車的人，雖然好奇地看著我們這群打扮奇特的人，不過在他們的眼神與舉止中，絲毫不帶有任何的汙穢[132]**」這段描述反映出日治時期臺日庶民對相互宗教信仰具有相當的理解與寬容，不同於過去從日本佛教宗派或教派神道等立場所詮釋的充滿著各種支配意圖的日治時期宗教面貌。

131　三九郎〈臺北新四国八十八箇所　巡礼の記〉，頁101。
132　譯自三九郎〈臺北新四国八十八箇所　巡礼の記〉，頁97-98。

第四章　日本石佛在臺灣的發展軌跡

　　以石造像的文化由來已久，早在舊石器時期即可見以石為中心的信仰崇拜，日本的石佛文化可謂人類石崇拜中相當具特色的一例，不僅種類樣式多元，與庶民社會的緊密性也是世界各國所罕見。臺灣自十九世紀末葉至二十世紀中期，經歷過日本的統治，這段期間除了帶來政治、經濟、社會等各層面的影響，伴隨日本人移民所帶來的原鄉庶民文化，更賦予臺灣民間不同的文化受容，其中，日本石佛的傳入即為典型。作為日本庶民信仰重要表徵的石佛，於在臺日人的奔走建設下，分布於臺灣各地，不論是設置於墓地前象徵渡濟六道眾生的六地藏石佛，或是追憶、移植日本本土宗教聖地西國巡禮、四國遍路的靈場札所石佛，甚至是為了祈願及安頓人心所安奉的不動明王石佛，皆顯示出日治時期除了經由各宗派布教師之手所帶來的佛殿供佛，以及法會燃香禮佛的宗教儀禮之外，在民間的庶民生活中還存在著另一種不同的信仰世界。本章透過歷史文獻、田野調查，探討日治時期所傳入的日本石佛及其信仰文化，在民俗學著眼的傳承與信仰構造的學科視野中，一窺這項至今仍屬未開展的研究領域。臺灣從二十世紀初葉所出現的第一座日本石佛，直到日本統治落幕之前，日本石佛伴隨著在臺日人的足跡遍布全臺。在數十年間各地留下的造立事蹟中，多數的石佛皆來自庶民之手所創設，不同的石佛類型反映出各個造立者內心的期盼與寄託，從中呈現在教派佛教與國家神道之外，傳承發展於庶民生活中的信仰原貌。

一、石佛研究與臺灣石佛探索的展開

　　日本石佛的造立習俗及信仰文化，從西元1895年日本統治臺灣起，伴隨著日本人活動的足跡進入臺灣，這些根植於庶民信仰下的宗教造型，可謂理解日治時期（1895-1945）在臺日人的庶民信仰發展極重要的元素。可惜的是至今為止，關於日治時期臺灣宗教發展的研究，或者更明確地界定於對日本人傳入的宗教信仰的相關考察上，多數所著眼的是日本佛教宗派主導的布教活動，以及國家神道體制之下的神社發展或是宗教政策面向等課題[133]，對於由一般民眾所發起、建造、崇拜的石造神佛像，鮮少投以矚目[134]。以石造像的傳統為人類共同的文化，在日本石佛傳入臺灣之前，臺灣早已存在著以石造像、以石為神的傳統，如民間

133　這方面的重要研究成果有【佛教方面】闞正宗《臺灣日治佛教發展與皇民化運動：「皇國佛教」的歷史進程（1895-1945）》（臺北：博揚出版社，2011）、釋慧嚴〈日治時代來臺淨土宗的開教事業〉（《玄奘人文學報》5期，2005），頁35-63、黃蘭翔〈清代臺灣傳統佛教伽藍建築在日治時期的延續〉（《中華佛學學報》18期，2005），頁139-206、江燦騰《日據時期臺灣佛教文化發展史》（臺北：南天出版社，2001）、松金公正〈殖民地時期台湾における日本仏教寺院及び説教所の設立と展開〉（《台湾史研究》16号，1998），頁18-33；【神道方面】則有陳凱雯〈日治時期基隆神社的興建與昇格之研究〉（《臺灣學研究》10，2010），頁79-96、陳鑾鳳《日治時期臺灣地區神社的空間特性》（臺北：學富文化，2007）、青井哲人《植民地神社と帝国日本》（東京：吉川弘文館，2005）、蔡錦堂《日本帝国主義下台湾の宗教政策》（東京：同成社，1994）、陳玲蓉《日據時期神道統治下的臺灣宗教政策》（臺北：自立晚報，1992）等著作。

134　關於這方面的研究成果，目前僅見數篇針對區域或個案的考察，如：潘繼道〈花蓮地區日治時期慰靈碑遺跡初探〉（《臺灣文獻》61-1，2010），頁385-433、林承緯〈高雄市鼓山區千光路日本石佛「再出土」的考察〉（《藝術學》第27期，2011），頁135-165、郭祐孟〈新竹十八尖山的西國三十三所觀音石佛〉（《竹塹文獻》第39期，2007），頁77-99等研究成果。

信仰及明清佛教脈絡下所傳承的石頭公、石聖公、石觀音等信仰崇拜即為代表。臺灣自十九世紀末葉至二十世紀中期，經歷了半世紀的日本統治，這段期間除了為臺灣帶來政治、經濟、社會等層面上的影響，伴隨日本移民所帶來的原鄉庶民信仰文化，更賦予臺灣民間不同的文化受容，其中，日本石佛的傳入即為典型一例。

作為日本庶民信仰重要表徵的石佛，於在臺日本人的奔走造立下出現於臺灣各地，不論是設置於墓地前象徵渡濟六道眾生的六地藏石佛，或是追憶、移植日本本土宗教聖地西國巡禮、四國遍路的靈場札所石佛；甚至為了祈願及安頓人心所安奉的不動明王石佛，皆顯示出日治時期除了經由各派布教師之手所帶來的佛殿供佛，或是法會燃香禮佛的宗教儀禮，在民間的庶民生活中還存在著另一種不同的信仰世界。石佛造立的基礎來自於庶民信仰，完成於基層庶民之手的石佛，座落於道路、墓地、寺院、山間、水邊等地點，作為撫慰民眾心靈的苦惱與不安，表達內心祈求最忠實的守護。如此最貼近一般民眾的精神寄託，多數既非全然屬於佛教，也無法歸類為神道，其具有的強烈庶民性格，導致留下的文字紀錄相當有限。除此之外，多數的石佛安置於室外，容易在時空環境轉變中遺失散佚，這些因素都加深了石佛研究的難度。

關於「石佛」之用語，廣義而言，如日本石佛協會編《日本石佛圖典》選定基準所示：「存在於日本的所有與信仰有關的石造物」，包含石佛、石塔、石神、道祖神、其他宗教石造物等種類；狹義來說，則專指透過石材雕刻的佛教相關雕像之總稱。如此用詞界定所衍生的問題，特別反映於建構石佛研究史的認知上。譬如：小川直之〈石神と民俗〉一文指出，民俗學對於「石」為題的相關研究，早見柳田國男《石神問答》、折口信夫〈石に出で入るもの〉等著作，基於日本宗教發展長久以來具有的神佛習合歷史，提出：「以石頭來表現的神佛，在民俗信仰層次上應該表記為神比較合適[135]」的看法。反觀以「石佛」一詞為焦點所展開的石佛研究史回顧的嘉津山清〈日本の石仏その研究の軌跡—石仏を世に出した人たち〉[136]一文，卻在建構日本整體的石佛研究史之際，只提起：小川琢治、天沼俊一、永山卯三郎、川勝政太郎等研究者，藉此突顯出「石佛」一詞於各研究領域間所存在的認知差異。關於民俗學脈絡下的石佛研究，小池淳一指出：「石造物也有並非以原貌來表現民俗信仰的情形，不過，隨著物質文化的要素與儀式行為而在現實生活中生成的世俗事物，其呈現的神聖存在與表裡間的關係，是今後應該持續探索的課題。[137]」說明民俗學研究的立場及視野。

本章受限於篇幅，同時也根據對日治時期石造物現存狀況的初步理解，選擇了狹義的石佛定義作為研究範圍[138]，也就是以日治時期以石材雕刻造立於臺灣的的日本佛教系統相關雕像為研究課題。在具體的研究手法上，將透過歷史文獻、田野調查兩面，著眼於日治時期由日本人傳入的石佛造立及其文化的還原重構，以民俗學重視的傳承視野與信仰構造為核心，一窺這項至今仍屬未開展的研究領域。關於本章的章節安排，在扣除前言、結語之下，

135　小川直之〈石神と民俗〉（《日本の石仏》108号，2003），頁6。
136　嘉津山清〈日本の石仏その研究の軌跡—石仏を世に出した人たち〉（《日本の石仏》101号，2002），頁52-63。
137　譯自小池淳一〈民俗信仰の領域〉（《日本民俗学》247号，2006），頁110。
138　以石材雕刻而成的佛教相關造像為主，譬如地藏菩薩造型的地藏石佛、觀世音菩薩造型的觀音石佛、不動明王造型的不動石佛，或是弁才天造型的弁天石佛等。

乃由三個章節組成。第一部分「日本石佛造立的歷史源流」，從上古的石崇拜開始，說明日本自遠古以來所形成的岩石信仰，與以石造像的習俗演進，並針對日本石佛的歷史發展進行說明。第二部分「日本石佛在臺灣的傳承軌跡」，透過田野調查配合日治時期新聞報導及相關史料，順著時間軸對日本石佛在臺灣的發展，進行歷時性的描述分析。第三部分「石佛的信仰型態與其造型」篇幅內容，選擇了地藏、觀音、不動這三個最具代表性的石佛信仰，透過石佛的信仰特徵、建造事蹟、安奉位置、造立目的，以至於造型特徵等面向進行考察，藉此解析石佛造立於臺灣所產生的信仰實態。預計透過以上各章節的專題考察，還原、重構日本石佛及其信仰在臺灣的發展傳承軌跡，以及在臺日人庶民信仰的原貌。

二、日本石佛造立的歷史源流

（一）石崇拜與石佛造立

　　人類以「石」作為信仰素材及崇拜對象的歷史由來已久，早在舊石器時期即出現石造的宗教器物。在佛教創始的南亞地區，擁有相當發達的石佛文化，如紀元前後出現於印度、巴基斯坦的龐大石佛雕像，五世紀前後製作的高達55公尺及38公尺的巴米揚（Bamiyan）石窟大佛，皆為佛教初期發展代表性的石佛[139]。一方面，當佛教傳入中國大陸與朝鮮半島之後，因當地擁有良好的石材岩壁，導致大型石窟、石佛及磨崖佛等類型廣泛流行。譬如中國在魏晉南北朝時期（220-589），因皇帝及朝廷官員崇信佛教，為顯示對佛菩薩的尊崇，大舉開山鑿穴雕刻佛像，今日享有盛名的雲岡石窟、龍門石窟以及位於甘肅敦煌的莫高窟等大型石窟，皆為此時代之作[140]。同時期，朝鮮半島特別在慶州一帶，也出現如石窟庵如來座像、南山石佛群等代表性的石造佛像，各自孕育發展出獨特的石佛文化。

　　日本在佛教傳入前已存在與石相關的宗教信仰，自六世紀佛教傳入至今，如石佛、石塔、石燈籠等造型的石造物隨著佛教帶來的信仰觀，並結合本地的庶民信仰文化之下，構成今日所見龐大的日本石造物體系，其中又以石佛類型最具特色。石佛研究者大護八郎於《路傍の石仏》一書中指出：

　　「將石佛視為神靈而加以崇拜的民族，散見於世界各地，不過在日本，石頭不僅與樹木或其他自然物同屬於自然崇拜的對象之一，對日本人而言，石頭更存在著更深一層的信仰內涵。如此因石頭所產生的信仰崇拜，遠早於人們將一塊與聖物造型相似的自然石視為神靈，或者在自然石上雕刻神佛形象作為崇拜對象。[141]」

　　也就是說日本在以石造像的習俗傳入之前，對於自然界的石頭，已存在著一種特殊的信仰。萬物有靈的信仰觀是日本自古以來存在的祀神信仰源頭。山有山神、水有水神、樹有樹神，當然最堅固牢靠的岩石，也自然而然被納為自然崇拜的一環，成為世人重要的信仰

139　宮治昭〈仏像の故郷—ガンダーラ〉《ガンダーラ美術とバーミヤン遺跡展》（靜岡：靜岡新聞社，2008），頁10-15。
140　清水俊明《石仏》（東京：講談社，1979），頁31-32。
141　譯自大護八郎《路傍の石仏》（東京：真珠書院，1965），頁16-17。

對象，深信在如此不變的質地下附著了一股靈力。這樣對石的信仰在六世紀佛教傳入日本之後，依舊存在於日本人的心靈之中，即使石佛、石塔等石造物隨著佛教進入日本，日本人所造立、祭拜的石佛，也從過去的自然石轉換為觀音、地藏或如來等形象。只不過在觀音石佛、地藏石佛所反映的觀音信仰、地藏信仰背後，其最深層的信仰根源仍來自於附著石頭的靈力，也就是原始岩石的自然信仰，這點可謂日本石崇拜的信仰特徵。

　　對於石頭、岩石在日本庶民信仰中所具有的意義，民俗學者柳田國男在民俗學開創初期，即撰寫《石神問答》一書，採討存在於庶民生活周邊的石神、道祖神、庚申塔等石造物。同時期，民俗學者折口信夫也發表〈漂著石神論計画〉一文[142]，顯示石崇拜廣受民俗學研究的矚目，甚至更被視為日本民俗學開展的重要起點。五來重《石の宗教》以民俗學的角度，深入解析日本石崇拜的信仰內涵，將石崇拜細分成以下四大類型[143]。第一種類型是以未加工的自然石作為信仰對象，像是天然的大岩石、丘陵或是山岳，賦予了觀音岩、不動岩或藏王岳等神佛之名，成為了人們崇拜的對象。第二種類型崇拜的自然石，雖然不加以雕鑿加工，卻透過排列、堆疊、重組的方式塑造出崇拜的神聖形體，這種積石的習俗在山區常見，民間將自然石堆疊賦予供養的宗教涵義。第三種類型是以雕鑿改變造型後的石頭為崇拜對象，最常見的是以自然石雕鑿而成的長條狀石棒，作為象徵祖先的陽具崇拜。第四種所崇拜的是石面經過刻畫文字、圖案之後的石頭，也就是出現於石窟、岩壁上的石造神佛像。

　　藉由以上歸納的四種類型的石崇拜，令人感受到日本在石崇拜上所潛在的龐大信仰體系，如此的信仰感知今日絕大多數仍持續存在於日本人的宗教信仰中，縱使外觀形體已有所改變，不過其乘載的宗教意涵依舊如昔。本章主要探討的近代石佛，可謂承繼石崇拜的信仰脈絡之下所生成的日本庶民信仰表徵。石佛又被稱為野佛，在佛教初傳日本之際，受貴族、官僚護持的佛教是以木雕佛、金銅佛為主流，將華麗且精雕細琢的佛像安奉於庶民無法接近的大殿深處，作為鎮護國家及貴族治病祈禱的守護。一方面，部分的地方僧侶、修驗者以石造像，安奉於堂殿之外的日常生活場域中，石佛的信仰崇拜油然而生。雖然這種以石打造、供奉於野外的石佛，被貴族階級視為異端之佛而歧視。鎌倉時期（1185-1333）以降，伴隨著佛教大眾化的腳步，不僅僧侶、修驗者造立石佛、板碑、五輪塔盛行，存在於庶民信仰中的石造物，特別是小型石佛的樣式及風格也日趨普及[144]。武士為了鎮伏敵軍怨靈，設置地藏石佛以為撫慰，商人為了供養死去的愛馬，雕刻馬頭觀音石佛安奉於道路旁，庶民為了祈求村境平安，集資打造青面金剛的庚申塔安奉於村落，如此在江戶時期達到最盛期的庶民造立石佛習慣，大約在室町時期（1336-1573）至安土桃山時期（1573-1603）期間獲得確立[145]。

（二）石佛文化的普及

　　今日於日本列島各地隨處可見的石佛（圖41），約有八成以上造立於江戶時期（1603-1868），日本的石佛伴隨著佛教、神道、庶民信仰等宗教信仰傳衍千餘年，到了江戶時期，

142　小花波平六〈石神信仰の民俗学的研究系譜〉《石仏研究ハンドブック》（東京：雄山閣出版，1985），頁58。

143　五來重《石の宗教》（東京：講談社，2007），頁18-23。

144　清水俊明《石仏》，頁26-29。

145　川勝政太郎〈日本石造美術の概觀〉《日本石造美術辞典》（東京：東京堂出版，1998），頁44-45。

圖41 日本列島各地隨處可見的石佛景象（日本‧奈良）

在結合庶民信仰之下達到石佛發展的最盛期[146]。探究其因，首先是江戶中期庶民經濟力的提升，為庶民信仰提供豐沃的發展土壤，讓石佛在類型、數量與普及度上都達到空前未有的景象。此外，幕府所施行的寺請制度、參觀交代政策，以及各宗派寺院努力提升庶民造墓立碑的意識，應也是促使石佛極度發展的重要因素[147]。「寺請制度」又稱為寺檀制度，為江戶幕府在宗教統治上的一項措施，規定民眾需明確隸屬於某寺院的信徒（檀家），寺院必須製作每位信徒的戶籍資料（宗門人別帳），加以掌控管理，並在信眾外出旅行或遷居時發放證明文件。一方面，所屬於寺院的信徒必須在住家內設置佛龕，每逢家中需舉行宗教儀式時，應聘請該寺院僧侶前來主持，並依照寺院的需求行布施。日本各地在寺請制度施行之下，雖然庶民的移動權受到限制，不過反而提升了村落居民間的地緣意識。各地紛紛建造或整修村落共祀的檀家寺院與鎮守神社，並開始為了共同祈願造立石佛、塔碑，祈求各種現世利益。再者，以共同的宗教信仰為核心所發展而成的民間結社，也就是所謂的「講」，在江戶時期的社會型態下也更加活絡[148]，村落間各自組織地藏講、觀音講、庚申講、伊勢講等信仰組織，共同集資造立石佛以為崇拜，這樣的造立型態除了在江戶時期石佛上廣泛可見「○○講中造立」銘文，在日治時期造於臺灣的日本石佛中仍可見如此的作法。

　　江戶時期，幕府施行的寺請制度改變了庶民的生活型態，一方面也透過「參觀交代」

146　日本石佛協會編《石仏巡り入門》（東京：大法輪閣，1997），頁17；同時參照：中山慧照、大竹伸宜《全國石仏神大事典》（東京：リッチマインド出版，1990）；日本石佛協會編《日本石仏図典》（東京：国書刊行会，1986）；日本石佛協會編《続日本石仏図典》（東京：国書刊行会，1998）。

147　石田哲弥《石仏学入門》（東京：高志書院，1997），頁20-22。

148　西恒晴次編《民俗資料調查整理の実務》（東京：柏書院，1975），頁302。

圖42 六地藏石佛（日本‧高知）

牽制並削弱各地的統治勢力，要求各地區諸侯（大名）的妻兒需居住於江戶城，顯示對於江戶幕府的忠誠，並每年舉行「參觀交代」活動，由諸侯（大名）從領地率領大隊人馬往返江戶。如此原屬於統治者為鞏固政權的措施制度，卻間接地促進地方與中央在文化、信仰、物資等各層面的交流及流動。石佛研究家若杉慧認為，讓原本石佛文化貧乏的東日本在進入江戶時期後，能夠一舉超越西日本，最主要的因素在於參觀交代。原本在江戶初期的東日本，僅見零星作為墓標的石佛，到了中期前後，馬頭觀音、庚申塚、名號塔及各種念佛供養等石造物遽增，這種造立石佛的風潮更隨著參觀交代，將建造石佛的習俗傳播普及到日本全國各地[149]。

　　事實上，在江戶時期之前，日本多數的一般民眾並無造墓及設置牌位的習慣，直到庶民經濟提升及寺請制度、參觀交代兩制度所造就的江戶社會型態及背景下，才產生很大的轉變。寺院僧侶在民間廣泛宣揚佛教的因果報應與地獄天堂觀，強調供養祖先及隆重安葬亡者將有助往生極樂，鼓勵一般民眾踴躍為祖先造墓，並於家中設置佛龕[150]。庶民在僧侶布教活動的影響之下，逐步重視造墓及供養祖先等習俗，間接地促進庶民造立墓碑的普及。庶民們於村落邊緣設置共同的墓地，在六道輪迴的觀念影響下，墓地入口處出現庶民合力建造的六地藏石佛（圖42）。同時，伴隨著地藏信仰高漲，被奉為庶民守護之神的地藏，其石佛廣泛被造立於全國各地的村落鄉野之間。每逢24日的地藏緣日，民眾便攜家帶眷在地藏石佛前讀經並聚會飲食，如此的形象也出現於庚申信仰、觀音信仰等庶民信仰中。再者，這個時期，

149　若杉慧《野の佛》（東京：創元社，1963），頁102。
150　石田哲弥《石仏学入門》，頁22-23。

圖43 庚申塔（日本・宮城）

圖44 寶篋印塔（日本‧三重）

圖45 道祖神（日本‧愛媛）

西國三十三所觀音靈場巡禮與四國八十八所靈場遍路也已普及到庶民社會，各地開始透過石佛來打造地方靈場，滿足民眾朝聖巡禮的需求，如此的發展背景直接反映於石佛的類型及數量上。今日持續流傳於日本列島各地的石佛文化，大致都在江戶時期奠定的基礎下發展，地藏、觀音與庚申這三類型的石佛，宛如國內隨處可見的土地公廟般，遍佈於日本民眾的生活周遭。其中庚申為日本獨特發展的信仰崇拜[151]，刻有三頭六臂青面金剛形象的庚申塔[152]（圖43），以及也是日本獨有的庶民信仰：道祖神（圖45）或是馬頭觀音，經常出現於路旁、村落邊境。到了寺院內，分佈於堂宇周邊的是大日如來、釋迦如來、阿彌陀如來、藥師如來、五智如來、觀世音菩薩、地藏菩薩、不動明王，以及傳教大師、弘法大師、聖德太子、役行者、羅漢等石佛像；一方面，也可見五輪塔、名號塔、寶篋印塔（圖44）、無縫塔、層塔、板碑等石造物[153]。除此之外，像是在東臺灣的花蓮一帶，仍留有數座農業信仰的地神碑，或是田神、山神（圖46）、水天、惠比壽等石佛也分別被安奉於村落週遭，如此的石佛文化在十九世紀末葉，乘著日本統治的腳步來到臺灣。

151 關於道祖神的信仰及其石佛造型特徵，可參考：倉石忠彥〈道祖神信仰と石造物〉（《日本の石仏》137号，2011），頁4-30。

152 小花波平六〈庚申塔〉（《日本の石仏》100号，2001），頁24-36。

153 主要參照：日本石佛協會編《石仏巡り入門》，頁72-155；日本石佛協會編《日本石仏図典》；日本石佛協會編《続日本石仏図典》等書籍內容，加上筆者近年於日本各地的田野調查成果編寫而成。

圖46 山神（日本・宮城）

三、日本石佛在臺灣的傳承軌跡

（一）石佛初傳的日治初期

回溯日本石佛在臺灣的發展軌跡，西元1905年（明治38）7月，由臺北三板橋葬儀堂監守[154]的諫早得淳與三遊亭萬朝發起，在位於三板橋日本人共同墓地入口所建造的六地藏石佛[155]，為目前所掌握的文獻資料及田野考察所見日本石佛在臺設立的最初一例。六地藏[156]為日本佛教特有的地藏信仰型態，藉由六尊地藏象徵解救眾生六道輪迴之苦，常見的設立位置為墓地入口或路旁，正如設立於日本時期臺北市內日本人共同墓地的六地藏石佛，這六座地藏石佛即安座於墓地一旁。同年9月，在北投出現了一座觀音石佛建造的紀錄，這座石佛為北投溫泉旅館天狗庵主人平田源吾，以及鐵路部運輸課長村上彰一等居住於北投地區的日本人，為打響北投溫泉名號並祈求旅居北投日本人的發展繁榮，聘請石匠打造佛像作為北投的守護神，名為「湯守觀音（圖47）」[157]。關於這座觀音石佛的源由，在發起人之一的平田源吾所撰《北投溫泉誌》一書中有詳細的記載[158]。北投湯守觀音設立的計畫，事實上是從西元1905年（明治38）3月起著手進行，發起者平田源吾首先尋求鐵道部、臺北廳的資助，不過未獲得正面的回應，所幸轉而得到鐵道部運輸課長村上彰一個人的認同，共同為這項計畫的實現奔走。此座觀世音菩薩像的造立過程，歷經了使用木材或石材的材質抉擇，以及觀音形象是該仿照東京淺草觀音、京都清水寺觀音，或者是紀伊那智山的如意輪觀音的考量，最終眾人決議以平田源吾無意中在一本古書中所見的觀音圖像為範本，委託大倉組的岸本先生負責製作事宜。預計以石為材，觀音石佛高約2尺（約60公分），立身腳踏龜甲手持一壺，壺內靈水傾注於龜仰頭接飲。

圖47 湯守觀音[159]（北投普濟寺）

觀音石佛經歷半年的時間順利完成，該年9月21日，重達300斤（約180公斤）的石佛首先暫置於平田源吾家中，並在臺灣堀內商會主人桂光風支助下，搭蓋一座觀音堂用來安奉觀音石佛。在這座觀音石佛設置問題獲得解決之後，平田源吾、村上彰一等人一方面在眾人商議中，從「湯瀧觀音」、「北投觀音」、「瀧瀨觀音」、「礦古觀音」、「溫泉觀音」、「湯谷觀音」等名稱中，決議將觀音石佛命名為「湯守觀音」[160]，賦予足以反映這座觀音石佛的信仰意涵。另一方面，也尋求了當地居民的支持，著手籌辦湯守觀音的「開眼法會」，不久便獲

154　「監守」為佛教寺院內，負責監督寺務及領導僧眾的一種職稱。

155　《臺灣日日新報》1905年07月08日，第五版。

156　六地藏為分別持檀陀、寶珠、寶印、持地、除蓋帳、日光等六尊地藏所構成，象徵地獄道、餓鬼道、畜生道、修羅道、人道、天道等六道。

157　中島春甫《北投草山溫泉案內昭和五年》（臺北：臺南新報社臺北印刷廠，1930），頁12。

158　平田源吾《北投溫泉誌》（臺北：天狗庵，1909），頁6-21。

159　《北投靈泉山普濟寺簡介》，頁17。

160　湯守觀音石佛的全稱為「南無大慈大悲北投湯守觀世音大菩薩」，參照：平田源吾《北投溫泉誌》，頁9-21、31。

（行發湯ノ瀧）　　　　　　景　鳳　投　北　　　　　　（眞寫投北）

圖48 大師山（北投）

得臺北地區藝妓們共同提供四、五百隻燈籠、水洗鉢等物品，以及三百多圓的經費資助，還陸續接獲將提供開眼式當日的麻糬、清酒，及花相撲、淨瑠璃等藝能奉納的申請[161]。

　　此則從構思發起、石佛造立、空間營設、安奉儀式等完整程序皆由一般民眾發起的日本石佛設置事宜，在歷經半年多的時間，終於在西元1905年10月17日盛大舉行觀音石佛的開眼安奉法會。當日，會場周邊佈滿了各式各樣的攤位，現場設置參拜者的休憩所，並提供免費的咖啡及停車空間。法會從下午起，來自各宗派的僧侶10餘名齊聚會場主持開眼儀式，隨後更安排有相撲、藝妓手踊、新演劇、劍舞等藝能奉納，吸引千餘人的參拜者與會[162]。值得一提的是，當時鐵道部也配合這場湯守觀音開眼安奉法會，特別發行票價優惠的來回票，顯示出這項宗教活動所引起的矚目。

　　緊接於明治末葉兩處設立於臺北地區的地藏石佛、觀音石佛的建造事蹟，西元1912年（明治45）1月，在澤德松為首的天臺宗布教所信徒所組成的觀音茶榮講發起下，共募集三百餘圓資金，擇位於北投東南方巨岩山丘的洞窟，於同年5月20日，完成弘法大師石佛的設立工作[163]。該處舊稱蜈蚣穴山，日治時期因供奉弘法大師，而享有大師山之名[164]（圖48）。大師山具有豐富的自然景觀，又因地勢居高臨下，能夠清楚俯視臺北盆地與淡水河，

161　平田源吾《北投溫泉誌》，頁21。
162　《臺灣日日新報》1905年10月10日，第五版；《臺灣日日新報》1905年10月17日，第五版；《臺灣日日新報》1905年10月19日，第五版。
163　《臺灣日日新報》1912年05月20日，第二版。
164　大師山一詞，廣泛被民間所使用，譬如在日治時期重要的山岳組織臺灣山岳會定期發行的《臺灣山岳彙報》中，即數度出現大師山的用詞。參照：財團法人臺灣山岳會編〈北投の名所廻り（第100回）〉（《臺灣山岳彙報》13-2，1941），頁13。大師山現名為丹鳳山，位於北投區中部，海拔117公尺，丹鳳一稱出於山頂有刻著「丹鳳」二字的巨岩。

成為了北投代表性的名勝之一。也由於此地兼具天然及宗教人文資源，大師山在西元1912年設立弘法大師石佛之後，在西元1922年（大正11）、西元1925年（大正14）、西元1926年（大正15）等年代，陸續又有信眾於場域周邊再增設石碑、石燈籠、臺北新四國八十八所靈場札所，以及高野山波切不動明王等設施。當時，地方政府為了維護這座新興的名勝設施，還擇請當地青年團的七星郡北投青年會，負責大師山的保護與管理工作[165]。北投大師山弘法大師石佛這座宗教設施，除了創設的茶榮講信徒們每年定期於農曆3月21日的弘法大師忌日上山參拜，北投當地居民也有每日定期前往朝拜獻花者[166]。西元1921年（大正10）農曆3月21日，茶榮講舉行了北投弘法大師勸請十周年紀念祭，信徒從臺北市區乘坐公共汽車到達北投，再登上大師山進行參拜。此日茶榮講信徒準備了茶點、赤飯招待與會信徒[167]，紀念以澤德松為首的靈場發起人，透過這項石佛造立的事蹟及其宗教活動的內涵，顯示日本石佛設立具有的庶民色彩。

在接連三則出自於臺北地區的石佛設立報導後，《臺灣日日新報》於西元1917年（大正6）1月描述在東部花蓮的新城、三角錐山[168]及內太魯閣一帶，為追悼前往該地開拓的日本遇難者，分別興建2座觀音及1座地藏石佛（圖49）[169]。這座地藏石佛設立於內太魯閣支廳廳舍前，因永井國次郎等人的理蕃政策而建造，石佛建造者希望藉由地藏尊，改善原住民迷信風氣，培養慈悲心。這座地藏石佛於西元1916年（大正5）5月14日完成，總高6尺5寸，臺石面積4尺平方，地藏像高3尺6寸，臺石高2尺9寸，重量達726貫[170]。除此之外，在畫家鹽月桃甫於西元1922年（大正11）前往花蓮太魯閣一帶遊覽所留下的雜記中，也出現在太魯閣地區供奉有一座不動明王石佛的描述[171]，顯示相較於其他各地，日本石佛造立傳統進入東臺灣的時間甚早。根據此文所述的內容判斷，這座石佛應是現存於中橫公路臨安橋附近，現名為「天皇廟不動明王」[172]的不動明王石佛。

圖49 內太魯閣地藏石佛[173]

165　作者不詳〈本島青年團の事業經營狀況（一）〉（《臺灣教育》356期，1932），頁130。
166　《臺灣日日新報》1917年05月08日，第七版。
167　《臺灣日日新報》1921年04月25日，第五版。
168　大正時期設置於三角錐山的觀音石像，今日仍完整保存於錐麓古道由西往東的第一個隧道內。參照（http://www.wretch.cc/blog/tigergrass/21635448）【2012/01/07查閱】。
169　《臺灣日日新報》1917年01月01日，第十一版。
170　臺灣總督府臨時臺灣舊慣調查會《蕃族調查報告書第一冊》（臺北：臨時臺灣舊慣調查會，1917），頁7。
171　鹽月桃甫〈太魯閣めぐり〉（《東臺灣を見よ 第六篇》臺北：東臺灣研究會，1924），頁20-28。
172　根據該廟所立〈天皇廟不動明王安座〉說明牌描述，祀神不動明王為西元1935年（昭和10）因開闢產金公路所興建，此說對照鹽月桃甫於1922年遊記中的描述，顯示這座石佛建立的時間仍有商榷之處。此外，說明牌也指出，目前安奉的不動明王石佛已非日治時期供奉之石佛，而是1951年重新雕製。參照：林松文〈天皇廟不動明王安座〉（1993）；鹽月桃甫〈太魯閣めぐり〉，頁22-25。

圖50 臺北新高野山弘法寺的地藏石佛（臺北天后宮）

　　接著，石佛設立的紀錄再回到臺北地區，西元1919（大正8），居住於臺北萬華一帶的岡重太郎[174]，發願於新高野山弘法寺（今臺北天后宮）境內設立一座地藏菩薩石佛（圖50）。岡重太郎本身為石匠，從該年春天起著手雕刻，到了11月24日完成作工細緻的石佛雕像，於當日上午10點在弘法寺舉行開眼供養法會[175]。同年12月，有位居住於臺北後菜園街的日本人梅本安之介，突然獲得一筆預期之外的金錢，心裡對此過意不去，便從中捐出金額300元，希望設置一座地藏菩薩於臺北市三板橋火葬場內，以作為撫慰客死異鄉的友人亡靈、孤魂野鬼以及莊嚴道場之用。不過這樣的構想提出之後卻未獲得政府的認可，於是只好將地藏石佛改設在圓山臨濟寺的境內。這座石佛於12月1日，由臺灣布教監督山崎大耕之下的臨濟寺全山僧侶舉行開眼法會[176]，正式安座於臨濟寺大殿後方。根據田野調查的確認，現存於臨濟護國禪寺大殿後方那座雙手合掌的地藏菩薩石佛（圖51），即為西元1919年12月當年由梅本安之介所造立的石佛。目前在這座地藏菩薩石佛的基座正面，可見「為有緣、無緣精靈菩提也」銘文，基座反面則依稀判讀出「大正八年十二月梅本安之介」的銘文字樣，透過採集自石佛的金石銘文解讀，再對照《臺灣日日新報》報導描述之內容，讓這座由在臺日人發願造立的石佛源委忠實獲得還原。

173　臺灣總督府臨時臺灣舊慣調查會《蕃族調查報告書第一冊》（臺北：臨時臺灣舊慣調查會，1917），頁7。

174　《臺灣日日新報》1901年05月31日，第五版。

175　《臺灣日日新報》1919年11月24日，第五版。

176　《臺灣日日新報》1919年12月04日，第三版。

圖51 臨濟寺的合掌地藏石佛（臺北臨濟護國禪寺）

（二）蓬勃發展的日治中期

西元1923年（大正12），新竹地區出現了一則至今前所未有的石佛造立模式，新竹街老義會會員為了在新竹街西門外的新竹真言宗布教所（新竹弘法寺）境內設立一座地藏菩薩石佛，計畫以舉行淨琉璃大會的形式來募款[177]，擇西元1923年2月8日於新竹座上演義太夫會[178]。這項活動獲得了廣大觀賞者的支助，隨即以這筆收入向兵庫縣御影地區的石匠訂購一座地藏菩薩石佛。該年4月27日上午，新竹街老義會會員在新竹弘法寺境內的石佛設置地舉行地鎮祭，以利基礎工程的進行，預計逢弘法大師降誕1150年的6月15日前完成地藏菩薩石佛的開眼供養法會[179]。

這項石佛造立的計畫，如期在6月15日當日，配合新竹真言宗布教所既定的弘法大師降誕1150年慶讚大法會，舉行地藏菩薩石佛的開眼供養。根據《臺灣日日新報》的報導描述[180]：中午起，首先進行誕生佛甘茶濁沐式，下午1點起，舉行地藏菩薩石佛開眼除幕式，儀式結束後灑麻糬表示慶祝。至於弘法大師降誕1150年慶讚大法會，則從晚上6點開始，7點進行奉讚演講，最後在8點以後，以淨琉璃藝能演出、煙火施放等形式來為這場慶讚暨石佛開眼法會畫下句點[181]。透過上述的描述內容，以民眾為主導的石佛建造與寺院發起的祀神宗教祭儀併行辦理，顯示出石佛具備有的庶民性格。

日本石佛在臺灣的發展軌跡，從明治末葉首度出現設置於臺北三板橋墓地的六地藏石佛起，全數因祈願、奉納、供養等因素，屬設立於寺院境內或路旁的單一型態石造佛像。不過到了西元1925年（大正14），在居住於臺北的鎌野芳松、平尾伊三郎、大神久吉、二宮實太郎、尾崎彌三郎等5位共同發起之下，在臺北周邊設置了「臺北新四國八十八所靈場」，以88座石佛作為四國八十八所巡禮札所的模式，產生臺灣第一座的石佛群宗教設施（圖52）。如此以石佛作為地方靈場本尊的設置手法，一時之間蔚為流行，當臺北新四國八十八所靈場設置完成的隔年，臺北新西國三十三所靈場隨即成立於臺北近郊的觀音山麓[182]。由33座觀音石佛構成的巡禮札所，將日本西國觀音巡禮的文化移植入臺，緊接著在西元1928年（昭和3）、西元1929年（昭和4）前後，宜蘭的「新西國三十三所觀音靈場」、新竹的「新西國三十三所觀音靈場（圖53）」與基隆的「新西國三十三所觀音靈場」相繼成立[183]，這三個巡禮靈場同採以石佛作為巡禮札所的象徵，可謂典型地方靈場本尊的複數石佛類型。

---

177 《臺灣日日新報》1923年02月04日，第一版。

178 義太夫（ぎだゆう）為江戶前期由大阪的竹本義太夫為首所開創的一種淨琉璃的表現形式，目前屬於日本重要無形文化財。

179 《臺灣日日新報》1923年05月31日，第四版。

180 《臺灣日日新報》1923年06月14日，第九版。

181 《臺灣日日新報》1923年06月17日，第四版。

182 關於日治時期傳入臺灣的日本巡禮文化及巡禮札所石佛的研究，筆者已另闢〈聖地移植：日治時期巡禮文化的發展與變異〉一文進行說明，因此在本文中即不再詳細做討論。（《2011東方文化遺址保護聯盟臺北國際學術研討會論文集》，臺北：國立臺北藝術大學，2012）。收錄為本書第一章內容。

183 《臺灣日日新報》1926年07月03日，第四版；《臺灣日日新報》1930年10月17日，第五版。關於巡禮系統日本石佛方面的研究，可參閱拙稿〈高雄市鼓山區千光路日本石佛「再出土」的考察〉，頁135-165；與拙稿〈聖地移植：日治時期巡禮文化的發展與變異〉。

圖52 臺北新四國靈場札所石佛（臺北臨濟護國禪寺）

圖53 新竹新西國觀音靈場札所石佛（新竹十八尖山）

　　伴隨著複製四國遍路、西國巡禮的地方靈場出現，臺灣可見的日本石佛不僅數量邊增，類型也從日本統治臺灣初期十餘年間，僅出現於臺北、花蓮、新竹等地的地藏菩薩、觀世音菩薩、弘法大師等石佛類型，在西國靈場帶來的十一面觀音、如意輪觀音、馬頭觀音等日本密教系統的六觀音與花山院法皇（圖55），或者伴隨著作為四國靈場札所本尊的大日如來、阿彌陀如來、虛空藏菩薩、毘沙門天等過去尚未出現於臺灣的日本石佛類型，紛紛接踵進入臺灣。事實上，就在數座石佛群先後成立之際，單一石佛的造立傳統仍持續傳承著。譬如西元1925年（大正14）5月，在北投開設「星乃湯」旅館的佐野庄太郎，為了祈求事業順利，擇北投山區開鑿洞窟，安奉不動明王石佛一座（圖54），名為「上北投成田不動明王祠」[184]。又西元1926年（大正15）7月24日《臺灣日日新報》，報導了基隆市久寶寺境內的子育地藏舉行供養法會的情形[185]。隔年8月，位於花蓮玉里的淨土宗教會所，為祈求皇后順利安產，每日製作一座鋼筋水泥的地藏菩薩以為祈禱，此石佛高約1尺5寸，並將此帶有喜氣之物，免費提供給信徒索取[186]。在基隆與花蓮這兩座地藏石佛以及北投的不動明王石佛設立事蹟之中，反映出石佛蘊含的宗教意義已開始有了變化，設於基隆久寶寺境內的地藏菩薩石佛名稱，冠有「子育」二字，表現出這座地藏具有的靈驗特徵。上北投成田不動明王祠一稱，反映出這座不動明王石佛承襲著日本成田山不動明王的信仰體系[187]；至於花蓮玉里淨土宗教會則是為了祈求安產而製作地藏，更將石佛視為吉祥物提供給信眾，這幾項特徵皆是該階段前設立於臺灣的日本石佛中所少見之處。

　　西元1931年（昭和6）4月25日，號稱臺灣第一大的地藏菩薩石佛正式被安奉於北投鐵真院境內，這座石佛的設立出自於該寺院鈴木住持，當時鈴木住持已高齡75歲，深感來日不多，便自費委託日本國內的石匠打造地藏石佛以為紀念（圖56）。這座「子安地藏」連同蓮座高達1丈之高（約3公尺），在製作完成後從日本國內運抵臺灣，4月24日上午11點半舉行揭幕暨開眼儀式。這場難得的石佛安座儀式，吸引了關心溫泉之鄉北投的人們、小學生、民間有志之士，以及詠歌講、佛教婦人會等男女老少的參與，場面盛況空前，可謂當時北投地區的一大盛事[188]。在典禮舉行前日的《臺灣日日新報》中，更以「**臺灣第一的大地藏菩薩的建立**」[189]斗大的標題加以報導（圖57）。在北投這項石佛造立的事蹟中，顯示出石佛建立的目的，除了常見的祈願、追悼等宗教性的功能取向之外，紀念性的建造也成為了石佛設立的理由。一方面，如同前述建設於基隆久寶寺的子育地藏，鐵真院鈴木住持所設立的地藏石佛，明確地定名為「子安地藏」，顯示出在這個時期前後，人們建造石佛所寄託的宗教期待，已從過去的信仰崇拜朝祈求特定的靈驗導向而發展。就在北投子安地藏建造的數年前，高雄也發起了一項興建大型並具特定靈驗導向石佛的計畫，西元1928年（昭和3）10月，高

184　許陽明〈走尋北投溫泉守護神〉（《北投社雜誌季刊》5，1997），頁7-9。
185　《臺灣日日新報》1926年07月24日，第二版。
186　《臺灣日日新報》1927年09月09日，第五版。
187　成田山不動明王信仰源自平安時期朝廷為平定平將門之亂，將弘法大師雕刻的不動明王像從京都的神護寺移到東國安奉，進而順利平定此亂。此後在今日的千葉縣成田市一帶，設立伽藍名為成田山新勝寺。該寺創建以來一直是東日本最重要的不動明王信仰聖地，俗稱成田不動。
188　《臺灣日日新報》1931年04月25日，第七版。
189　《臺灣日日新報》1931年04月22日，第七版。

圖54 上北投成田不動明王石佛（北投不動明王寺）

圖55 花山院法皇石佛（臺北觀音山）

圖56 鐵真院子安地藏石佛（北投普濟寺）

雄市真言宗布教所僧侶松尾靈澄發起在南臺
灣重要航運交通樞紐的高雄港灣上，建造一
座巨型的「波切不動明王」石佛，以庇祐往
來船隻的航行平安。松尾靈澄提出的這項計
畫雖獲得相關人士的認同，不過因規劃的不
動明王石佛尺寸，單就石佛的像高就有1丈
5尺（約4.5公尺），若加上基座將高達60尺
（約18公尺）[190]。如此規模的石佛建造需要
龐大的資金，發起者計畫透過募款來籌募，
關於這項石佛建設計畫，筆者根據《臺灣日
日新報》等相關文獻及田野調查的確認，無
法再取得後續的訊息，推測此計畫最終極可
能受限於經費而未能實現。

　　日治中期之前在臺灣中南部一帶，由
民眾發起建設日本石佛的紀錄，除了上述

圖57 臺灣第一大地藏[191]

的高雄港波切不動明王石佛之外，幾乎未見有任何相關的報導或遺跡[192]。臺北在西元1929年
出現一座由亡者家屬為供養親人亡靈所設立的聖觀音石佛，這座高達1丈（約3公尺）以花崗
石打造的觀音石佛，擇西元1929年7月21日於臨濟寺內舉行石佛開眼法會，是在臺北經營旅
館及運輸業的日本富商館野家族為供養館野弘六所建[193]。南臺灣直到西元1930年（昭和5）3
月9日出現於《臺灣日日新報》的「かつぎ屋樓主們的發起將在自殺勝地的臺南運河設立供
養的地藏堂」斗大標題，宣告南部地區將出現一座日本石佛。這則報導用了相當大的版面，
說明此興建計畫的緣由。臺南運河的歷史可上溯到清道光年間，日治大正年間，因古運河淤
積喪失水運機能，便在古運河南側新闢一條連接臺南與安平的新運河。新運河自西元1922年
（大正11）開鑿，歷經4年工期，完成全長約3782公尺、寬37公尺、深1.8公尺的運河。運河
的開通讓外海的船隻能夠直達臺南市區，便利物資的流通；一方面，運河兩旁種植了花草樹
木，讓運河周邊成為了市民休閒娛樂的場所[194]。不過在運河開通不到五年間，這個已成為臺
南新名勝的臺南運河的碼頭一帶，卻已經有不少人在此喪命，儼然讓此處成為新的自殺勝
地。面對不絕的水流屍體，和田武次郎與鄰近的新町遊廓樓主們便發起建造地藏菩薩的計
畫，號召臺南市內有志人士支持，共募集了5000圓。石佛的設置地點在與市政府協調下，決
定蓋在填河造路地南側的一處約4-5坪大的草地，石佛高約1丈（3公尺），將安設於石蓮臺
上，石佛朝運河方向，預計在該年4月上旬完工，並舉行盛大的除幕儀式[195]。

190　《臺灣日日新報》1928年10月26日，第八版。

191　《臺灣日日新報》1931年04月25日，第七版。

192　在屏東東山禪寺內現存一組六地藏石佛，根據石佛的金石銘文判別，這組六地藏極可能建造於1917年（大正
　　　5），不過關於建造者、建造緣由及安奉原址等相關訊息，尚無法完整判別。

193　《臺灣日日新報》1929年07月22日，第七版。

194　加藤光貴《臺南市讀本》（臺南：臺灣教育研究會，1939），頁25-27。

195　《臺灣日日新報》1930年03月09日，第二版。

　　不過這項從石佛建設至落成的整體規畫，卻因經費問題不足而導致工期延宕，發起者為了順利達成這項計畫，首先將石佛尺寸調整為6尺（1.8公尺）[196]，並利用臺南市舉行納涼大會時進行募款。在募得的1300圓挹注下，石佛建造工程得以持續，預定於西元1932年（昭和7）7月16日舉行石佛開眼落成及普渡法會（圖58）。在石佛建造的這段時間，發生於臺南運河的投河自殺案件仍相當頻繁，政府為了防範再有人投河自殺，也在運河旁設置警告牌，並增設電燈來照明運河[197]。這座石佛如期在7月16日晚上完成安座開眼儀式，雖然推動這座地藏石佛設立的力量，主要仍來自居住於臺南地區的日本人，不過從《臺灣日日新報》連日來數度大篇幅的報導，甚至除了在日文版刊登這項報導之外，也同步刊載於該刊漢文版的情形，顯示這項民間性的活動所受到的矚目。

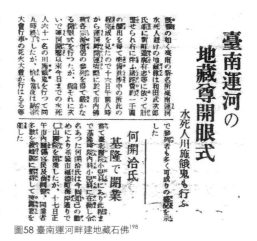

　　臺南運河。自大正十五年開鑿以來。迄今七年間。投身該河被溺死者。達四十餘名。就中猶以女性居多。綜厥原由。除殉情相謀覓死者兩三組外。餘獲因生計窘迫。或謀事失意或被遺棄。大都為厭世之自殺。週來益見其多。市人士。屢謀防止。恒苦無策。這番新町遊廓主人及市有志。為期防止之助力。特於開運橋畔。建置一地藏王像。擇十六晚八時。延市內寺院僧眾。舉開眼式。竝追薦亡魂。而市有識人士。以斯舉權屬幻想究於事何補。此際欲期防止上得收實效之法。無過於從速派警駐防云[199]。

圖58 臺南運河畔建地藏石佛[198]

　　以上是刊載於《臺灣日日新報》漢文版的報導內容，詳細地從石佛設立緣由、籌設過程、落成法會，在文末也對此事件進行了評論。這座為了供養落水亡靈所設的地藏菩薩石佛，設置地點位於運河畔的開運橋邊[200]，由於舉行時間正逢臺南市納涼大會閉幕的煙火施放，因而也吸引眾多民眾前來觀禮。這場石佛安座及開眼儀式，是由臺南市日本佛教各宗派僧侶共同主持，活動在順利為地藏菩薩石佛開眼賦予靈性之後，接續為運河開通以來落水往生的61名亡靈，辦理一場名為川施餓鬼的供養法會，期盼藉此平息不斷上演的跳河自殺事件[201]。只不過在這場盛況空前的安座開眼活動圓滿落幕的兩個月後，《臺灣日日新報》漢文版出現：「臺南運河老翁自殺為建地藏王像後初次投水原因皮鞋商經營乏利[202]」報導標題，而日文版更以「沒有靈驗的地藏尊　臺南運河又添一名落水亡靈[203]」，描述石佛興建之後首

196　《臺灣日日新報》1931年08月11日，第三版。
197　《臺南新報》1932年04月24日，第四版；《臺灣日日新報》1932年04月26日，第四版；《臺灣日日新報》1932年07月10日，第八版。
198　《臺灣日日新報》1932年07月19日，第三版。
199　《臺灣日日新報》漢文版1932年07月17日，第四版。
200　日治時期的開運橋因橋板塗上黑色柏油，所以被俗稱為烏橋。開運橋為臺南運河上最早搭蓋的橋樑，目前已被改建為鋼筋水泥橋，並更名為新南橋，現址位於臺南市西區府前路上。
201　《臺灣日日新報》1932年07月19日，第三版。
202　《臺灣日日新報》漢文版1932年09月19日，第八版。
203　《臺灣日日新報》1932年09月20日，第三版。

度發生的自殺落水事件。接著在半年之後，「臺南運河祀地藏王後投死仍多[204]」標題再度登
上《臺灣日日新報》漢文版，這則報導內容指出在地藏石佛設置之後，不僅無法減少跳河自
殺者，反倒前往運河自殺的多為兩人相攜，指責神佛缺乏靈驗性。該則新聞具體描述的投河
自殺者，皆為臺南本地的臺灣人[205]，並非積極為該座石佛創設奔走的日本人；但是報導對此
事件的評論，顯示安設地藏菩薩石佛以發揮靈驗的期待，已是當時社會輿論共同的認知。此
外，透過臺南運河石佛這則事蹟經過，顯示日本石佛設置不僅成為了地方共同的事務，同時
也無嚴密的宗派區分，這點可從安座開眼儀式出自臺南地區日本佛教各宗派僧侶共同主法的
情形獲得印證。

西元1932年（昭和7）前後，為了遏阻或減少臺南運河再發生投河自殺的意外，民眾發
起在臺南運河畔設立地藏菩薩石佛，不過，當這座石佛開眼安座不久，媒體輿論即開始藉由
現實事件來議論設置石佛所能發揮的效益。在此突顯出興建石佛可降低甚至遏阻自殺這樣的
觀念，可說是石佛被賦予的宗教層次的期待，這樣的信仰觀可上溯到日本人庶民信仰中對於
石的崇拜。非常巧合的是，就在《臺灣日日新報》接連刊載臺南運河畔地藏菩薩石佛設立有
關的報導之際，正好也報導了伊豆大島地區，為了防止自殺者而在三原山設置地藏菩薩石佛
的新聞[206]，顯示出以造立地藏菩薩石佛來遏阻自殺的型態在此時期仍相當受到期待。

（三）逐漸沒落的日治晚期

日治時期日本佛教宗派在臺的傳教布道濫觴，可上溯到日本統治政權正式領臺不久的
1895年下半葉[207]，在至今所梳理的日本石佛設置情形中，顯示多數的主導者皆為一般民眾，
不過亦有零星的石佛設置推動者為僧侶，譬如西元1933年（昭和8）由馬公妙廣寺住持戶田
義道推動於馬公火葬場旁設置地藏菩薩石佛即為典型一例。妙廣寺位在澎湖島馬公市區，為
日本佛教臨濟宗妙心寺派所屬的寺院，此處雖位於偏遠離島，不過臨濟宗妙心寺派前往布教

204　《臺灣日日新報》漢文版1933年03月20日，第八版。
205　《臺灣日日新報》具體地描述石佛設立後的投河自殺者，原文為：「有新豐郡關廟庄臺車夫楊傍方偕其情婦
　　　竟死於斯。而被救。詎知十八朝二時許又有躍下臺南製冰工廠前之該河。仍被救起者。查投水者係市內明治
　　　町三丁目。石火生妻。石黃氏新來。年二十四。女向為喫茶店之女侍。數年前與石結不解緣。遂進而為夫妻
　　　然女有母。賴其瞻養。顧女仍操所業。石則營石版所。近因虧本停歇。乃出求職於高雄。臺中等處。終不得
　　　如意。日昨歸來。是夜與女散策市中。於論談間。涉嫌女有外遇。語含諷相譏。女忿恨之餘。遂走投運河。
　　　石亦踊踪而至。隨之躍下將拯救。以不諳水性。幾同滅頂。幸製冰工廠人夫杜平。行經其地急為救起。兩俱
　　　以不死。新町警所員聞報。亦馳至現場。略多說諭。旋令其歸去休養云。」（《臺灣日日新報》漢文版1933
　　　年03月20日，第八版。）
206　《臺灣日日新報》1933年03月13日，第七版。
207　關於日治初期日本各宗派的傳教佈道軌跡，請參照：松金公正〈殖民地時期台湾における日本仏教寺院及び
　　　説教所の設立と展開〉一文。就個別宗派的布教發展軌跡的討論，真言宗方面，可參考：闞正宗〈真言宗在
　　　臺開教史—兼論戰後寺宇存廢〉（《護僧》56，2009），頁14-34。與拙稿〈高雄市鼓山區千光路日本石佛
　　　「再出土」的考察〉，頁135-165；臨濟宗、曹洞宗部分，可參考：釋慧嚴〈日本曹洞宗與臺灣佛教僧侶的互
　　　動〉（《中華佛教學報》11期，1998），頁119-153；松金公正〈日本統治期における妙心寺派台湾布教の變
　　　遷：臨済護国禅寺建立の占める位置〉（《宇都宮大学国際学部研究論集》12，2001），頁137-162；淨土系
　　　統方面，請參閱：釋慧嚴〈日治時代來臺淨土宗的開教事業〉，頁35-63；松金公正〈真宗大谷派による台湾
　　　布教の変遷：植民統治開始直後から臺北別院の成立までの時期を中心に〉（《アジア・アフリカ言語文化研
　　　究》71，2006），頁57-111等論著。

圖59 千光路石佛（高雄鼓山）

的時間甚早。早在西元1897年（明治30）即有大崎文溪到此展開布教活動，到了西元1910年（明治43），妙廣寺正式獲得本山的認可[208]，成為馬公地區重要的佛寺聖地[209]。西元1933年（昭和8）5月，妙廣寺住持戶田義道計畫在馬公火葬場旁設置石佛，因而向臺北訂購了一座地藏菩薩石佛，這座石佛在該年5月13日送達馬公，並於5月25日完成石佛開眼儀式，吸引眾多信徒前來觀禮參拜[210]。這座石佛的設立，除了是筆者至今掌握的相關資料中，少數由寺院僧侶發起的石佛建造之外，從日本石佛在臺的傳承發展面向而言，這座安奉於火葬場以供養亡靈的地藏石佛，應為日治時期第一座設於臺灣本島以外的日本石佛。

西元1937年（昭和12）4月，在高雄市真言宗打狗支部布教所境內，建立了一座正面刻上「西國第一番」銘文，背面明確刻有造立者的如意輪觀音石佛（圖59），根據石佛型態與銘文的解讀，顯示此石佛即可能屬於西國靈場巡禮的札所石佛之一。這座如意輪觀音的造型特徵與西國第一番文字，反映石佛代表的是西國觀音巡禮靈場第一番那智山青岸渡寺的札所象徵；除此之外，再根據石佛背面刻載的銘文內容判讀，顯示這座石佛也兼具供養目的[211]。這座因2010年底一處日式住宅拆除事件，意外讓這座建立於西元1937年的如意輪觀音石佛重見天日，此事蹟不僅反映出日本人建立石佛的傳統於日治時期也曾帶入高雄。一方面更顯示出當時由日本本土移植入臺的西國觀音靈場巡禮文化，除了大正晚期起陸續落腳於北臺灣的臺北、宜蘭、基隆、新竹以外，在略晚近十年的南臺灣高雄，極可能也曾設有一座西國觀音巡禮的地方靈場。

日治晚期隨著戰事日亦緊繃，加上內外局勢的動盪，深刻地影響到一般人民正常的生活，導致關於此時期石佛設立的事蹟，不論就文獻或田野考察所能掌握的事蹟皆相當稀少，其中唯有西元1939年（昭和14）3月，由米澤國粹、井上義晴、平松德松三名發起的新店溪川端橋[212]畔（今中正橋）的地藏石佛建立事蹟最具代表。米澤國粹等人因看到臺北市民夏季戲水的樂園新店溪近年來多次發生溺水事件，在徵得川端町會的支持下，計畫在川端橋旁設立一座石佛，名為「延命地藏大菩薩」，以弔祭水難亡靈並平息災難（圖60）。該年3月24日下午4點，在西本願寺別院為主體，並聚集了圓通寺、了覺寺、弘法寺、法華寺僧侶，盛大為地藏菩薩石佛舉行除幕與入佛儀式。這座地藏石佛高約3尺5寸，加上基座總長達7尺5寸，壯觀的外觀讓這座石佛成為了當地著名的景點，當天這場活動除了當地居民的與會之外，也吸引了來自基隆、新竹的參拜者專程前來[213]。這座由地區住民為供養水難者所設立的地藏石佛，在隆重完成安奉開眼法會後，除了其壯觀的外觀成為當地的一項景點，石佛具有

208　仏教タイムス社《明治百年紀念・佛教大年鑑》（東京：仏教タイムス社，1969），頁197。

209　妙廣寺在當地政府機關及定住於澎湖日本人具有的重要性，可從該寺數度承辦軍警殉難追悼法會，以及數度負責官員、富商之喪禮舉行的情形獲得印證。具體而言，如西元1920年的「警察官招魂祭」、1940年的「英靈追悼會」，與西元1929年、1935年分別為海軍御用商店女婿及澎湖廳水產係長之母舉行喪禮。參照：《臺灣日日新報》1920年04月14日，第四版；《臺灣日日新報》1929年12月14日，第五版；《臺灣日日新報》1935年08月06日，第五版；《臺灣日日新報》1940年07月06日，第五版。

210　《臺灣日日新報》1933年06月30日，第三版。

211　關於西元1937年設置於真言宗打狗支部布教所內，有就是在2010年因屋舍拆除重見天日的千光路石佛的來龍去脈，在本書第五章中有完整的說明。

212　川端橋完成於西元1937年，現址成為今日那座橫跨新店溪，連接臺北市與新北市永和區的中正橋。

213　《臺灣日日新報》1939年03月23日，第二版；《臺灣日日新報》1939年03月25日，第七版。

的宗教意涵更吸引民間宗教組織定期前來參拜。譬如在西元1943年8月24日《臺灣日日新報》的報導，即描述善光寺御詠歌奉公會在此日一如往年，來到位於川端橋畔的延命地藏菩薩前，舉行地藏盆的宗教活動，追思供養不幸遭遇水難往生者[214]。這則報導中所提到的善光寺御詠歌奉公會是位於北投地區的淨土宗善光寺信徒所組成的宗教團體，這座寺院不僅與川端橋一帶無明顯的地緣關係，信徒所屬的善光寺在石佛落成當年，也無派遣僧侶為延命地藏大菩薩石佛安奉的開眼主法。顯示石佛設置後所構成的宗教場域，確實不存在特定宗派或教義色彩，是真正屬於一般民眾參拜崇信的信仰依歸。

圖60 川端橋旁造立地藏石佛[215]

　　總的來說，在依據相關文獻為主，田野資料為輔之下，針對日治時期的石佛造立完成初步的歷史性考察，從中大致可歸納出以下數點：其一，石佛文化傳入臺灣的發展途徑，不僅與日本佛教宗派於臺灣各地布教發展的時間點差異頗大，設立的宗旨多數來自於達成設立者的祈求或心願，而非為了個別宗教信仰的布教所設立。譬如西元1905年為祈求旅居北投日本人發展繁榮的湯守觀音石佛，湯守觀音設立之際，臨濟宗妙心寺派位於北投地區的布教寺院鐵真院尚未設立。西元1925年為提供無法回日本四國地區進行宗教巡禮所開創的臺北新四國八十八所巡禮靈場的札所石佛，其設立地點雖位於臨濟宗妙心寺派下的凌雲禪寺與西雲寺附近，不過主導該靈場事務者多數為真言宗新高野山弘法寺的信徒。再者，西元1932年臺南運河畔為供養落水亡靈所設的地藏石佛，不論就創立者、造立計畫或是設置地點，皆與臺南市內各佛教宗派的布教事務無直接的關聯性。

　　其二，石佛造立的主導發起人，多數為一般民眾，即使有部分石佛造立者出自某佛教教派的僧侶，石佛設立所需的財力或人力仍仰賴於一般民眾資助。例如：西元1905年北投湯守觀音的造立，西元1925年、1926年設立於臺北地區的新四國八十八所靈場及新西國三十三所巡禮靈場石佛，或是西元1932年、1939年分別設立於臺南運河及川端橋畔的地藏石佛。就這些石佛造立主要發起者的背景屬性，以及主持開眼儀式的僧侶構成，皆明確顯示出石佛造立與佛教宗派並無直接的關聯性。其三、石佛造立的主導者皆為在臺日人，未見有臺灣人的參與，這個部分不僅可參照前篇幅所列舉的石佛造立相關報導，或透過石佛基座的銘文判讀比對皆可確認。顯示今日在臺所見的日本石佛，是日本人來到異地之後，一併將原鄉熟悉的宗教造型傳統移植入臺的結果。石佛有別於供奉於佛寺大殿內的佛像，可謂庶民祈求最忠實的

214　《臺灣日日新報》1943年08月24日，第三版。
215　《臺灣日日新報》1939年03月25日，第七版。

呈現，最明顯的表徵反映於石佛的名稱與安奉的位置上。譬如西元1905年設置於北投那座冠有「湯守」一稱的觀音石佛，或是西元1926年基隆市久寶寺境內舉行法會的「子育」地藏，西元1931年造立於北投的「子安」地藏，以及西元1939年安奉於川端橋畔的「延命」地藏，這些都忠實反映出日本石佛獨有的信仰特徵。

四、石佛的信仰型態與其造型

前章節，順著日本石佛傳入臺灣的歷史縱向，描述各個石佛的建造緣由、過程及相關儀式內容，藉此理解日本石佛於50年間在臺灣民間所呈現的傳承發展軌跡。一方面，藉由梳理各時期石佛造立發展樣態的過程，也讓這些於日治時期經由庶民之手所造立的石佛類型輪廓更為明顯。基本上就以地藏菩薩、觀世音菩薩、不動明王這三大類，在石佛造立事蹟、數量及信仰發展上最具豐富。除此之外，如：大日如來、弘法大師、辯才天、藥師如來、阿彌陀三尊等類型的石佛，也伴隨日本人的庶民信仰來到臺灣。接下來將以田野資料為主軸，由信仰、造型的角度針對日治時期造立的日本石佛進行考察。

（一）地藏石佛

以救度眾生為弘願的地藏信仰及其造像的歷史，在日本至少可上溯到奈良時期（710-794），八世紀的正倉院文書中已出現《大乘大集地藏十輪經》這部經典。平安時期（794-1185），在遣唐僧陸續傳入地藏經典的推波助瀾下，地藏信仰逐步地普及，不僅利用木材造像，石造的地藏菩薩也開始出現。進入到鎌倉時期（1185-1333），地藏石佛開始散佈至日本列島各地，左手持寶珠，右手握錫杖的地藏形象散播普及。江戶時期，地藏信仰充分地融入庶民社會，成為承載庶民心願的表徵，地藏菩薩被賦與了延命、安產、子安、息災等護佑之能[216]，進而掀起一波前所未有的地藏石佛造立風潮。石造的地藏菩薩像（圖61），大量被造立於寺院周邊、路口、街道旁、墓地等處。一方面，地藏信仰的神話傳說在與幼童及賽之神、道祖神等庶民信仰結合下，地藏菩薩也被視為幼童、旅人的守護之神[217]。地藏信仰在與庶民生活構成的緊密關係之下，讓地藏成為民眾最親近的佛菩薩，日本的地藏菩薩在民間擁有「地藏先生（お地藏さん）」如此親切的暱稱，可謂庶民信仰中最親民的佛菩薩，促使地藏一詞宛如石佛的代名詞一般。

地藏信仰在揉合了豐富的歷史積累及庶民社會要素之下，造就出地藏石佛豐富多樣的造型表現，從最常見的左手持寶珠，右手持錫杖的立身僧侶相貌的地藏石佛，或是左手持寶珠，右手呈與願印、施無畏印、雙手合掌，立足於蓮花座上地藏石佛的地藏形象。到了江戶時期前後，隨著地藏信仰與庶民社會緊密的結合，地藏石佛不僅成為一般民眾崇信的有求必應之神[218]，更藉由石佛的命名與造型表現，寄予一般民眾的祈求與心願，實現庶民社會之現世利益。根據鈴木正晴《日本の地藏》一書的統計[219]，出現於日本民間的地藏石佛名稱多達

216　宮次男〈地藏信仰〉《觀音‧地藏‧不動 民眾のねがい》（東京：集英社，1989），頁83-97。
217　田中久夫《地藏信仰と民俗》（東京：岩田書院，1995），頁17-23。
218　日本石佛協會編《日本石仏図典》，頁153-157。
219　鈴木正晴《日本の地藏》（東京：每日新聞社，1974）。

圖61 日本的地藏石佛（日本・和歌山）

圖62 京都東山的首振地藏（日本・京都）

248種以上，舉凡延命地藏、子安地藏、子育地藏、安產地藏、豐作地藏等，都是常見的地藏石佛。而地藏石佛的造型也從手持寶珠、錫杖或結印、合掌，隨著各個被賦予的祈願、靈驗、造立緣由，而出現抱孩童、穿甲冑、持蓮花、香爐、念珠、幢幡、腳踏岩石、乘舟、騎馬，以一尊或是三尊、五尊、六尊、百尊、千尊為單位的造立情形。就命名而論，除了前述的幾種常見的地藏石佛名稱，日本各地皆傳承著特殊的地藏信仰，譬如埼玉縣川越市廣濟寺內供奉一座專治牙痛的「無腮地藏」，東京都涉谷區商店街內有一座「酒吞地藏」，石川縣金澤市有一座「水除地藏」，京都市東山區清水寺前有一座「首振地藏（圖62）」，京都市上京區有「釘拔地藏」、高知縣南國市有座「酒斷地藏」，熊本縣人吉寺則有一座治療耳病的「挖耳地藏」等。這些冠有特殊名稱的地藏石佛，隨著石佛具有的靈驗或設立緣起，成為各傳承地域中最貼近民眾祈求的信仰對象，這樣的信仰表現特別是在江戶時期最為發達。

日治時期在臺造立的地藏石佛（圖64），不論就其型式、造型、信仰特徵等要素，基本上與日本本土造立的地藏石佛型態並無二致，可謂日本庶民信仰文化完整移植的一事例。首先以地藏石佛造立的型態而論，日治時期造立於臺灣的地藏石佛以單獨的造像居多，唯出現複數造立的地藏石佛為西元1905年建於臺北市內的三板橋日本人共同墓地入口處，與現存於屏東市東山禪寺內的六地藏石佛（圖65），以及作為新四國靈場巡拜札所本尊的地藏石佛[220]。其他譬如今日座落於臺北市西門町天后宮前庭的數座地藏石佛，不僅非當年安奉時的狀態，在參照各石佛的造型特徵、樣式風格與口訪調查，皆顯示這些石佛應屬於數個單獨造像所集合而成，而非日本國內可見的地藏三尊或五地藏的石佛型態。日治時期，地藏石佛之所以廣受日本人引進，個別造立於臺灣各地，歸納各石佛設立之成因，大致可歸納出：「供養、息災、濟度、紀念、祈願、教化、與路徑守護」等目的，這與日本各地的地藏石佛造立目的幾乎一致。譬如前述西元1905年設立於三板橋日本人共同墓地的六地藏石佛，守護著日治時期臺北市內最大的日本人墓園。同樣的，西元1933年由馬公妙廣寺住持倡議造立於馬公街火葬場旁的地藏石佛，位於基隆市三坑地藏王廟內那座原安奉於日本人墓地旁的立身手持寶珠的地藏石佛，以及現存於宜蘭圓明寺內的地藏石佛[221]（圖63），其造立目的皆屬於「路徑守護」及「濟度」。

圖63 圓明寺內的地藏石佛[222]（宜蘭）

220　在四國靈場的88座巡拜札所之中，共有6處是以地藏菩薩為本尊，分別為第五番勝軍地藏菩薩、第十九番延命地藏菩薩、第二十番地藏菩薩、第二十五番延命地藏菩薩、第三十七番地藏菩薩與第五十六番地藏菩薩。

221　現安奉於宜蘭圓明寺內的地藏石佛，造立於1926年（大正15），這尊石佛原位於宜蘭南方澳的墓地內，據說一位居住於南方澳的商人，認為自己與這尊地藏石佛有緣，在事業成功後將這座石佛遷移到圓明寺內安奉，參照：吳芷筠、黃泰郎採訪〈宜蘭佛光山圓明寺保留日據時代佛像〉《雪隧新聞》2011年11月02日。補充說明的是，在這座石佛基座上可見「臺北市藤原石店」一行銘文，這是現存臺灣的日本石佛中少見有石匠落款之作，藉此顯示在大正年間，已有日本石匠來臺創業造立石佛。

222　舊台灣日本寺院等調查委員會《台灣開教の步み》（東京：日華佛教文化交流協會，1989），頁123。

圖64 仙洞巖內的地藏石佛（基隆仙洞巖）

圖65 東山禪寺的六地藏石佛（屏東東山禪寺）

　　又例如西元1919年，由居住於臺北的日本人梅本安之介捐贈，原希望設於臺北市三板橋火葬場內，卻因未獲許可而改建於臨濟寺內的圓雕立身、雙手合掌的地藏石佛，從石佛基座上的「為有緣、無緣精靈菩提也」銘文與《臺灣日日新報》的報導[223]，顯示石佛造立的目的在於「供養」。同樣在西元1919年末，居住於臺北市內的石匠岡重太郎，自己雕刻一座地藏石佛安奉於新高野山弘法寺內，這種向寺院捐獻石佛的情形除了岡重太郎當年奉納的地藏石佛之外，在今日臺北天后宮內（原新高野山弘法寺舊址），還留存了數座立身的地藏石佛。同樣的情形也出現於新竹，西元1932年在新竹街老義會會員集資及募款下，在新竹真言宗布教所（又稱新竹弘法寺）境內造立一座地藏石佛，這兩座石佛造立屬於「祈願」目的，不過再從新竹這座石佛的安奉開眼時程配合著弘法大師降誕1150週年的時間而舉行，顯示這座石佛的造立在「祈願」之外，也兼具有「紀念」的意義。在日治時期50餘年間所見的地藏石佛造立事蹟中，那座西元1931年由鐵真院住持捐贈造立的子安地藏石佛，堪稱以「紀念」性質而造立的最具代表性的石佛。不過有趣的是，這座當時由高齡75歲的鈴木住持獨資委託日本石匠製作的圓雕立身，手持寶珠、錫杖，並懷抱孩童的地藏石佛，除了高達3公尺、號稱當時臺灣最大的石佛之外，也賦予石佛「子安地藏」之名[224]，讓這座石佛肩負著「紀念」與「祈願」兩種性質。

223　《臺灣日日新報》1919年12月04日，第三版。

224　基隆仙洞巖內收藏了一尊立身雙手合掌，左側有位孩童拉著地藏納衣的地藏像，此尊地藏的造型即為典型的日本庶民信仰中的子安地藏。

地藏石佛的造立除了供養、紀念、祈願、路境守護等目的之外，「息災」、「濟度」應可視為民眾設置地藏石佛的另一項重要目的。在臺灣，就以西元1932年、1939年分別造立於臺南運河畔及川端橋旁的地藏石佛最具代表。雖然川端橋旁這座地藏被命名為「延命地藏」，不過根據這兩座地藏石佛的造立背景，顯示主要的造立目的是為了遏止減少落水死傷者，並進一步超渡供養水難亡靈。由以上列舉說明的造立目的之中，反映出日治時期造立於臺灣各地的地藏石佛完整移植了日本本土的石佛文化。值得一提的是，西元1916年出現於內太魯閣支廳廳舍前的這座圓雕坐身合掌的地藏石佛，造立目的除了作為撫慰供養開拓者亡靈的設施，根據當時留下的紀錄顯示，這座石佛在理蕃政策之下，以「改善原住民迷信風氣，培養慈悲心」為名義被建造[225]。如此的造立目的不僅未曾出現於日本各地的石佛造立事蹟之中，也是數千年日本石佛造立傳承中相當罕見的石佛造立之例，透過這座石佛造立事蹟，反映出日治初期統治者對石佛具有的庶民性格所寄予的期待。

（二）觀音石佛

觀音為日本的庶民信仰中最重要的信仰崇拜，自飛鳥時期（592-710）佛教初傳到日本開始，聞聲救苦的觀音形象深植人心。「觀音」又稱為「觀世音」或「觀自在」，此名號出自於《妙法蓮華經觀世音菩薩普門品》：「善男子，若有無量百千萬億眾生，受諸苦惱，聞是觀世音菩薩，一心稱名觀世音菩薩，即時觀其音聲，皆得解脫。」表現出觀世音菩薩聆聽眾生所求，隨時隨地守護賜福眾生的尊格。一方面，觀音信仰也特別強調招福消災及現世利益的思想，滿足一般民眾各式各樣的期待與需求，讓日本的觀音信仰在歷代以來持續的發達興盛。觀音應化多變的形象，同樣出自於《妙法蓮華經觀世音菩薩普門品》：「（前略）若有國土眾生。應以佛身得度者。觀世音菩薩。即現佛身而為說法。應以辟支佛身得度者。即現辟支佛身而為說法。應以聲聞身得度者。即現聲聞身而為說法。應以梵王身得度者。即現梵王身而為說法。應以帝釋身得度者。即現帝釋身而為說法……」，描述觀音是順應對象變化自在的菩薩，如此的觀音三十三應現身之說，也成為日本發展西國三十三所觀音靈場巡禮的重要根源[226]。

日本在佛教造像初期的奈良時期即出現觀音像，今日安奉於法隆寺寶藏殿內那座頭戴山三冠、雙手持寶珠的金銅觀世音菩薩立像，被視為日本最古老的觀世音菩薩像。觀音信仰在日本佛教發展初期，主要著重於鎮護國家，不過到了平安時期，當觀音的往生補陀落淨土的信仰，結合了現世利益及追善供養之下，深化了庶民社會對於觀音信仰的依賴[227]。這個時期，在順應觀音信仰的尊格，應對於末世觀、淨土思想轉換的時代之下，具備賜福救苦的信仰型態與造像應運而生，由聖觀音、十一面觀音、千手觀音、如意輪觀音、馬頭觀音、准胝觀音或是不空羂索觀音所構成的六觀音信仰出現[228]。六觀音又稱為變化觀音，透過尊像不同的造型特徵，表現出觀音所具備的功德及能力。以石造像的觀音石佛多數為六觀音，六觀音

225　臺灣總督府臨時臺灣舊慣調查會《蕃族調查報告書第一冊》，頁7。
226　上原昭一〈觀音信仰〉《觀音‧地藏‧不動 民眾のねがい》（東京：集英社，1989），頁34-44。
227　清水俊明《石仏》，頁54。
228　上原昭一〈觀音信仰〉《觀音‧地藏‧不動 民眾のねがい》，頁48-56。

圖66 馬頭觀音石佛（日本・三重）

石佛的造立，一般除了以六尊一組建造安奉之外，也經常被作為觀音靈場札所本尊所用。不過單獨設立的觀音石佛比起地藏石佛略顯稀少[229]，唯有肩負路標、馬匹供養及墓標等多重性格的馬頭觀音石佛最為多見（圖66）。

觀音與地藏可謂日本庶民信仰中最發達的兩大崇拜，若說地藏最大的特徵為雙手握持的寶珠與錫杖的話，蓮花可視為觀音造像中最重要的一項特徵（圖67）。「聖觀音」又稱為正觀音，可視為眾多觀音形象的原型，左手呈施無畏印，右手持蓮花瓶的聖觀音深受女性所崇信，與如意輪觀音石佛最常被作為女性的墓石。「十一面觀音」最大的特徵為頭上有11個面容，分別為正面3菩薩相、左邊3威怒相、右邊3狗牙相、後面1笑怒相，以及頭部上方的阿彌陀的化佛相。在頭部上的特徵外，十一面觀音雙手與聖觀音相同，分別呈施無畏印並持蓮花瓶（圖68），此信仰具有賜福、增財、防災、長壽、防獸及長壽等功能[230]。「千手觀世音菩薩」完整的稱號為千手千眼觀音自在菩薩，以千隻慈眼、千隻手臂來救苦救難，實現眾生一切的心願，千手觀音石佛的手臂，常見以16臂、22臂或42臂來象徵千隻手臂，手上持各種法器或結印，而頭頂呈現1面、9面、11面的化佛相[231]。雖然多數的石佛施作依著各尊像的儀軌，不過仍有部分石佛受限於材質或雕刻慣用技法，特別是千手觀音與十一面觀音的手臂、法器、化佛等部分常出現簡化的情形。如意輪觀世音菩薩的「如意輪」之稱，出自於如意寶珠與法輪這兩個法器而來，象徵滿足眾生所願，拔除一切苦痛的信仰本願，雖然石佛容像有2臂、4臂及6臂的數種不同類型，不過右膝立起、右掌緊靠臉頰的思維形坐姿，為如意輪觀世音菩薩所特有的造型。「馬頭觀世音菩薩」是各式觀音類型中唯一呈現憤怒相的觀音，造型如其名戴有馬頭，容像有1面2臂、3面2臂、3面4臂、3面8臂等數種不同類型，不論手上是否持法器，雙手結明王馬口印為馬頭觀音的特徵之一。六觀音或稱變化觀音中的「准胝觀音」、「不空羂索觀音」，除了作為西國靈場的札所本尊或出現於六觀音石佛之外，因信仰並未相當的普及，導致單獨造立准胝觀音石佛或不空羂索觀音石佛的情形甚為稀少[232]。

觀音石佛於日治時期造立的情形大體上與前述的地藏石佛的傳承狀況差異不大，不過有趣的是，根據田野調查及相關文獻考察顯示，日治時期在臺灣所出現的觀音石佛造立事蹟雖少於地藏石佛，不過在數量上確遠超過地藏石佛數倍以上。其主要的原因在於日治時期建造於臺灣的觀音石佛，多數是以作為新西國三十三所觀音靈場札所本尊的型態而造立，如此複數石佛群的造立型式，為臺灣留下大量的觀音石佛。相對於複數型態的觀音石佛造立，西元1905年建於北投地區的湯守觀音石佛、西元1917年設在花蓮三角錐山及新城的觀音石佛、西元1929年建於臨濟寺內的聖觀音石佛（圖69）、以及現存於通法寺院內西元1938年間造立的馬頭觀音石佛基座與十一面觀音石佛等處，為目前獲得確認的日治時期以單尊型式造立的觀

229　在庶民造立石佛最發達的江戶時期，六觀音之一的馬頭觀音信仰於庶民社會對馬相關信仰的高漲，以及利用馬頭觀音石佛作為馬匹墓石的慣習下，導致馬頭觀音石佛造立數量多過於其他的觀音石佛。根據大護八郎於1970年代針對日本埼玉縣川越市的石佛展開的調查顯示，在發現的239座觀音石佛之中，馬頭觀音石佛即佔了206座。參照：川越市總務部市史編纂室《川越の石仏》（埼玉：川越市，1973），頁114-129。

230　關於十一面觀音信仰與千手觀音信仰在日本的傳承發展，可參照：橫田健一《觀音信仰と民俗》（東京：木耳社，1990）一書。

231　庚申懇話會編《日本石仏事典》（東京：雄山閣出版，1975），頁18。

232　日下部朝一郎《石仏入門》（東京：国書刊行会，1967），頁22。

圖67 持蓮花的聖觀音石佛（日本・大阪）

圖68 十一面觀音石佛（日本‧京都）

圖69 臨濟寺聖觀音石佛（臺北臨濟護國禪寺）

音石佛。至於採石佛群型式造立於臺灣各地的觀音石佛，有西元1926年設立於臺灣觀音山麓的臺北新西國靈場，西元1928至1929年間分別設立於宜蘭、基隆、新竹的新西國靈場，西元1937年造立的高雄地區新西國靈場的第一番石佛，西元1939年由埔里弘法寺設置的新西國靈場的札所石佛群，是作為新四國靈場巡拜的札所本尊石佛[233]。在此需說明的是，以上列舉的6項複數石佛造立事蹟，為近年進行的研究調查獲得確認的部分。在這些石佛群中，就西元1937年與1939年設立於高雄與埔里的兩處（圖70），因現存的相關資料及石佛稀少，尚無法完全確認當時設立的規模，但透過僅存的觀音石佛及其銘文的解讀，研判與昭和初期出現於北部地區的新西國靈場觀音石佛屬性應相同。

　　觀音石佛造立傳承於日本庶民社會中的信仰文化如同其他石佛一般，在日本統治之後順勢傳入臺灣，從西元1905年首度出現於臺灣土地上的湯守觀音石佛起始，分析數十年間接連造立於臺灣的觀音石佛設立成因，筆者將之歸納出：「供養、紀念、祈願與巡禮」等四大類。光從石佛造立目的而論，確實遠比前述的地藏石佛之造立目的來得單純，這樣的情形不僅與造立型態有關，也與觀音石佛造立特徵及觀音信仰的性質相關。以石造像作為宗教供養的象徵物是日本庶民信仰中常見的作法，西元1917年為了供養開鑿位於花蓮立霧溪北岸，當時號稱東亞最險峻的三角錐山絕壁道路而傷亡的梅澤作業隊員，進而造立觀音石佛以為供養。這座浮雕雙手捧蓮花的聖觀音石佛，自西元1917年安奉於道路旁的岩洞以來，這座石佛至今仍現存於原址。另一座供養並加上紀念意義的觀音石佛為西元1929年館野家族為供養往生親人館野弘六所設立的觀音石佛，這座仍現存於原安奉處臨濟護國禪寺內的思惟狀聖觀音石佛高達1丈，基座側面刻有「竹窗院弘道宗新居士於三回忌建之　昭和四年七月」銘文，清楚顯示此觀音石佛造立目的除了「供養」之外，還具有「紀念」之意。以供養為目的所建造的觀音石佛，今日在臺北市通法寺內還現存有2座，一座為十一面觀音石佛，另一座是建於西元1940年的馬頭觀音石佛。不過可惜的是這座馬頭觀音石佛目前只剩基座（圖71）。在馬頭觀音石佛的基座上，僅依稀留下「為戰殁兵士供養　堀田智照建之」數個字，藉此銘文判讀與馬頭觀音信仰之屬性，顯示這座觀音像也屬於「供養」性質的石佛。

　　西元1905年由當時在北投開設天狗庵溫泉旅館的平田源吾發起，號召鐵路部運輸課長村上彰一與北投當地居民，為打響北投溫泉名號並祈求旅居北投日本人的發展繁榮為目的之下，集資聘請石匠製作觀音石佛，以作為北投的守護之神，關於這座石佛造立的詳細內容，已在第三節的篇幅中進行說明。相較於其他建造移植在臺灣這塊土地上的日本觀音石佛，這座名為「湯守觀音」的石佛，不僅造立目的非常特殊，就連石佛的尊格、造型、名稱等要項

233　在四國靈場的88座巡拜札所之中，以觀音世菩薩為本尊的寺院共有29處，分別為第八番千手觀音菩薩、第十三番十一面觀世音菩薩、第十六番千手觀世音菩薩、第二十七番十一面觀世音菩薩、第二十九番千手觀世音菩薩、第三十二番十一面觀世音菩薩、第三十六番觀世音菩薩、第三十八番三面千手觀世音菩薩、第四十一番千手觀世音菩薩、第四十三番千手觀世音菩薩、第四十四番十一面觀世音菩薩、第四十八番十一面觀世音菩薩、第五十二番十一面觀世音菩薩、第五十八番千手觀世音菩薩、第六十二番十一面觀世音菩薩、第六十五番十一面觀世音菩薩、第六十六番千手觀世音菩薩、第六十九番聖觀世音菩薩、第七十番馬頭觀世音菩薩、第七十一番千手觀世音菩薩、第七十九番十一面觀世音菩薩、第八十番十一面觀世音菩薩、第八十一番千手觀世音菩薩、第八十二番千手觀世音菩薩、第八十三番聖觀世音菩薩、第八十四番十一面觀世音菩薩、第八十五番聖觀世音菩薩、第八十六番十一面觀世音菩薩、第八十七番聖觀世音菩薩等。

圖70 埔里靈場的聖觀音石佛（南投埔里）

圖71 馬頭觀音石佛基座（臺北通法寺）

圖72 臺北新四國靈場札所石佛馬頭觀音（北投櫻崗溫泉會館）

圖73 船型光背狀的臺北新西國靈場札所石佛（臺北觀音山）

也皆由數位設立者共同決定，因此產生出獨一無二的觀音石佛造型及「湯守觀音」之名。值得一提的是，這座祈求地方繁榮的觀音石佛，就造立的西元1905年時間點而言，可說是日本石佛移入臺灣的草創階段，不過所造就出來的石佛造型與文化確是與在地最緊密貼近的一座石佛，這點亦可從該年10月17日盛大舉行的觀音石佛開眼法會的參與者及各界捐贈的物品中獲得最佳的印證[234]。

　　以作為巡禮的札所本尊為目的所造立的觀音石佛，應是日治時期設在臺灣的觀音石佛中數量及造型最豐富的一類。日本本土的西國三十三所觀音靈場巡禮文化，自西元1926年第一座設置於臺北觀音山麓的移植靈場（新靈場、地方靈場）[235]：臺北新西國靈場創設以來，在宜蘭、基隆、新竹、高雄、埔里等地，以石佛作為巡禮札所本尊的型式，陸續將日本的觀音靈場巡禮移植到全臺各地。西國靈場的札所本尊共包含：聖觀音、十一面觀音、千手觀音、如意輪觀音、馬頭觀音、准胝觀音或是不空羂索觀音等7種觀音類型，而一個觀音靈場的產生則至少需造立33座的觀音石佛。譬如第一番青岸渡寺的札所本尊為如意輪觀世音菩薩，便造立一座如意輪觀音石佛以為象徵，同樣的第五番即以千手觀音石佛來代表藤井寺的本尊千手觀世音菩薩，而第九番為不空羂索觀音石佛、第二十九番則是馬頭觀音石佛（圖72）。如此新靈場的營造模式完整地移植入臺，不管是最早設立的臺北新西國靈場，或者是在目前所確認的觀音靈場中，創設時間最晚的西元1939年（昭和14）埔里地區的靈場札所石佛，皆維持觀音靈場札所番號與本尊的型態。唯有出現差異的在於石佛造立的規模及造型，譬如座落於北臺灣一帶的臺北、基隆、宜蘭與新竹的觀音石佛，石佛外觀呈船形光背狀（圖73），至於目前在南臺灣唯一發現存在高雄千光路的觀音石佛，石佛外觀型態接近板碑狀。縱使石佛造型存在著差異，不過作為觀音靈場石佛所需的札所番號，或是本尊造型的石佛特徵，完整明確地雕鑿於石材上，顯示出作為巡禮札所象徵的觀音石佛之造立法則。

（三）不動明王石佛

　　相較於地藏、觀音信仰及其宗教造型，不動明王是國內較陌生的信仰崇拜。在日本，地藏、觀音與不動，可說是庶民信仰中最熟悉的佛菩薩。若說溫柔慈悲的觀音與慈祥純真的地藏，帶給人們的是一種柔性安祥的宗教撫慰，那麼強悍威嚴的不動明王則提供了一股剛性卻能安頓心靈的力量（圖74）。不動明王最早出現於唐菩提流志譯《不空羂索神變真言經》，在唐善無畏譯《大日經》這部重要的密教經典中，出現「此尊坐盤石座，呈童子形。頂上有七髻，辮髮垂於左肩，左眼細閉，下齒齧上唇，現忿怒相，背負猛火，右手持利劍，左手持羂索，作斷煩惱之姿。」對於不動明王形象的描述，相貌兇惡、手持寶劍、羂索的造型成為了不動明王帶給人們的第一印象[236]。不動明王又稱為不動尊、不動如來使、無動聖者，在日本民間被俗稱為「不動さん」，相傳不動信仰是在弘法大師空海（774-835）將真言密教從唐傳入日本時，一併帶進東瀛。不動明王在密教信仰中被視為大日如來之教令輪身、五大明

234　平田源吾《北投溫泉誌》（臺北：天狗庵，1909），頁93-96。

235　關於西國三十三所觀音靈場巡禮文化，以及日治時期移植入臺的新西國靈場的發展情形，在本書第一章篇幅中有詳細的說明。

236　有賀祥隆〈不動信仰〉《觀音‧地藏‧不動 民眾のねがい》（東京：集英社，1989），頁118-127。

圖74 不動明王石佛（日本‧大阪）

圖75 俱利迦羅不動（日本・奈良）

王之首，該信仰在傳入日本初期被奉為國家鎮護之神，主要的崇信者為貴族階層。到了平安時期末葉至鎌倉時期，不動明王的信仰者開始從原本的貴族普及到武士及一般民眾，藉由民間流傳的繪卷、傳說文集、靈驗談等管道，讓不動明王信仰逐步融入庶民生活。室町時期之後，不動明王信仰更在修驗道山伏的傳播，以及能狂言與歌舞伎等戲曲的推波助瀾之下，不動明王成為觀音、地藏之外另一個重要的庶民信仰對象[237]。

　　童子之姿，立於岩座或端坐瑟瑟座，右手持劍、左手拿索，矜羯羅、制吒迦二童子隨侍兩旁，後方有熊熊火燄構成的光背，這是平安時期以來不動明王像的基本造型樣式。不動明王信仰歷經長時間的歷史傳衍，在真言宗、天臺宗等崇信不動明王信仰宗派的經典教義、信仰緣起的差異，以及時代背景、民間傳承、匠派技法等元素影響之下，孕育出豐富多元的不動明王造型風格。譬如平安初期的不動明王像呈編髮戴蓮花或寶冠，雙眼直視、上排牙齒外露貌；不過到了平安中期，不動明王像的髮型變為卷髮，左眼緊閉、右眼直視，上下利齒外露，呈現截然不同的容像[238]。除此之外，不動明王像的色彩也是此信仰的特色之一，如平安時期天臺宗高僧圓珍曾造立了黃色不動明王像，安奉於琵琶湖畔的名剎圓城寺，「黃不動」以靈驗著稱，成為重要的不動明王信仰聖地。時空轉換到江戶時期，幕府也依陰陽五行之說，在江戶城周圍設置了白、赤、黑、青、黃共五座的不動明王像以祈求天下太平，構

237　渡邊照宏《不動明王》（東京：朝日新聞社，1975），頁93-112。
238　佐和隆研編《仏像案內》（東京：吉川弘文館，1963），頁73-75。

圖76 慶修院不動三尊（花蓮慶修院）

成「江戶五色不動」的信仰[239]。接著將焦點回歸到以石造像的脈絡上，回溯不動明王石佛出現的時間，大致可上溯到平安時期前後，這時期主要是以雕鑿岩壁來呈現不動明王的形象。到了鎌倉時期，採圓雕技法打造的不動明王石佛出現，位於群馬縣涉川市不動寺供奉的宮田不動尊，即為鎌倉時期代表性的不動明王石佛。再進到堪稱庶民造立石佛盛世的江戶時期，不動明王信仰在具有的治病安產、除厄息災、降伏克敵、福德等靈驗談助長下，讓不動明王石佛的造立廣為流行，形成波切不動、俱利迦羅不動（圖75）、潑水不動（水掛け不動）、爪切不動、大岩不動等各種的種類。不動明王石佛容像以兩臂居多，少見4臂或3頭6臂的造立，石佛右手持寶劍，左手拿羂索，不論是立身於岩石座或端坐於瑟瑟座上，皆以象徵燒盡一切煩惱的火燄為光背[240]。型式上多數以單尊不動明王，或搭配矜羯羅、制吒迦二童子構成不動三尊，由不動明王及其眷屬神「不動三十六童子」構成的石佛群則不多見。

　　日治時期造立於臺灣的不動明王石佛，不論在造立事蹟或是石佛數量上都遠比地藏、觀音來得稀少，如此的狀況與日本各地區的石佛組成比例接近。若就石佛的造立模式、造型、信仰特徵而言，也與日本本土所造立的不動明王石佛一致，顯示不動明王石佛的造立完全取自於日本人所帶來的庶民信仰文化。據本研究掌握的不動明王石佛造立型態，以單獨石佛的型態居多，唯有3例分別出自於臺北、花蓮兩地移植日本本土的四國遍路的巡禮文化所設置

239　藤卷一保〈近世の不動信仰〉《不動明王》（東京：学習研究社，2007），頁100-101。
240　日本石佛協會編《日本石仏図典》（東京：国書刊行会，1986），頁332-333。

圖77 臺北天星山不動明王寺週遭環境（北投不動明王寺）

的新四國靈場的巡拜札所[241]，以及慶修院內的一座搭配矜羯羅、制吒迦二大童子構成的不動三尊像（圖76）。除此之外，皆採用不動明王單獨造像的型式，未見搭配不動明王八童子、三十六童子，或與密教信仰中的降三世明王、軍荼利明王、大威德明王、金剛夜叉明王，構成五大明王的造像組合。再依據現存及文獻考查獲知的不動明王石佛分布情形，顯示不動明王石佛的設立地點，多數集中於山岳（岩壁）及水邊（瀑布）兩種地形。譬如：西元1922年前後安奉於太魯閣的不動明王、西元1925年設置於上北投天星山的不動明王、西元1926年由茶榮講設於臺北大師山的波切不動，以及臺南關子嶺現稱溫泉火王爺廟內的不動明王，這些石佛皆設置於充滿岩石的山岳峭壁地帶。一方面，安奉於水邊的不動明王造立事蹟有：西元1928年原計畫在高雄港內建造的波切不動石佛，以及現存於基隆仙洞巖的波切不動明王石佛。至於西元1922年安奉於太魯閣的不動明王與1925年設置於北投天星山的不動明王兩處，不僅設置地點位於岩壁山岳間，一旁更有瀑布流水。這樣的特徵與供奉不動明王的修驗道道場盛行的瀑布修行有關（圖77），岩壁山岳則對應於不動明王的岩座或瑟瑟座般的穩固不動。除此之外，亦有部分的不動明王石佛設於真言宗、天臺宗等寺院內，譬如原花蓮真言宗高野派吉野布教所的慶修院內即安奉有數座不動明王石佛[242]。

241　日治時期移植日本四國八十八所靈場在臺設立的巡禮靈場，分別有西元1925年設立於臺北地區的臺北新四國靈場以及座落於花蓮真言宗高野山派吉野布教所內（今花蓮慶修院）的新四國靈場石佛。

242　關於花蓮慶修院前身真言宗高野派吉野布教所的歷史沿革及現況，可參照：翁純敏《吉野移民村與慶修院》（花蓮：花蓮縣青少年公益組織協會，2007）一書。

圖78 大師山不動明王龕（北投）

　　日治時期造立於全臺各地的不動明王石佛，雖然多數在時空環境的變遷之下早已散佚消失，但是根據筆者現階段研究調查顯示，不動明王石佛造立的足跡幾乎遍及全臺各地。至少目前在臺北、基隆、花蓮、臺南等地都仍可見到日治時期造立的不動明王石佛，同時透過文獻顯示高雄也曾有造立高達18公尺的巨型波切不動明王像的計畫。僅次於地藏、觀音的不動

圖79 臺北新四國靈場弘法大師與第四十五番不動明王石佛（北投）

明王信仰，歸納在臺灣各地造立石佛的目的，應有：「祈願、教化、巡禮」這三大項，其中最引人矚目的仍是「教化」這個目的。位於現今中橫公路臨安橋附近的不動明王石佛，據說是第一任研海支廳長永井國次郎為了「教化」原住民所籌設[243]，畫家鹽月桃甫於西元1922年

<hr />

243　研海支廳即為今日的花蓮縣新城鄉，西元1920年臺灣總督府為感念佐久間左馬太總督的功績，將花蓮港廳新城支廳改名為佐久間總督的別名「研海」，到了戰後研海一稱才改回新城。

（大正11）前往參拜時，隨行警察指出這座不動明王落成後，永井支廳長曾召集各部落長老前來參拜，並燃放煙火、爆竹來彰顯不動明王的神威[244]。有趣的是，這座原本以教化原住民為目的所造立的不動明王，確實因靈驗而開始吸引原住民前來參拜。日後，每逢一年一度的祭典時，太魯閣國立公園協會、臺灣旅行俱樂部花蓮港支部等組織更組成參拜團，一行百餘人搭乘遊覽車前往朝聖[245]，由此顯示這座不動明王石佛的信仰演變過程。

北臺灣最早出現不動明王石佛的地點，位在西元1912年茶榮講於北投東南方巨岩山丘上所造立的弘法大師像旁，茶榮講成員再度造立一座不動明王石佛，名為「高野山波切不動明王」。可惜這座石佛早已不在，但根據遺留下的銘文判別，造立的時間應在西元1922年（大正11）前後，並在4年後（1926）正式安奉到洞窟佛龕內（圖78）。在這座波切不動明王石佛正式安座的前一年（1925），北投「星乃湯」旅館主人佐野庄太郎，為祈求在臺灣發展的事業順利，也打造了一座不動明王石佛，安奉於星乃湯旅館後方山丘旁的岩壁內[246]。這座立身不動明王石佛，右手持劍、左手拿索，現今仍安奉於岩壁雕鑿出的洞窟內。這兩座造立時間接近的不動明王石佛，分別以「高野山波切不動明王」、「成田山不動明王」之名安奉於臺灣，石佛成為了向日本兩大不動明王信仰聖地祈願的一種象徵。

不動明王石佛在臺灣造立的第三種型態是作為巡禮的札所本尊，在四國靈場的88座巡拜寺院之中，共有4處是以不動明王作為本尊，分別是第三十六番的波切不動明王、第三十七番與觀世音菩薩、阿彌陀如來、藥師如來、地藏菩薩並列為本尊的不動明王，第四十五番不動明王，以及第五十四番的不動明王等共4座。因此，在臺北與花蓮這兩處移植四國八十八所靈場巡禮文化入臺營造的新四國靈場中，必須個別造立4座不動明王石佛作為巡拜札所的本尊。以巡禮目的造立的石佛，若是新四國靈場的話，88座石佛在型式、尺寸、外觀及銘文位置等盡可能統一，最常見的石佛型態為船型光背狀，各石佛間最大的差異在於本尊的造型與銘文內容。譬如臺北新四國靈場第四十五番的不動明王石佛正面基座上刻有「第四十五番イヨ岩屋寺」（圖79），也就是「札所番號名、地名名、寺院名」；花蓮慶修院新四國靈場第五十四番的銘文則為「第五十四番不動明王延命寺」，表示「札所番號名、神佛名、寺院名」。這兩種銘文標示與靈場石佛的外觀形貌源自於日本數百年來的傳承，不僅四國靈場的石佛如此，與前一章節介紹的新西國觀音靈場的靈場石佛型式也十分接近。藉由營造新靈場作為契機，涅槃釋迦如來、虛空藏菩薩（圖80）、毘沙門天、彌勒菩薩、大通智勝如來等在日本各地罕見單獨造立的石佛也來到臺灣。

五、結語

文化的傳播、流動及交流，不論是刻意地移植，或者只是伴隨人群的遷移而形成的現象，往往有形物質層次的受容遠比無形精神層面的生根來得容易，本章深入探討的日本石佛

244　鹽月桃甫〈太魯閣めぐり〉，頁23-24。

245　《臺灣日日新報》1938年04月24日，第五版；《臺灣日日新報》1938年04月26日，第五版。

246　許陽明〈珍稀罕見的石窟庶民寺廟北投不動明王寺〉《話我故鄉—北投》（臺北，八頭里仁協會，2012年2月3日），取自：http://163.21.33.100/t415/peitoe/cavetemple.htm。

圖80 虛空藏石佛（臺北臨濟護國禪寺）

即為典型的一例。當日本統治早已是逝去了半世紀的歷史，造立石佛不論是為供養奉納、祈願息災，或者是作為日本巡禮朝拜在異地的象徵，這些促使庶民以石造像的動機及信仰崇拜，早已隨著戰後日本人的離開而消逝，不過作為庶民信仰崇拜具體象徵的石佛，多數仍遺留於全臺各地。本章預期透過現存的石佛這項物質遺留物及相關文獻，還原此鮮少受矚目的日治時期在臺日人的庶民信仰表徵，進一步探討日本石佛傳入臺灣所呈現的信仰特徵及其轉變。

石佛可謂日本各地最普及常見的宗教造型，其內涵確實含括了大量來自於佛教、神道等元素，不過承載著各種造型的深層意義背後為庶民信仰，可謂日本人信仰最重要的表徵。一塊隨處可見再平常不過的石頭，在萬物有靈觀的信仰者眼中，屬於自然崇拜中的一種信仰對象。石頭在佛教帶來的如來、地藏、觀音、不動、諸天等慈悲或憤怒的形象，以及透過造型、文字、符號來表現道祖神、庚申、七福神、山神、田神、水神等本地發展而成的神祇之下，在自然崇拜的石頭上賦與了新的價值。日本的石佛文化可說以列島自古傳承的自然信仰為基礎，加上佛教為主的神佛造像影響之下所形成的習俗文化（圖81）。在日本統治臺灣的半世紀間，日本石佛文化隨著日本人移居臺灣的足跡，將江戶時期發展到達顛峰的庶民石佛造立習俗引進臺灣。自日治初期起，不僅臺北出現六地藏、觀音等石佛，在東部的花蓮一帶也已出現觀音、地藏石佛的造立紀錄。接著直到統治末葉前後，地藏石佛隨著個人或團體，為了供養、祈願、息災、濟度、紀念，以至於教化等目的，廣泛在臺灣本島甚至於離島的澎湖被造立。觀音石佛則隨著西國觀音靈場的地方靈場陸續移植之下（圖82），大量出現於北臺灣的臺北、宜蘭、基隆、新竹以及位於中部的埔里等地。透過田野調查以及參照《臺灣日日新報》等當時的報導資料，顯示日治時期日本石佛的發展，就活動的時間而言，幾乎涵蓋了整個統治時期，分布範圍也普及到臺灣全島及離島的澎湖。

再者，石佛之所以被稱為庶民信仰的表徵，在於石佛的造立多數為一般民眾主導發起，僅有部分為寺院僧侶所建造。在日治時期出現於臺灣的日本石佛建造事蹟中，多數的石佛造立計畫皆由庶民發起，僧侶多半只負責主持開眼安奉法會。譬如：西元1905年北投湯守觀音、西元1925年臺北新四國靈場、西元1928年新竹新西國靈場、西元1932年臺南運河的地藏、西元1939年臺北川端橋旁的地藏等都是顯著之例。在這些石佛建設事例中，除了部分的石佛設立於某佛寺之內，大多數的石佛在進行開眼安奉法會時，皆由該地區各宗派的僧侶共同主持，此舉顯示由庶民建造的石佛，僅有極少屬於某特定宗派或寺院所屬的宗教設施。因此，可確認多數的石佛與在臺日本佛教宗派主導的布教工作並無明顯的關連性。一方面，在透過所有能掌握的石佛進行田野調查中，發現所有的石佛建造策劃者或各石佛銘文所顯示的奉獻者，皆未見臺灣人的姓名，如此的傳承者背景構成，造就出石佛安奉的位置也多位於日本人居住密集或信奉寺院內這樣的結果。基於這幾個考察結果，顯示日本石佛在臺灣從籌畫至造立後的信仰活動，仍未跨出在臺日人的社群圈；不過也因此，從籌畫型態、石佛造型以至相關宗教儀式等，完全承襲著日本道地的作法。

縱使如此，日本石佛在臺的發展，仍有一個部分應是順應遠渡異地之下所產生的變化，也就是關於石佛的製作地點或施作匠師的部分。在掌握的資料中可知，西元1931年由北投鐵

圖81 日本人的庶民信仰：石佛文化

真院住持訂製的當時堪稱臺灣最大的地藏石佛，出自愛知縣岡崎市的石匠所製作。至於西元
1923年與西元1929年，分別造立於新竹弘法寺內的地藏石佛，以及創立於新竹市森林公園內
（十八尖山）的新西國靈場的33座觀音石佛，各自出自於兵庫縣御影地區與山口縣德山地區
的石匠之作。僅透過數個石佛建造的例子，顯示當時多數的石佛應直接向日本本土的石匠洽
購，再透過船運送抵臺灣。但是，在西元1919年即出現居住於臺北的石匠岡重太郎製作一座
地藏石佛安奉於臺北弘法寺的紀錄，加上在今日位於宜蘭園明寺內那座西元1926年造立的地
藏石佛基座上，清楚刻有「臺北市藤原石店作」銘文字樣；同時在位於臺北的東和禪寺（曹
洞宗臺北別院舊址）內，也可見一座西元1931年由藤原石店製作的地藏石佛，綜合這幾則資
料顯示至少在日治中期，日本石佛的來源除了直接向日本本土購買之外，已有日本石匠在臺
北開店打造石佛的情形。

　　本章最後總結石佛呈現的信仰狀態與至今的現況，日治時期出現於臺灣的石佛類型，主
要以本章第四節所描述的地藏、觀音、不動，以及藥師如來、大日如來、弘法大師、辯才天
等佛教系的石佛為主。在日本本土相當普及的道祖神、庚申、山神、地神、牛頭天王等庶民
性格相對強烈的石佛類型，以及寶塔、五輪塔、寶篋印塔、無縫塔、供養塔、板碑等相關石
造物的建造事蹟或相關遺跡，在筆者目前掌握的資料中所見不多。其中惟獨花蓮一帶仍散見
的數座地神碑，以及臨濟護國禪寺、大慈寺等寺院內留有的數座塔碑之外，相較於前述的地
藏、觀音等石佛而言，數量類型顯得稀少。這樣的現象除了歸咎於本研究課題含括全臺，石

圖82 新西國觀音靈場札所石佛群（日本‧山形）

佛遺蹟的掌握及資料的蒐羅可能無法絕對地完備之外，應該與當時移住到臺灣的日本人出身組成有關。

　　當時居住於臺北、新竹、基隆等地的日本人，多數分別來自於日本列島各地，並非全村落集體的移居，因此到了這塊陌生的土地上設置石佛，自然以最普及的石佛類型為優先。至於花蓮一帶如吉野、豐田、林田等採集體移居的區域，這些原鄉一致的日本人在來到這塊拓墾的異地，便將熟悉的庶民信仰石佛造立於移居地。譬如今日現存於吉安鄉、壽豐鄉的地神碑，即為日治時期移民到該地區的民眾原鄉的四國地區最盛行的石佛類型之一。當然，如此傳承於庶民信仰中的宗教造型，特別是在歷經不同的時空環境及宗教文化劇變下，要完整地掌握日本石佛發展傳承的全貌相當困難。本研究在有限的研究環境中，盡可能縝密地對應任何來自於田野或文獻的訊息，還原、解析日本人傳入臺灣的石佛傳承軌跡。不過正如前述的研究限制，為了更完整地理解日本石佛在臺發展的全貌，未來將持續探索發掘任何相關的遺跡。總體來說，本章從日本的石佛文化為首，透過研究資料逐步重建日本石佛在臺的發展脈絡，最終著眼於石佛呈現的造型樣態及信仰特徵，完成此研究課題的階段性探索敘說。日治時期造立於臺灣的石佛，多數來自於一般民眾集資合力下完成，不同的石佛類型反映出各造立者的期盼與寄託，從中反映出在教派佛教及國家神道之外，傳承發展於庶民生活中的信仰文化。

第五章　高雄市千光路日本石佛及其文化資產價值

　　西元2010年12月2日，一間位於高雄市鼓山區千光路的日式民宅，在建物拆除工程進行中，意外地讓塵封70餘年的日本石佛重見天日。連日來隨著各媒體的爭相報導，讓這座刻有「西國第一番」銘文及呈現如意輪觀音容像的石佛，一夕間成為世人矚目的焦點。至今為止，關於日治時期日本佛教所遺留下的遺跡或文物的探討，大致集中於北臺灣及東臺灣，對於南臺灣特別是日治時期被作為南進基地的港都高雄方面卻相當的缺乏。藉由這次文物的出土及初步考察，正可提供學界往後再論述日治時期日本佛教發展及宗教藝術重要的參考。本章綜合實地田野調查及相關史料成果，以民俗學的研究視野與探索技法為基礎。首先著眼於甚少受關注的日治時期真言宗在高雄的發展情形，具體理出西元1917年為該宗派在高雄開教之起點，並梳理出當時布教發展及宗教活動的狀況。接著考察焦點集中於高雄市千光路所發現的石佛，針對石佛文物及相關遺跡展開田野調查，對於該文物的傳承背景、造型特徵、銘文內容、保存狀態進行判讀解析，並與日本本土同類型的石佛做比較。由造像目的、造像背景、容像解析等三個層面著手，解析至今唯一發現於南臺灣的日本巡禮札所石佛，一探其背後所蘊含的歷史記憶及宗教意涵。本章最終將立足於文化資產思維，以調查研究成果為基，嘗試在闡述千光路14號石佛成為文化資產的意義之餘，也將針對此文物登錄為文化資產適用的類別加以說明。附帶列舉臺北市政府、花蓮縣政府登錄日治時期宗教文物等國內相關案例，對於該石佛未來的保存作法及管理維護之道提出具體的建議。

一、高雄市千光路日本石佛的再出土事件

　　西元2010年12月2日，一間座落於高雄市鼓山區千光路的民宅，在建物拆除工程進行中，讓塵封70餘年的日本石佛重見天日。連日來，各大媒體紛紛以「怪手開挖日治時代古蹟　文史人士急搶救[247]」、「壽山拆舊屋 73年前石塔〝出土〞[248]」、「《拆舊房子有新發現》日治石碑上刻「托腮盤腿」觀音[249]」、「日治真言宗古蹟文史學者急搶救[250]」等標題加以報導；甚至就連英文報紙《Taipei News》更翻譯了《自由時報》對此事件的報導內容，以「Colonial era Buddhist engraving found on demolition site[251]」的題名，作為當日新聞雙語版面的內容，突顯出該事件所受的關注。在上述列舉的報導內容中，各刊一致將事件發生的原委，指向拆除老舊屋舍所獲得的意外發現。如《今日新聞網》報導指出：「高雄千光路一處國產局土地日前標出，然而此處為日治時代佛教真言宗布教所遺址，現場多處建築已拆毀，目前僅餘『聖如意輪觀音』石雕碑一處，當地文史及佛教人士正積極奔走，希望能以最妥善

247　《今日新聞網》2010年12月08日。（http://www.nownews.com/2010/12/08/91-2671786.htm）

248　《聯合報》2010年12月08日，B1版。

249　《自由時報（電子報）》，南部新聞，2010年12月13日。
　　　（http://www.libertytimes.com.tw/2010/new/dec/13/today-south5.htm）

250　《人間福報》2010年12月15日，第九版。

251　《TAIPEI NEWS》2010年12月16日，第十五版。

方式保存古蹟。[252]」

　　此外，在《Taipei News》的報導中，更關注到文物發掘後的後續問題：「高雄市近日拆除一間老舊房舍，卻意外發現日治時期石碑，上面刻劃『托腮盤腿』觀音，美妙神韻讓觀者如沐春風。由於這個不尋常的發現牽涉到古蹟或古物的保存，文化局要求地主立即停工。目前正尋求文史工作者及歷史學者鑑定。[253]」在此特別需要注意的是報導文稿中使用了「不尋常的發現」的字句，顯示出該文物具有的特殊性。同時在這些新聞報導之中，亦出現各方對文物內涵及價值上的各種揣測[254]，如《自由時報》同時採訪了主管機關及文史專家對此事件的認知與看法：「文化局科長林尚瑛表示，這尊『托腮盤腿』觀音像也稱為聖如意輪觀音，形象與臺灣廟宇中的觀音像截然不同，應該是日本佛教獨樹一格發展，該局還在尋找瞭解日本佛教的學者來鑑定，石碑上沒有雕刻家的署名，無法判別其藝術價值，只能鎖定歷史價值來討論。（中略[255]）資深文史工作者胡巨川表示，他不清楚『托腮觀音』的原由，以日本佛教來看，這是很自然也普遍的現象，日本佛教有分宗分派，尤其是蓋在山上修行的道觀，幽靜的步道兩旁都是不同型態的佛像，而且神情活潑。他說，例如這尊『托腮盤腿』觀音展現女性俏皮的一面，盤腿處還特別有粉紅釉彩，呈現觀音像穿著上的變化，這都是臺灣佛教界中難得一見。[256]」藉由數則報導內容，基本上已突顯出本事件發展至今廣受關注之因。

　　一方面，當我們重新回顧該事件發生的原委，並觀察其引起的社會輿論反應時，突顯出文化資產保存意識在國內已日益成熟。本事件現場位於高雄市壽山東麓，門牌位置為千光路14號，是一座日治時期遺留下來的日式屋舍。根據報導文字描述，當怪手逐一拆除木構建物時發現這一座石造文物，由該物的外觀樣式及其背後的銘文，讓報導者清楚地判斷應為日治時期遺留下來的古物。在各報中對這座「發現」的物件，分別使用「日治時期古蹟」、「石塔」、「石碑」加以描述。事實上，伴隨日本領臺50餘年，日本佛教在全臺各地留下各項遺跡及相關文物，雖然戰後隨著政經背景及宗教、文化等環境的轉變，流傳於今的文物已不多見，但是確實於大臺北及新竹、基隆、宜蘭、花蓮，以及部分中南部佛寺中，仍有部分日治時期日本佛教相關宗教文物存在。就以大臺北地區為例，源自於日治時期的日本佛教文物即包含：佛像、佛具、卷軸、鐘鼓、石佛、墓塔、碑塔等類型，至今高雄地區日本佛教相關宗教文物的蹤跡確實仍相當少見，因此本次千光路石佛[257]的再發現，更引起世人的關注。以下將針對本事件所「發掘」的日治宗教文物進行初步的探究，藉由田野調查及資料分析，試圖解析這座引起社會一陣騷動的宗教文物。

252　《今日新聞網》2010年12月08日。
253　《TAIPEI NEWS》2010年12月16日，第十五版。
254　各種來自於在地文史工作者及記者的推論揣測，如：「究竟這石碑是否為墓碑？塔下是否有埋葬往生者？還是修行者建立的佛教觀世音膜拜上香的地點」，或是「此碑上所載『西國第一番』表周遭應至少有另三十二處石碑以做為巡禮之用，換言之，周邊及該處地下或許尚有不少相關文物待搶救」。此外，該事件在網路社群「《鞠園》文史與集郵論壇」也引起熱烈的討論。
255　筆者所加。
256　《自由時報（電子報）》，南部新聞，2010年12月13日。
　　（http://www.libertytimes.com.tw/2010/new/dec/13/today-south5.htm）
257　以下為了行文說明之便，將2010年12月2日因千光路14號房舍拆除得以重見天日的這座石佛文物，通稱「千光路石佛」。

二、日本石佛再出土的背景

　　在進入這件宗教造型的考察前，首先由石佛發現處的歷史背景展開初步考察，根據日治時期地圖（圖83[258]）比對顯示，千光路14號的現今位置前身為高野山真言宗打狗支部[259]，當時地址為高雄州高雄市打狗下山町102。回顧日本佛教真言宗來臺傳道布教的濫觴[260]，是以西元1895年（明治28）6月1日擬定的「新領地傳道佈教條例」為開端，隔年派遣小林榮運、椋本龍海赴台擔任臺灣開教使，並於同年4月，在真言宗八大山共組「各派連合法務所」之下，選定位於臺北萬華的黃氏家廟這座屬於臺灣人祖先崇拜祭祀場所的家廟作為臨時布教處，接著再將布教場改設於臺北北門的瞿公廟。再歷經草創的過渡時期，西元1899年（明治32）7月於臺北市新起街興建布教所，隨著布教事業及宗務發展所需，到了西元1908年（明治41）6月，擇新地規劃新高野山弘法寺之寺名的伽藍，做為真言宗在臺傳教布道的重鎮[261]，並逐步於基隆、新竹、臺中、臺南、嘉義、高雄、花蓮等共十餘地設立傳教布道據點[262]。

　　關於本次發現日治佛教石造物蹤跡的高雄地區真言宗布教據點的創建始末，推測最早

258　分別參照高雄市役所編〈高雄市略圖〉《高雄市要覽（昭和四年版）》（高雄：高雄市役所，1929），附錄；高雄市役所編〈高雄市略圖〉《高雄市要覽（昭和八年版）》（高雄：高雄市役所，1933），附錄。

259　考察日治時期真言宗在高雄地區的布教活動情形，可見相關史料中對於布教設施名稱及位置的記載，除了出現位於高雄市山下町102的打狗布教所之外，另外還可見高雄市壽町的真言宗大師教會高雄支部，或是高野山真言宗打狗支部、真言宗高野山高雄布教所、打狗真言宗布教所或是打狗布教所等名稱。筆者參照大正10年至昭和12年由高雄州役所及高雄市役所發行的《高雄州要覽》及《高雄市要覽》等官方紀錄，皆顯示真言宗在高雄地區設立的布教機構只有一處。此外，再詳細比對日治時期高雄市區地圖中真言宗在高雄設立的布教所位置，發現正位於「山下町」與「壽町」的交界處一帶，因而推測真言宗高雄布教所之所以出現兩種不同的所在標示，除了可能因為地處位置容易產生混淆，也有可能是因為歷年區域劃分調整所致。至於該布教機構在相關文獻中共出現多種不同名稱的情形，推測因是隨著布教活動規模及編制的改變而調整名稱，一方面似乎也反映出戰前真言宗在高雄地區布教的實態。

260　關於日治時期真言宗在臺的布教歷史軌跡，可參閱參照：闞正宗〈真言宗弘法寺與臺北天后宮—《閱讀臺北天后宮》內容的商榷〉（《臺北文獻直字》158，2006），頁33-54；闞正宗〈真言宗在臺開教史—兼論戰後寺宇存廢〉，頁14-34。

261　引自〈臺北の寺院（一）真言宗弘法寺〉《臺灣日日新報》1910年02月19日，第五版。

262　關於日治時期真言宗在臺所設立的布教所及寺院的數量，根據仏教タイムス社《明治百年紀念·佛教大年鑑》一書的紀錄，共列舉出：弘法寺（臺北市西門町）、基隆支部（基隆市入船町）、新竹支部（新竹市南門町）、竹本布教所（新竹州竹東郡竹東街）、臺中布教所支部（臺中市新高町）、埔里布教所（臺中能高郡埔里街）、嘉義支部（臺南州嘉義街）、臺南支部（臺南市末廣町）、高雄支部（高雄市壽町）、打狗布教所（高雄市打狗山下町）、東港布教所（高雄州東港町）、吉野村布教所支部（花蓮港吉野區吉野村）、花蓮港布教所（花蓮港吉野區中園）、林田村支部（花蓮港鳳林區林田村）等寺院及布教所。由於這項資料為西元1924年（大正13）、西元1934年（昭和9）及西元1938年（昭和13）三次調查紀錄所綜合而成，部分機構歷經數度改制轉移等改變，雖呈現於一覽表上的統計共有18座，扣除4座重複的部分共計有14座（參照仏教タイムス社《明治百年紀念·佛教大年鑑》，頁199）。此外，闞正宗〈真言宗在臺開教史—兼論戰後寺宇存廢〉一文在透過《開教十年史》內容分析真言宗在中部地區的布教情景時，除了上述《明治百年紀念·佛教大年鑑》一書中所羅列的真言宗在臺設置的宗教設施之外，還具體指出西元1918年接任臺中布教所的生方龍晃，在隔年2月13日接獲大本山管長暨本部長頒布的五等布教師及臺中駐在委任狀之後，隨即在同年2月16日於彰化信徒中澤家中設立大師教會分會，並陸續於東勢、南投的信徒家中設置教會（參照闞正宗〈真言宗在臺開教史—兼論戰後寺宇存廢〉，頁19）。藉由上述兩則資料判斷，真言宗在臺設立的宗教設施數量至少有14座以上。這樣的推測正好與田中一二《臺灣年鑑》一書中所記載的真言宗於西元1941年在臺共設18座布教所的數據極為接近（田中一二《臺灣年鑑》（臺北：臺灣通訊社，1943））。

〈高雄市略圖〉。來源：《高雄市要覽（昭和8年版）》，附錄。

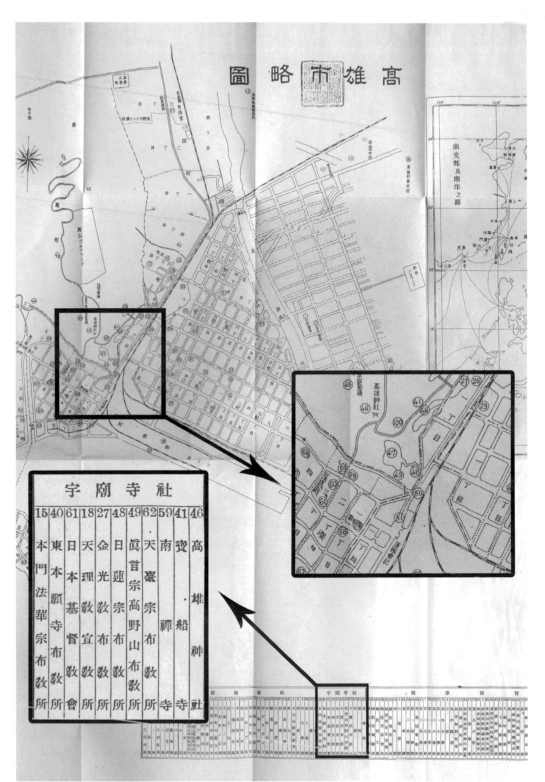

圖83 高雄市略圖[263]

成立於西元1917年（大正6），根據相關史料的考察，顯示布教所的草創曾歷經數個階段。首先為高雄市役所發行《高雄市要覽》所記載的西元1917年（大正6）3月17日，這個日期應是真言宗南下高雄進駐的第一個時間點[264]。接著根據《臺灣日日新報》報導可知，布教所於西元1917年4月8日正式取得設立核准，隨即於4月20日舉行開教儀式，正式命名為「打狗真言宗布教所」，由長智榮僧侶擔任該布教機構的支部長，日後接續由生方龍晃、大森清教、松尾靈澄等僧侶肩負布教事業[265]。打狗真言宗布教所自草創以來，基本上維持1至2位布教師的編制，主要布教對象為旅居高雄的日本人，在歷經數十年的布教時間對於臺灣信徒仍無斬獲。此外從官方的統計數據也顯示，真言宗在高雄地區的布教事業基本上保持穩定的信徒數，例如設立布教所4年後的西元1921年（大正10），高雄地區真言宗信徒數為1856名，全數為日本人。而西元1927年（昭和2）的信徒數為1065名，西元1932年（昭和7）信徒為1390名，到了西元1935年（昭和10），信徒數同樣是1390名[266]。相較於其他宗派而言，雖然無法像淨土真宗本願寺派或大谷派般大量開拓信徒，不過以同期高雄地區各派別擁有的信徒數而言，真言宗的信徒數只少於淨土真宗及臨濟宗、曹洞宗[267]。該布教所的例行法會為7月中旬舉行的精靈祭典盆供法會與6月15日的弘法大師降誕祭，特別是7月的精靈祭典活動除了進行施餓鬼法要，更於高雄港內放流「施餓鬼船」以普渡亡靈[268]，為真言宗高雄地區傳道布教的重要據點。

　　戰後隨著日本佛教撤離臺灣，這座宗教機構被國民政府接手，期間曾一度被作為國民黨黨部所使用[269]。日後成為一般民宅，直到10餘年前住戶遷移後荒廢至今，在國有財產局將該地標出之下，展開建物拆除的工作。這座在拆除工程進行中意外重見天日的石佛，為日本國內典型的石造宗教文物之一。事實上，人類以「石」作為信仰素材及崇拜對象的歷史由來已久，早在舊石器時期即出現石造宗教用具，日本在佛教傳入前已存在與石頭相關的宗教信仰。在佛教傳入之後，如石佛、石塔、石燈籠等造型的石造文物隨佛教帶來的信仰而生成，並與庶民信仰融合構成今日所見的日本石造文物豐富的類型及特徵，當中又以透過石材雕刻而成的佛教造像的石佛類型最具特色。臺灣自十九世紀末葉至二十世紀中期，經歷過日本的統治，這段期間除了帶來政治、經濟、社會等各層面的影響，伴隨日本人移民所帶來的原鄉庶民文化，更賦予臺灣民間不同的文化受容，其中，日本石佛的傳入即為典型。作為日本庶民信仰重要表徵的石佛，在來臺日人的奔走建設下，分布於臺灣各地，根據千光路14號石佛背面的銘文內容，顯示這座石佛也屬於一般民眾為了宗教目的所造立之物。根據筆者對於日

264　高雄市役所編《高雄市要覽（昭和十一年版）》（高雄：高雄市役所，1937），頁31。

265　分別參照《臺灣日日新報》1917年04月16日，第二版，以及仏教タイムス社《明治百年紀念‧佛教大年鑑》，頁199。

266　以上分別參照高雄州役所發行《高雄州要覽》的1920年（大正11）、1922年（大正13）、1927年（昭和2）版本，以及高雄市役所發行《高雄市要覽》之1929年（昭和4）、1933年（昭和8）、1937年（昭和12）各年度版本之統計數據。

267　根據《高雄市要覽》所記載西元1935年（昭和10）高雄市佛教各宗派信徒總人數為：淨土真宗本願寺派4198名、淨土宗1285名、真言宗1395名、日蓮宗655名、天臺宗855名、淨土真宗大谷派3217名、臨濟宗妙心寺派1474名、曹洞宗1573名。（高雄市役所《高雄市要覽（昭和十一年版）》，頁31-32。）

268　〈真言宗精靈祭〉《臺灣日日新報》1920年07月12日，第五版。

269　《聯合報》2010年12月08日，B1版。

治時期日本石佛的研究，日本石佛在臺的發展從日治初期起，不僅臺北出現六地藏、觀音等石佛，在東部的花蓮一帶也已出現觀音、地藏石佛的造立紀錄；直到統治末葉前後，地藏石佛隨著個人或團體，為了供養、祈願、息災、濟度、紀念，以至於教化等目的，廣泛在臺灣本島甚至在離島的澎湖被造立[270]。

　　其中，以觀音形象為主題，並出現標示著「西國 第一番」銘文的石佛，是以作為西國巡禮系統（又稱西國三十三所觀音巡禮）的靈場札所象徵為目的所造立。自西元1926年臺灣首座設置於臺北觀音山麓的移植靈場（新靈場、地方靈場）：臺北新西國靈場創設以來，在宜蘭、基隆、新竹、高雄、埔里等地，以石佛作為巡禮札所本尊的型式，陸續將日本的觀音靈場巡禮移植到全臺各地。西國靈場的巡禮札所本尊共包含：聖觀音、十一面觀音、千手觀音、如意輪觀音、馬頭觀音、准胝觀音及不空羂索觀音等7種觀音類型。本章涉及的高雄千光路14號這座正面刻有如意輪觀音容像與「西國第一番」五字的石佛，可謂至今於南臺灣唯一發現的日治時期的觀音石佛。此外值得一提的是，高雄目前除了現存於千光路14號這座石佛之外，未見其他同樣式、規模並刻有象徵西國靈場札所石佛的觀音形象或「西國第○番」這類型的石佛或相關石造文物。這是與臺北、新竹、基隆、宜蘭各地現存日治時期觀音石佛最大的不同。

三、千光路日本石佛的田野調查及初步解析

　　座落於千光路14號位址內的這座石佛，論規模大小及造型樣式都是國內現存日本石佛中所罕見[271]其構造除了擁有呈板碑型體的石佛之外，還包含高度約2公尺的基座及附屬臺階。根據石佛背面的銘文記載，建立的時間為西元1937年（昭和12）年4月，石佛本體採用花崗岩材質，底部的基座與附屬臺階則屬磚造水泥材質。千光路石佛基本類型屬於墓塔類，若再根據石造物風格特徵所細分出的光背型、笠付型、板碑型、板駒型、駒型、柱像型、箱型、圓雕型、自然石等式樣[272]進行判別，千光路石佛基本上接近於板碑型。石佛（圖84~圖89）本體採自然石風格的雕琢處理，在表面上鑿出長93公分、寬50公分、深3公分的平面，再施以浮雕技法雕製出立體輪廓的石佛。雕刻的造像根據佛像造型儀軌研判為六觀音之一的如意輪觀音（梵名Chintamanicakra），石佛相貌（圖90）呈現如意輪觀音典型的半跏姿態，右手托放於膝，雙腳以輪王坐[273]之姿坐於蓮花座上，觀音頭戴寶冠，身著瓔珞華服。再者，觀音的六臂除了持如意寶珠、法輪這兩項如意輪觀音的象徵之外，還拿有蓮花、念珠等法器，象

270　林承緯〈日本石佛在臺灣的傳承與展開：以日治時期日本人所造立的石佛為考察中心〉《藝術學》28期，2012），頁273-274。收錄為本書第四章內容。

271　相較於分布在臺北觀音山、基隆、新竹等同屬日治時期創建的新西國三十三所觀音靈場巡禮石佛群而言，高雄千光路發掘的石佛不論在個別尺寸及樣式上都有明顯的差異。基本上，觀音山、基隆、新竹的石佛尺寸高度約在80~95公分之間，造型上皆屬船型光背的石佛樣式。高雄千光路石佛為筆者現階段所見日治時期創建於臺灣全島的巡禮、遍路系統石佛中唯一採板碑狀的特例；一方面該石佛尺寸及規模不僅在臺灣各案例中未見，在日本國內現存的巡禮札所本尊石佛中也極為罕見。

272　各樣式造型特徵，參閱（圖97），關於近代基石型態的石佛樣式詳細分類，可參照：庚申懇話會《日本石仏事典》，頁321-324。

273　「輪王坐」為如意輪觀音及馬頭觀音特有的坐姿，呈現單腳立膝，二腳掌相合的姿態。

圖84 千光路石佛正面

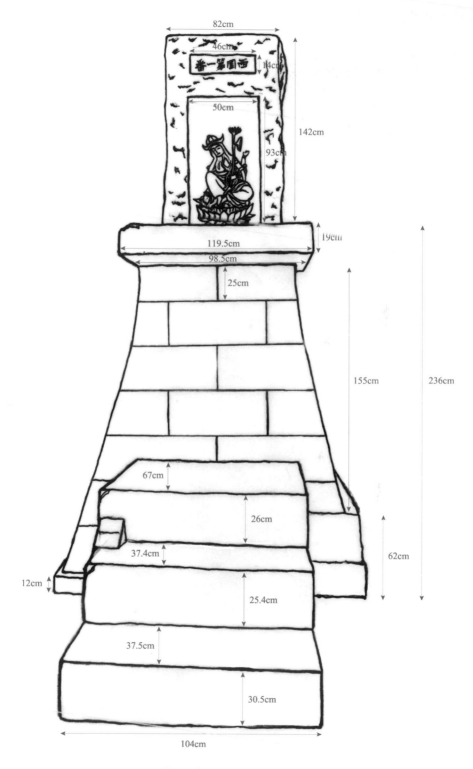

圖85 千光路石佛正面測繪圖

圖86 千光路石佛背面

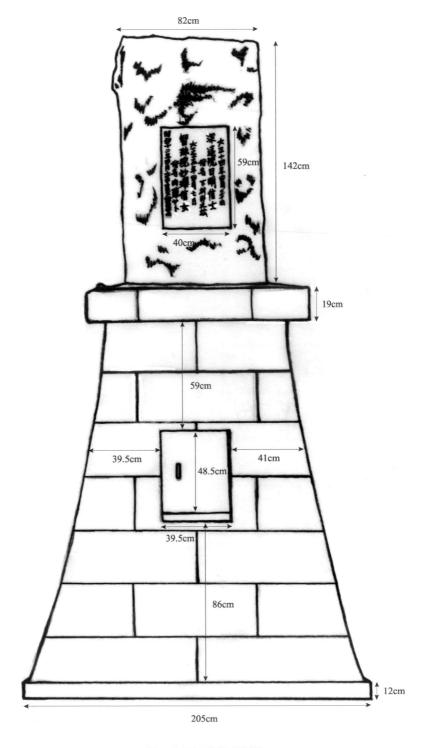

圖87 千光路石佛背面測繪圖

圖88 千光路石佛側面測繪圖

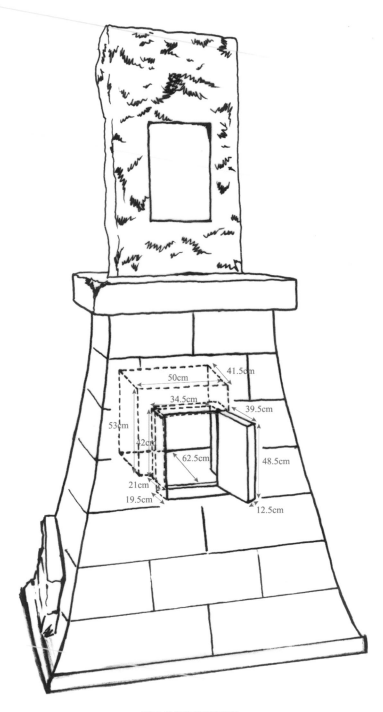

圖89 千光路石佛透視圖

圖90 千光路石佛容像

圖91 千光路石佛側面

徵著拔除六道眾生一切的苦痛，施予現世利益之意。如意輪觀音的容像常見的是1面2臂或1面6臂，不過在經軌中也見4臂、10臂及12臂之說。

關於六臂如意輪觀音的形象，根據《觀自在如意輪菩薩瑜珈法要》所示，右側為思維手、持寶手、念持手，而左側是按山手、蓮華手、寶輪手，該石佛造像的持物、手印正與儀軌吻合。如意輪觀音信仰在九世紀隨著密教傳入日本，為日本觀音信仰中相當重要的變化觀音之一。日本民間以如意輪觀音作為石佛的歷史可追溯到平安時期，位於九州地區大分市的高瀨石窟，即出現如意輪觀音形象的岩雕石佛[274]，鎌倉時期之後，如意輪觀音石佛（圖92）更散見西日本地區。一般除了單一造像之外，被作為六觀音、七觀音，或是西國三十三所觀音靈場之一的情形廣為多見。特別在江戶中期以來，由於如意輪觀音信仰與日本民間信仰中的二十二夜崇拜及月待供養融合，成為了眾多女性崇信的信仰本尊，因此常民社會廣泛以如意輪觀音作為女性的墓石[275]。

本次「再出土」於高雄千光路的日本佛教宗教脈絡下的石佛，除了正面雕刻有如意輪觀音造型之外，在石佛上方還可見「西國第一番」的陰雕文字（圖84），透過銘文內容顯示該石佛於信仰功能上應屬西國三十三所觀音靈場的巡禮札所石佛。所謂的第一番指的是分布於

274　庚申懇話会《石仏調查ハンドブック》（東京：雄山閣出版，1981），頁128。
275　日下部朝一郎《石仏入門》，頁34-35。

圖92 如意輪觀音石佛（三重金剛証寺）

日本近畿地區的西國三十三所觀音靈場巡禮[276]的第一番巡拜寺院，也就是位於和歌山縣境內著名那智瀑布旁的青岸渡寺。青岸渡寺的本尊為如意輪觀音，對照石佛造像可見與相互一致，顯示本石佛確實屬於新西國靈場札所石佛。不過除此功能之外，在石佛的背面同樣於凹凸不平整的自然石表面上，切割一面區域以陰刻手法刻上文字，銘文內容採直式的書寫（圖93）。內容共分成7行，由左而右分別為：「大正十四年四月三十日」、「深遠院日明信士」、「俗名 卜村卯之松」，以及「大正十五年四月七日」、「智珠院妙瓔信女」、「俗名 內藤サト」、「昭和十二年四月本田良太郎造立」。

圖93 千光路石佛銘文

　　藉由上述的銘文解析推測，這座石佛建造的目的除了正面所示的西國三十三所觀音靈場札所石佛之外，可能還具備對往生者的供養、慰靈之目的，也就是所謂的供養塔。此外還有一點值得留意的是在石佛基座背面設置有一道小門（圖86、圖89），開啟後內部有長約50公分、寬41.5公分、高53公分的密閉空間（圖89），經實地檢視未見有放置任何物品的痕跡。石佛座落的千光路14號現址，隨著周邊屋舍的拆除（圖94），目前已無法了解石佛原初配置於建物的位置，僅透過周邊住民訪談結果獲知[277]，屋舍拆除前石佛座落於建物內的屋舍後方，當時在石佛背後有片竹林。根據舊臺灣日本寺院等調查委員會於西元1987年進行的田野調查可知，千光路14號為一棟擁有四個房間的日式木造建築，這座屋舍在日治時期即為布教師的住屋，而這座石佛正位於中庭[278]。再參照當時由調查委員會拍攝的照片（圖95、96）[279]，可見石佛右側被放置著水塔，左側緊鄰著屋樑，石佛基座上緣交錯著數條電纜線，已徹底淪陷於雜亂的現實生活場域之下。

276　關於流傳於日本常民社會中的西國三十三所觀音靈場巡禮，以及四國八十八所靈場遍路等宗教巡禮文化於日治時期隨著布教或移民等途徑在臺灣各地的傳承與受容狀態，請參閱本書第一章與第二章的內容。

277　根據西元2010年12月25日筆者實地田野調查訪談所得。

278　舊臺灣日本寺院等調查委員會《台灣開教的步み》（東京：日華佛教文化交流協會，1989），頁63。

279　舊臺灣日本寺院等調查委員會《台灣開教的步み》，頁118。

圖94 千光路14號周邊

圖95 千光路14號內部景象之一[280]

圖96 千光路14號內部景象之二[281]

280　《台湾開教の步み》，頁118。
281　《台湾開教の步み》，頁118。

四、石佛造像背景與目的之考察

（一）造像背景

　　由於千光路石佛座落位置的前身屬於日治時期高野山真言宗打狗支部，因此關於這座石佛的設立很自然地被視為來自高野山真言宗打狗支部或其信徒之手。此外，根據標示於石佛上的「西國第一番」這項西國觀音靈場巡禮札所石佛的特徵，更不禁令人推測日治時期高雄地區也與臺北、新竹、基隆、宜蘭等地區相同，皆存在著以日本本土西國三十三所觀音靈場為範本的地方靈場。若確實存在著這樣的宗教活動及設施，是否為真言宗在高雄地區進行布道傳教事業的事蹟，或是為高雄地區各宗派或信徒所共有。在提出數則問題點之際，我們發現若只單純針對石佛的型態及特徵進行解讀，並無法完全印證這座宗教造型與座落地點間的關聯性，因此以下將試圖由3個層面展開解析。首先著眼於作為西國三十三所觀音靈場巡禮功能的信仰層面，根據佐藤久光對於西國巡禮展開的量化研究顯示，西國巡禮不同於四國遍路所具有的特定宗派色彩，參與西國巡禮的宗派信徒相當多元，就西元1990年前後進行的調查顯示，從事西國巡禮最多的宗派為淨土真宗的信徒，以下依序為淨土宗、真言宗、禪宗、日蓮宗、天臺宗[282]。雖然這項研究的時空背景與千光路石佛建造的西元1937年之間已有半個世紀的距離，不過仍可作為說明佛教各宗派與巡禮活動參與之間的關聯性。確實以日治時期創建於臺灣的新西國三十三所觀音靈場巡禮札所石佛而言，不論是臺北觀音山或是基隆、新竹、宜蘭的新西國巡禮石佛，皆非出自於真言宗所創設。因此，對於這座雕刻著如意輪觀音形象的西國第一番巡禮札所石佛是否為真言宗打狗支部所設立的疑問，甚難從這方面的證據找到解答。

　　銘文為金石資料解讀重要的依據，在該石佛背面可見陰雕有7行共60字的銘文（圖93），分析文字內容可知前三行與次三行共記載著兩位往生者的忌日、戒名及俗名，如此的銘文內容及型式常見於墓碑及供養塔上。第一個人物名「下村卯之松」根據姓名判斷應為男性，忌日為「大正十四年四月三十日」，而第一行標示的「深遠院日明信士」字樣，為日本佛教典型的戒名[283]型式。事實上戒名根據各宗派有不同的構成及慣例，如：淨土宗及淨土真宗以「法名」取代戒名，並冠上「譽號」及「釋號」，或像禪宗與日蓮宗使用「卍」、「妙法」等文字作為戒名的「頭字」。基本上，廣義的戒名包括院號、道號、位號等部分，就以「深遠院日明信士」為例，「深遠院」屬於院號，「日明」是狹義的戒名，「信士」則為位號。根據該戒名的組成清楚可判斷並非淨土宗或淨土真宗系統的戒名，一方面此戒名的用字也非禪系統命名慣例，因此初步推測屬於真言宗、天臺宗或日蓮宗的可能性最高。

　　緊接著，石佛背後銘文所出現的第二個人物名為「內藤サト」，戒名是「智珠院妙瑾信女」，根據這兩個部分明顯可知往生者為女性。列於戒名旁的忌日為「大正十五年四月七日」，日期與第一位人物相差近一年，這個戒名與前者在結構上差異不大，兩者應屬同一宗

282　佐藤久光《遍路と巡礼の社会学》（京都：人文書院，2004），頁173-190。

283　關於日本佛教戒名的相關內容，可參照鐮倉新書編《戒名‧法名‧神号‧洗禮名大事典》（東京：鐮倉新書，1981）。感謝野川博之博士在戒名辨別上給予的指正。

派。銘文的最後一列刻有「昭和十二年四月本田良太郎造立」14個字，昭和12年這個日期為石佛建造的時間，而本田良太郎是造像者，由於兩位往生者與造像者的姓氏相異，加上兩者忌日與造像時間相隔達12年，推測本座石佛的造像目的應是信徒之間的供養追念。關於「本田良太郎」這號人物，根據西元1934年（昭和9）發行的《臺灣實業名鑑》記載，本田良太郎生於和歌山縣，當時在臺的居住地為高雄市新濱町二之四[284]，造立這座石佛的本田良太郎為日治時期定居於高雄市內的商人。

到這裡為止的銘文解讀尚難以辨別石佛的供養對象或造像者是否為真言宗信徒，原因有二：其一因為戒名中未明顯呈現真言宗的命名慣例，其二是在這兩個戒名中出現「日」與「妙」這兩個日蓮宗信徒戒名[285]慣用文字。因此，暫時再將考察的中心從銘文轉移到石佛設立的地緣關係上，透過地圖及實際田野調查所得以考究石佛造像之背景。當對照與石佛設立時間相近的昭和8年版本的高雄市略圖顯示（圖83），真言宗布教所的座落位置緊鄰日蓮宗布教所[286]，與位於湊町（今高雄市登山街一帶）的天臺宗布教所之間有段距離，因此初步推測千光路石佛的造像及供養者屬於天臺宗信徒的可能性低。如此一來，千光路石佛的建造者背景除了座落位置的真言宗之外，另一個可能的宗派為日蓮宗，不過在此令人疑惑的是若石佛為日蓮宗信徒所造，為何座落地點在真言宗布教所內，是否有可能因移動而產生這樣的現狀。但是根據實地田野調查顯示，石佛與下方基座皆無出現移動的痕跡，研判今日所見的座落位置應為原址。經多方的推論及考證，雖然仍留下部分課題未能解決，但意外挖掘到的日治時期高雄地區佛教宗派間的布教軌跡，值得今後持續加以探索。

在尚缺更有力證據證明現位於千光路14號的石佛原屬打狗真言宗布教所，一篇出自《臺灣日日新報》1928年（昭和3）7月17日的報導，正好提供解答石佛原所屬的關鍵性佐證。此報導指出位於高雄市下山町也就是打狗真言宗布教所旁的日蓮宗布教所因布教師與信徒間產生糾紛，經信徒協議之下決定廢止該布教所[287]。根據報導內容可知日蓮宗設置於高雄地區的布教所在昭和初年面臨停擺，但是也由於關於日治時期高雄所在的日本佛教布教相關的紀錄缺乏，無法確認高雄的日蓮宗布教所是否在昭和初年廢止之後，在高雄地區內的布教活動或相關設施營建是否中止或延續，但是千光路石佛造立的昭和12年，遠晚於日蓮宗高雄布教所的廢止時間近9年。透過相關紀錄、石佛銘文及時期背景等資料旁敲側擊，這座現存於千光路14號內的石佛造立的緣起，應屬於打狗真言宗布教所信徒間的宗教供養設施，是南臺灣罕見的日本石佛造立事蹟。

284　臺灣新聞社編《臺灣實業名鑑》（臺中：臺灣新聞社，1934），頁270。

285　嚴格來說日蓮宗將戒名稱為「法號」，不過在此為求行文闡述便利，因此使用戒名這個通稱做為説明。

286　根據舊臺灣日本寺院等調查委員會的調查成果指出，真言宗高雄布教所遺址的現今地址為高雄市千光路14號，日蓮宗布教所舊址則是高雄市千光路8號。（舊臺灣日本寺院等調查委員會《台湾開教の歩み》，頁51）。此外，在《高雄市要覽（昭和十一年版）》彙編的紀錄中顯示，真言宗高雄布教所與日蓮宗高雄布教所分別成立時間為大正6年3月17日及大正6年3月3日，如此接近的創立時間及設立位置，是否反映出兩宗派在草創時期曾存在某種合作關係，關於這個部分仍須更嚴密的考證（高雄市役所《高雄市要覽‵昭和十一年版》》），頁31）。

287　〈苦々しい話　高雄の法華　布教師と信徒の喧嘩〉《臺灣日日新報》1928年07月17日，第五版。

（二）造像目的

關於千光路石佛的設立目的，在前一章節中根據銘文內容，推測造像目的出自對往生者的供養追念之用，也就是石造物中所謂的供養塔類型。此外，再根據石佛正面的銘文及石佛的容像特徵（圖84），亦可判定為地方靈場型態的西國三十三所靈場的巡禮石佛，因此這座石佛應同時具有做為巡禮石佛及供養塔的雙重功能。所謂的「模擬靈場」概念[288]，亦稱為「地方靈場」或「地方巡禮」，為日本民間為了滿足信徒無法親身前往近畿或四國地區進行巡禮遍路活動，所發展而成的一種兼具模擬與移植性格的宗教活動。各地透過石佛的建造，做為西國三十三所靈場，或是四國八十八所靈場各札所寺院本尊的象徵，並搭配周邊地勢及環境，營造出宛如「本靈場」般的宗教情境及類似體驗，以達成信徒對於巡禮遍路宗教活動的期待[289]。

座落於千光路位址上的這座石佛，除了正面陰刻有「西國第一番」銘文，石佛容像特徵也完全吻合作為日本西國三十三所觀音靈場第一番的那智山青岸渡寺本尊如意輪觀音的造型儀軌，可說是道地的西國三十三所靈場的巡禮札所石佛，不過另一方面令人感到不解的是，經由這座石佛再出土的事件，讓我們了解到日治時期在高雄地區可能存在著與北部各地相同的地方靈場，但是到目前為止卻未出現該系統其他石佛的蹤跡。以日本近畿地區為分布中心的西國三十三所觀音靈場，是由包括京都清水寺、大阪藤井寺、奈良興福寺南圓堂、兵庫圓教寺、滋賀三井寺等共33座的著名古剎寺院及若干的番外寺院所構成。雖然今日統稱為西國觀音靈場的巡禮寺院與平安時期草創當時的寺院有些不同，不過對於以巡拜複數寺院聖地，並明確賦予各寺院編號的日本巡禮文化而言，只單造一座巡禮札所石佛的案例近乎少見[290]。因此往往在發現一座札所石佛之後，可推測在周邊或鄰近地區應可能存在著其他32座相同型式的石佛，特別是比起四國八十八所靈場與真言宗的關係，西國三十三所觀音靈場信仰除了與真言宗有濃厚淵源[291]之外，也廣泛受到日本佛教各宗派的崇信。而這點除了可拿來解釋為何座落於真言宗高雄布教所內的西國第一番札所石佛的供養對象可能為日蓮宗信徒，也讓我們理解巡禮這座石佛的建造可能並非全然由特定宗派或寺院主導。

（三）造型解析

藉由以上由造像背景及其目的兩個層面的探討，對千光路石佛當年建造的背景環境及可

---

288 參閱星野英紀《四国遍路の宗教学的研究》，頁233-238；後藤洋文〈関東地方の新四国霊場〉（《仏教と民俗》16，1980），頁12-21；真野俊和《日本遊行宗教論》（東京：吉川弘文館，1991）。

289 新城常三〈近世に於る地方霊場の発達：新西国と新四国〉，頁155-167。

290 不論是西國觀音靈場巡禮或是四國靈場遍路的本靈場構成，或者分布於日本列島各地的地方靈場，根據筆者近年於日本及臺灣各地所實施的田野調查，以及在掌握的相關文獻及田野報導中，尚未見有單一巡禮札所石佛造像的紀錄。唯有地方靈場由於時空背景或其他因素而遭逢荒廢之際，導致部分石佛散佚不全，例如座落於臺北觀音山的臺北新西國三十三所觀音靈場石佛，或是安置於舊真言宗花蓮港布教所（今慶修院）內的新四國八十八所靈場石佛皆為典型。

291 在西國三十三所觀音靈場的巡禮寺院中，共有將近半數的15座寺院隸屬於真言宗，例如：第五番葛井寺（真言宗御室派）、第六番南法華寺（真言宗）、第七番龍蓋寺（真言宗豐山派）、第八番長谷寺（真言宗豐山派）、第十一番上醍醐寺（真言宗醍醐派）、第十二番正法寺（真言宗醍醐派）、第十三番石山寺（東寺真言宗）等。

　　【光背型】　　　　　　【駒型】　　　　　　【丸型】　　　　　【自然石型】

　　【笠付型】　　　　　【破風型】　　　　　【板碑型】　　　　　【角柱型】

圖97 日本常見的墓塔・石佛樣式

能的目的達到初步的理解，最後將從這座巡禮石佛及基座的造型層次進行討論。這座石佛根據外觀結構分成兩大部分，第一部份為下方由磚石堆砌而成的基座與臺階，第二部分為安設於基座上方呈石板狀的巡禮石佛。首先以日本列島各地常見的西國觀音靈場札所石佛的規模及結構而言，基本上多見以單一石塊造像，像千光路石佛不僅安設於高度將近兩公尺規模的基座，同時更選用長142cm、寬82cm、厚27cm如此規格的花崗石材作為造像用料，不論在北臺灣或日本本土的巡禮札所石佛中皆未見如此規模之作。不過根據本章第二節對真言宗在高雄布教的考證可知，從草創期至石佛建造前後，真言宗在高雄地區的信徒量一直維持在千餘人上下，另一可能的造像宗派日蓮宗的情形也與真言宗相似，兩宗派各保有的信徒數及布教實力雖未居各宗派之首，何以造立如此規模的石佛，是值得持續關注的課題。

　　此外，這種規模少見的石佛，在型態樣式上也極為特殊。在初步與日本常見的石造物墓塔樣式比對之下（圖97），未見造型特徵與千光路石佛完全吻合的樣式。首先以浮雕石佛容像的石片外觀來研判，與「笠付型（圖98）」頂端下緣的形貌有部分相似，因此筆者懷疑是否這座石佛原屬於笠付型，日後因頂端的石笠裝飾部位掉落，才呈現今日所見的形貌。不過經由田野調查，顯示石片厚度不足以作為笠付型石佛的碑身，頂端部分也無裝置的痕跡。因此，這座石佛的樣式在去除笠付型的可能性之後，最接近的樣式當屬「板碑型（圖99）」。板碑型的基本特徵為石板型制的碑身及頂端呈現的三角形造型，為常見的墓石樣式之一。千光路石佛的外觀雖符合板碑型的碑身特徵，但是頂端部分卻呈現平面的線條，基於上述的特徵分析，雖然與常見的板碑型樣式並非完全一致，不過根據石佛全貌及構成型態，研判可視為廣義的板碑型石佛。這座石佛不論在規模、樣式、施作技法上皆為國內現存日治時期日本佛教相關石造宗教文物所少見，特別值得一提的是，國內現存的日本石佛，或是日本國內與西國靈場或四國靈場相關的巡禮札所石佛，絕大多數為光背型石佛（圖100）的樣式，以板碑型石佛作為西國三十三所觀音靈場巡禮札所石佛的例子相當罕見。

圖98 笠付型石佛（京都接引寺）

圖99 板碑型石佛（京都壬生寺）

圖100 光背型石佛（國立臺灣歷史博物館典藏）

最後，在石佛基座背面可見一扇小門（圖86），小門開啟為一密閉空間（圖89），這樣的構造確實在供養塔類型的石佛中時而可見，一般被作為骨甕收納之用。不過這座石佛除了作為供養塔之外，從如意輪觀音及正面所見的西國第一番的元素符碼，皆呈現典型的西國三十三所觀音靈場巡禮石佛式樣。根據現階段石佛相關研究成果顯示，巡禮札所石佛與供養塔結合的案例，基本上多集中於四國八十八所靈場遍路系統，西國系統的巡禮石佛甚少與作為往生者骨罈收納及供養目的結合[292]。因此，透過千光路石佛呈現的造型構成及功能，可見在這座來自於日本佛教信仰脈絡下的宗教造型，除了反映著日治時期佛教宗派及信徒的故國原鄉慣習之外，有可能受限於異地臺灣的環境或資源條件，甚至是受地方風俗民情的影響而產生的折衷變異。

五、千光路石佛的文化資產價值

根據以上篇幅對現存於高雄市鼓山區千光路14號的石佛所展開的基礎研究分析，大致已清楚還原石佛造立的歷史背景、目的原由、宗教意義，並具體突顯出這座文物在學術、藝術、文化等各層次上所兼具的保存價值。以下將進一步就文化資產保存的面向著眼，首先對於千光路石佛作為文化資產的認定類別進行討論，接著列舉數例其他縣市類似案例的文化資產操作保存情形，最終針對千光路石佛的保存模式與後續之管理維護進行建議。

首先，千光路14號石佛在文化資產類別中，究竟屬於「古蹟」、「古物」或是「民俗文物」？這個疑問應該是地方政府將這項物件導入文化資產保存之下第一階段面臨的問題，應該將千光路14號這座石佛以《文化資產保存法》之哪一類別加以處理？根據現行採用之2005年2月5日第5次修正公布的《文化資產保存法【第2版】》（以下簡稱文資法），該法第3條以：「具有歷史、文化、藝術、科學等價值，並經指定或登錄」界定文化資產，在文化資產範疇之下，根據不同文化類型共分為7種至9種[293]。其中極可能含括本研究對象千光路14號石佛類別的第一項「古蹟」，在文資法中是與歷史建築與聚落成章，其定義為：「指人類為生活需求所營建之具有歷史、文化價值之建造物及附屬設施群」；至於「古物」之定義為：「指各時代、各族群經人為加工具有文化意義之藝術作品、生活及儀禮器物及圖書文獻等」；「民俗及有關文物」是：「指與國民生活有關之傳統並有特殊文化意義之風俗、信仰、節慶及相關文物」。

在此先著眼於千光路14號石佛是否為「古蹟」這個疑問，前述所示的文資法中對於古蹟的界定，可知古蹟為人類為生活需求所營建的建造物或附屬設施，雖然「建造物」一詞非停留於狹義的「建築物」，「附屬設施」也包含在內，藉此乍看下確實也非完全不能適用於石碑、石塔。不過，再參照文資法施行細則第2條內容，指出：「古蹟及歷史建築，為年代長久且其重要部分仍完整之建造物及附屬設施群，包括：祠堂、寺廟、宅第、城郭…等」，藉由細則條文顯示千光路14號的石佛應不適於歸類為古蹟類型，在此需補充說明的是，古蹟類

---

292 關於巡禮石佛及納骨供養墓塔間的關係，感謝元興寺文化財研究所主任研究員角南聰一郎博士給予的指正及建議。

293 林會承《臺灣文化資產保存史綱》，頁10-12。

型中存有「碑碣」細項，千光路14號石佛確實於正反兩面皆刻鑿文字，但描述內容非記載陳述某些歷史事件，而是作為人事時及宗教文化意涵的表徵，故不適用以古蹟（碑碣）進行認定。

再剔除以古蹟作為認定的可能之下，文資法中可見的「古物」、「民俗及其文物（民俗文物）」這兩項以「物件」為核心的類別適用的可能性最大。在此，民俗及其文物中「文物」的概念，泛指與國民生活有關風俗、信仰、節慶相關的文物。此條文所指的民俗具有強烈的普遍性、傳承性、自發性等特質[294]，一方面作為民俗及其文物的「民俗文物」與文資法中另一項的「古物」之間，最大的差異在於民俗文物仍存在於該文化脈絡之下，至於古物則多數已脫離其原生文化環境，單獨存在於環境之物件。藉由這樣的類別取向及意涵檢視，顯示將千光路14號石佛認定為文資法中的古物以保存應為適當的認定。

古物可謂人類智慧、文化與藝術成就下的產物，也是文化資產的一種類，文資法將古物定義為各時代、各族群經人為加工具文化意義之藝術作品、生活及儀禮器物及圖書文獻等。過去對於古物的認知為具有悠久歷史之物。不過文資法在2005年修法後所定義的文物，並不限指年代久遠之物，也就是說時間價值非絕對的判別標準。而將古物的認定精神指向具文化意義或為歷史及文化的見證物[295]。以這些基準檢視千光路14號的石佛，這座石佛年代確實尚非久遠，不過就物件本身及周邊衍生的歷史、文化意涵確有充分的價值。正如前述所言，這座石佛除了可視為日治時期日本佛教在南臺灣傳教活動的見證物，一方面亦可視為日治時期日本人在臺灣庶民信仰活動的重要遺跡，同時就臺灣宗教文物的發展上也具代表性，這些都是千光路14號石佛採古物的文化資產認定的重要關鍵。我們再依據文資法施行細則第7條來看文物的詳細內容，共分出：（1）藝術作品，包括書法、繪畫、織繡等平面藝術與陶瓷、雕塑品等。（2）生活及儀禮器物，包括器皿、信仰及禮儀用品、娛樂器皿、工具等。（3）圖書文獻，包括圖書、證件、檔案、影像資料等具有文化、歷史或藝術價值之文物。根據細項所說明的古物內涵，千光路14號的石佛應屬於生活及儀禮器物類項。

目前全國各縣市將石碑、石塔指定或登錄為文化資產的案例已有數件，其中屬於日治時期宗教文物的文化資產登錄共有3件，其一為西元2009年花蓮縣政府登錄為【一般古物（生活及儀禮器物—其他神碑）】的『密教鎮地石碑』。這座石碑原座落於該縣壽豐鄉豐坪村某私人土地內，在西元2003年由居民將此石碑從原地移往目前設置地點，石碑在登錄為文化資產後，目前仍採原狀現地保存，未加以遷移或變動。本文物以「具稀少性的日本時代宗教特色，墓葬場所建物，字碑屬日治時期刻體，呈現當時石刻工藝技術，有助於理解日本當時密教的宗教信仰和風俗習慣」為登錄理由，屬於日治時期佛教宗派設置之鎮護性質的石碑，目前該石碑正反兩面上的銘文因風化已難以判讀。第二件同樣出自花蓮縣政府登錄的『地神』，座落於壽豐鄉豐坪村，屬於日治時期日本移民引進的日本庶民信仰，登錄與保存作法與『密教鎮地石碑』相同。

294　林承緯〈民俗學與無形文化資產：從學科理論到保存實務的考察〉（《文化資產保存學刊》20期，2012），頁73-75。

295　傅朝卿等編著《文化資產執行手冊》（臺中：文化資產總管理處籌備處，2006），頁6-5。

　　第三則登錄的日治時期宗教文物為文化資產的案例為西元2011年臺北市政府登錄之『臺北市法華寺之「南無妙法蓮華經」石碑與「百度石」』，這項文化資產登錄類別與前述花蓮登錄的日治時期宗教石碑相同，皆為【一般古物（生活及儀禮器物—其他神碑）】。唯一不同在於臺北市這次的古物登錄同時包含「南無妙法蓮華經石碑」與「百度石」，這兩件分別於西元1930年與西元1938年興建於臺北法華寺內的石造文物。此案例的登錄理由有三：「1.法華寺乃日本日蓮宗在臺之代表寺，該二石碑係日據時代日系蓮宗教派，在臺佈教之重要見證文物。2.「南無妙法蓮華經」石碑上之字蹟，書法獨特，為法華寺日據時代之住持所遺留，具有緬懷與弘法之用意，具備歷史、文化意義。3.「百度石」可以重現過去日人信眾在臺特殊參拜儀式之歷史記憶，亦是目前本市所發現唯一可保存此相關回憶之石碑」。這兩座在日治時期由法華寺設置的石碑，從設置以來至今仍屹立於原處，雖然今日的法華寺已非昔日日本法華宗在臺的布教樞紐，法脈傳承也被漢傳佛教所取代，不過這兩座已失去原設置功能及宗教象徵的石碑，在外觀及設置型態仍未被改變，得以維持創建期的原狀。藉此，西元2011年臺北市政府在登錄「南無妙法蓮華經」與「百度石」石碑為古物之後，這兩座石碑依舊採原地原狀的保存型式加以維持。雖然目前法華寺的信仰活動已與日治時期當時的法華寺有顯著地不同，但是豎立於寺院山門旁的南無妙法蓮華經碑，與安置於寺院大殿前方的百度石這兩座宗教造型現存位置，正好與該寺現存的日治時期所建造的大殿、山門等建築物構成一體，成為今日理解日治時期法華寺宗教場域及參拜儀式的見證之物。

　　相較於前述三件受花蓮縣政府、臺北市政府登錄於該縣市文化資產的日治時期石碑案例，這座位於高雄市千光路14號的石佛所擁有的文化資產保存價值及代表性亦無庸置疑。根據〈古物分級登錄指定及廢止審查辦法〉第2條規定之評定基準，一般古物登錄條件有：「（1）具有歷史意義或能表現傳統、族群或地方文化特色；（2）具有史事淵源；（3）具有一定之時代特色、技術及流派；（4）具有藝術造詣或科學成就；（5）具有珍貴及稀有性者；（6）具有歷史、文化、藝術或科學價值」等六項基準。千光路14號石佛這座西元1937年由當時居住於高雄的日本人，為供養往生者而造立於真言宗打狗布教所內，象徵西國觀音巡禮第一番如意輪觀音的板碑型石佛，若根據前述的古物登錄之評定基準加以評定之下，顯示此石佛充分符合文化資產保存價值。具體而言，千光路14號石佛的文化資產保存價值，以及在學術、人文與藝術層次具有的價值，大致可具體歸納出以下四點：

　　（一）本石碑為南臺灣罕見建造於日治時期的日本佛教宗教造型，就式樣與規模而言，亦屬全臺灣現存日治時期宗教文物所少見。一方面，對於高雄地區較為稀少的日治時期日本佛教發展的相關遺跡之中，其高達2公尺的基座及附屬臺階的規模，足以反映出日本佛教在高雄地區布教活動之規模。

　　（二）根據實地田野調查與文獻資料分析結果，證實千光路14號石佛原座落地點為真言宗打狗布教所設施內，是由信徒為供養而造立之石佛，可作為日本佛教真言宗於南臺灣發展，以及旅居南臺灣的日本人宗教信仰活動的見證。一方面，就這座石佛的造立目的及型式，對日治時期日本佛教在臺發展研究上極具價值，提供了文獻紀錄之外的珍貴研究資料。

　　（三）本石佛在外觀樣式上具備日本的西國觀音靈場巡禮札所的主要特徵，在高雄除了千光路所發現的石佛之外，未見其他屬於西國觀音靈場的相關石佛碑或石佛。因此推測以西國第一番如意輪觀音作為石佛題材，可能與石佛的創建者本田良太郎的地緣有關。當時居住於高雄市新濱町的本田良太郎出身於和歌山，西國第一番札所寺院便位於和歌山那智的青岸渡寺。如此以石佛造像作為建構日治佛像藝術內涵重要的文物，就佛像藝術研究上也深具價值。

　　（四）在現行文化資產法脈絡之下，本石佛應以「古物」類項加以保存維護，根據文資法古物的評定標準，千光路14號石佛建造於1937年的日治末葉，這座呈日本石佛風格的石佛，在具備歷史意義之際，也充分表現隨著日本宗教及日本人移植入臺的文化傳統、習俗及時代特色。另一方面，就國內現存的日治時期宗教文物而言，這座石佛具有相當的稀有性。在歷史、文化、藝術及相關學術研究上皆具無可取代的價值。

　　綜合前述統整的文化資產保存價值，千光路14號石佛在經過文化資產法登錄指定的程序之下，將面臨到保存方式與後續管理維護等措施。首先從文化資產保存方式或狀態論起。就千光路14號石佛與前述花蓮縣政府、臺北市政府於近年分別登錄為文化資產的日治時期石佛之現狀而言，基本上花蓮縣登錄的『密教鎮地石碑』、『地神』，以及臺北市登錄之『臺北市法華寺之「南無妙法蓮華經」石碑與「百度石」』，皆採行原地原狀的保存模式。雖然花蓮兩案例的石碑現存狀態已非日治時期原狀，兩座石碑原設置目的與周邊環境也早已改變，因此目前這兩座古物的保存是以維持文資登錄時間點的現狀，至於古物管理者即是文資登錄當時的擁有者。至於臺北市登錄的臺北市法華寺內的兩座日治時期的石碑，這兩件古物同樣採取原地保存的型式，只不過這個案例的古物本身與花蓮登錄的兩件古物的性質不同。臺北法華寺兩座石碑的現存狀態、分布位置及周邊環境從戰前興建至今改變不大，臺北市政府於西元2011年登錄為古物後，這兩座石碑維持原樣並未有任何的改變。

　　臺北法華寺這兩件古物原地保存模式的意義甚大，登錄為文化資產（古物）的「南無妙法蓮華經」、「百度石」，其採行的原地保存模式，讓兩件古物可於搭配周邊建物空間等配置環境下，彰顯文物、古物具有的價值意義，可謂最埋想的古物保存模式。譬如百度石是配合日本宗教信仰中稱「百度參」這種特殊參拜行為的周邊物件，信徒從百度石為起點往大殿參拜，接著循序回到百度石再度朝大殿前進，如此往返百次象徵參拜神佛百度，將可獲得無上的功德。臺北法華寺內的百度石仍維持原初設置處，因此這座百度石成為說明此物過去具備之功能象徵的重要物件。不過當古物周邊的環境喪失或有重大的改變，譬如高雄千光路14號的石佛，則因周邊日式屋宅拆除才得以重新被重視。不過一方面，周邊原本可能與石佛有關的建物消失，讓石佛成為一個獨立的物件，失去了周邊相關環境、物件配置以突顯這件古物的意義之際，古物的保存即非得採取原地保存一策。除了考量原地是否適合做為古物的保存地點之外，尋獲更理想的安置地點也是一個選項，當然若最終選擇移地保存，石佛的遷移必須顧及到整體性，除了上方刻有如意輪觀音形象的石佛，下方的基座整體也必須一併兼顧，才構成完整的千光路14號石佛的全貌。這座石造佛像的現狀仍相當完整，在後續的管理

維護上，首先除了必須留意石材質地風化的問題之外，應避免為求辨識容易，而在碑體正反面的銘文或容像部分上彩，盡可能保持原狀應是基本的維護管理準則。

六、結語

　　綜合上述多方面的論證解析，筆者盡可能還原千光路石佛建造可能的目的及源流，並進一步討論真言宗在高雄地區的布教軌跡。基本上雖無法完全斷定這座石佛為真言宗布教及信仰的一環，不過僅藉由這件殘存於今的宗教文物及遺跡的考證，逐步地讓日治時期各宗派在高雄的布教足跡，以及旅居高雄之日人的庶民信仰脈動投射再現。特別是千光路石佛不論就石佛樣式及結構規模，皆屬臺灣各地現存所少見，在這件文物所呈現的特徵中，已間接地反應出移植於日本本土的信仰模式在高雄新天地所產生的消融與變貌。藉由調查研究大致可歸納出以下四點成果：1、石佛屬於日本本土傳承的西國三十三所觀音巡禮靈場的一座新靈場、地方靈場的札所本尊象徵。2、此石佛建立的目的除了作為西國三十三所觀音巡禮靈場之第一番札所的象徵之外，同時也具備供養塔的功能。3、石佛出土地點位於日治時期設於高雄的打狗真言宗布教所內，根據田野現場與石佛塔樣式、銘文等訊息之比對，研判石佛即可能原屬於真言宗布教所的設施。4、此石佛不論式樣、規模、用材、造型皆為臺灣各地現存日治時期日本佛教宗教文物所罕見，更是南臺灣少數遺留的日本佛教文物。以上四項的分析成果大致反映這座位於高雄市鼓山區千光路14號的日本石佛所具有的特徵及其文化資產價值。

第六章　臺北天后宮藏《弘法大師行狀曼陀羅》繪卷

「繪卷」藝術為日本獨創的繪畫型式之一，其構圖層次為承繼平安時期大和繪之傳統，藉由長條絹布或紙張作為構圖媒材，透過圖文方式展開宛如今日漫畫般的連環圖像描繪。今日，在座落於日治時期佛教真言宗新高野山臺北弘法寺舊址的臺北天后宮內，收藏一件弘法寺所遺留的珍貴日本宗教繪卷《弘法大師行狀曼陀羅》。該文物堪稱國內現存佛教美術及相關文物中，少見保存完整、作工精緻、莊嚴素美，並相當罕見的日治時期佛教宗教繪畫作品。本章以臺北天后宮所藏《弘法大師行狀曼陀羅》為考察核心，首先從日本的繪卷藝術及佛教高僧傳繪卷的發展談起，接著論及弘法大師信仰與大師行狀繪卷之源流譜系，最終解析《弘法大師行狀曼陀羅》高僧傳繪卷一式四卷的圖像內涵，透過歷史文獻考證及繪卷構成之探討，呈現本繪卷畫的風格內涵及其圖像意義，一探弘法大師空海即身成佛之道於庶民造型圖繪上的表現。

一、日本繪卷研究與臺灣

繪卷（Emaki）亦稱繪卷物（Emakimono），為日本藝術發展上相當具代表性的一種繪畫藝術，藉由長條絹布或紙張作為構圖媒材，進行一連串故事情節的圖文表現。自平安時期（794-1185）開始，繪卷畫從圖解經籍的功能，逐步發展成為故事物語與日記的圖像化表現。到了鎌倉時期，以描繪寺院、神社創設緣起及高僧傳記等宗教性質的繪卷，伴隨著新佛教宗派的崛起而日顯興盛。繪卷物在千年餘的發展歷程之中，深植於日本列島的文化根底，與庶民文化及宗教信仰緊密結合。雖然近代以降，部分作品隨著收購、交換等流通管道，散佈至國外各大博物館及收藏家之手，不過，絕大多數的繪卷畫仍流傳於日本國內。一方面，對於曾經歷50餘年日本統治的臺灣，當我們透過史料文獻理解當時統治者於政經、文化、宗教層面上對臺灣整體產生的影響，相信並不會對臺灣現存有日本繪卷感到不解。日治時期日本佛教的傳入大致從西元1895年起，隨著傳教的軌跡，不只日式佛寺寶剎及相關布教機構林立，各式宗教活動與相關佛具、經籍、圖繪等文物亦隨之傳入臺灣。

今日，在位於臺北市西門町一帶的臺北天后宮[296]內，珍藏有一件傳承自該廟宇前身的宗教文物，也就是日治時期日本佛教真言宗在臺首要傳教據點—新高野山臺北弘法寺流傳的日本宗教繪卷《弘法大師行狀曼陀羅》[297]。根據該繪卷藏盒上的落款內容顯示，這部繪卷畫完成時間為西元1914年（大正3）11月，正逢該寺院創建的初期階段，內容描繪弘法大師空海[298]的生涯活動及相關傳說。其式樣屬於典型的高僧繪卷畫，目前在日本國內仍流傳數個系

296　臺北天后宮位於臺北市萬華區成都路51號。

297　「曼陀羅」音譯自梵文「मण्डल」，象徵佛菩薩聚合之宇宙真理，屬於密教系統的宗教表現。在日本，曼陀羅的概念受為廣泛，泛指表現綜合世界或特殊宗教主題的繪畫作品。

298　空海（774-835）為日本平安時代的僧侶，真言宗的開祖。31歲渡唐習法於青龍寺惠果阿闍梨，返國後以弘揚密教為業，開創高野山、東寺、綜藝種智院等伽藍設施，確立密教在東瀛的發展基礎。延喜21年（921），醍醐天皇頒授「弘法大師」諡號，以彰顯空海弘揚佛法之功績。關於弘法大師空海的介紹，請參照本章第三節「（一）空海的生平行狀」篇幅內容。

統的傳本及作品，這件弘法寺所流傳下來的《弘法大師行狀曼陀羅》，圖繪內容共分成四卷，單從繪卷畫的規格、形制、用材等方面所顯現的講究程度，依稀令人感受到當年弘法寺具有的寺格及規模。回溯真言宗入臺布教的時間，可追溯到西元1896年（明治29）前後[299]，不過今址的弘法寺興建時間為該宗派入臺布道10餘年之後的西元1908年（明治41）6月，根據《臺灣日日新報》的記載，弘法寺於1909年（明治42）6月舉行地鎮祭與起工式，同年11月行上樑式，並於次年4月3日，正式由小山祐全大和尚以「新高野山弘法寺」之名開基建寺[300]。

　　這座直屬高野山真言宗在臺布教傳道重鎮的弘法寺，在歷經30餘年作為真言密教的宗教場域之後，隨著日本的戰敗，弘法寺僧侶吉川法城於西元1946年（民國35）2月將弘法寺與廟產交給其臺籍弟子陳宗坦管理之後離臺。而後，弘法寺輾轉經歷過「慈光禪寺」、「新興宮」、「臺灣省天后宮」等寺廟名及宗教類別之轉換，最終於西元1967年（民國56）因配合臺北市改制為院轄市，而更名為今日所見的「臺北天后宮」。可貴的是，雖然從新高野山弘法寺至臺北天后宮之間，歷經一段交互錯綜的發展軌跡，不過當時部分的宗教文物卻幸運地流傳自今，除了目前仍被供奉於廟內的弘法大師佛像及座落於廟埕內的弘法大師立像、石佛、銅鐘等文物之外，本章所介紹的這幅繪卷亦隨著這些文物遺留至今。在戰後弘法寺隨著入主者的更替轉換，該繪卷與當時弘法大師佛像等文物皆被收藏於天后宮對面的4樓倉庫內[301]，幸運逃過西元1954年（民國43）國際大舞廳所引發火災的波及。這幅《弘法大師行狀曼陀羅》繪卷畫雖只有近百年的歷史，不過放眼臺灣史上所流傳的宗教藝術及文物，堪稱相當罕見更深具代表性的日治佛教繪畫，對探究日本佛教在臺的布教發展，以及信仰與周邊文化的互動上亦有特殊意義。

　　因此，本章即以國內少數現存的日本宗教繪卷《弘法大師行狀曼陀羅》為題，首先由日本美術發展中相當獨特的繪卷物文化及佛教高僧傳繪卷的發展談起[302]，接著論及弘法大師信仰及大師行狀繪卷之源流，最終將焦點集中於臺北天后宮所藏《弘法大師行狀曼陀羅》高僧傳繪卷一式四卷的圖像內涵，企圖透過歷史文獻考證以及全繪卷圖像內容的考證解析，闡述蘊含於本繪卷畫圖文造型的內涵與具有的意義。

299　闞正宗〈真言宗弘法寺與臺北天后宮~《閱讀臺北天后宮》內容的商榷〉，頁35-36。

300　參照〈臺北の寺院（一）真言宗弘法寺〉《臺灣日日新報》1910年02月19日，第五版；徐壽《臺灣全臺寺廟齋堂名蹟寶鑑》（臺南：國清寫真館，1932），頁15。

301　根據西元2010年3月17日與臺北天后宮吳總幹事訪談所得。

302　本章所涉及的研究範疇主要有二，其一為該繪卷畫形成的母體日本美術中的「繪卷」樣式，再者為日治時代流傳下來的日本佛教文物之課題。回顧這兩部分過去的研究成果，首先就日本繪卷畫的研究而言，雖國內學界亦有數位從事日本美術或工藝等課題的研究者，不過至今仍未出現以日本繪卷畫為題的專論著作，唯有出現如：徐小虎《日本美術史》（臺北：南天書局，1996）、王秀雄《日本美術史》（臺北：國立歷史博物館，1998）等日本美術史通論書籍的部分篇幅。因此，本文為讓讀者更清晰理解《弘法大師行狀曼陀羅》宗教繪卷的發展源流及特徵，行文構成上將從繪卷藝術的發展與類型形成等課題著手，完整將高僧傳繪卷的展開及發展軌跡清楚呈現。另一方面，關於日治時代日本佛教與相關宗教文物的研究面向，確實近幾十年來相關的研究成果陸續問世，不過基本上以宗教史、社會史層面的研究居多，關於佛教藝術及文物方面的專題研究仍不多見。

二、繪卷與高僧傳繪卷

（一）繪卷樣式的成立

　　繪卷的基本樣式分成圖文並行，宛如今日插圖之表現手法，以及完全採用圖繪來表現主題等兩種基本式樣。關於繪卷發展的歷史源流，過去常將製作於奈良時期的《繪因果經》，這部由上段圖繪搭配下段經文所構成的佛傳經典視為繪卷前身，不過因《繪因果經》出現的時代與平安時期以降所興起的繪卷型式之間，存在著相當大的時代斷層，因此實難以將《繪因果經》直接視為催生繪卷藝術發展的源頭。事實上，繪卷最早表現的方式並非今日所見的卷軸狀，如此具物語性的圖繪起先是被描繪於屏風或紙片上，並與當時所盛行的和歌傳統緊密結合。逐漸地人們為了繪卷保存之便，開始將數張圖繪排放卷摺存放，不久之後，圖繪及圖繪間開始寫上文字並進行串聯。大約在十世紀末左右，開始出現以圖繪黏貼於長條型料紙的卷軸型式[303]，可惜的是這種繪卷早期的雛型早已失傳，而十二世紀完成的《源氏物語繪卷》（五島美術館、德川美術館藏）可視為現存最早的繪卷作品。

　　《源氏物語繪卷》是以平安時期經典文學名著《源氏物語》[304]為題，採用濃厚的色彩來描繪貴族生活情景之作。其表現上採圖文並列的型式，在一段文字詞句之後，接以圖繪來表現故事情節，藉由圖文相輔的模式讓各種物語內容展現出極致的情感，以傳達繪卷具有的獨特雅趣。一方面，《源氏物語繪卷》採取的省略屋簷透視俯瞰住屋內部，特別是在塌塌米與長押[305]構成斜線的構圖技法，以及在人物配置的型態上，皆明顯地呈現出典型的大和畫特色。在《源氏物語繪卷》製作之後，《信貴山緣起繪卷》（朝護孫子寺藏）、《伴大納言繪祠》（出光美術館藏）、《鳥獸人物戲畫》（高山寺藏）、《粉河寺緣起繪卷》（粉河寺藏）、《吉備大臣入唐繪卷》（波士頓美術館藏）、《地獄草紙》（奈良國立美術館藏）、《餓鬼草紙》（東京國立美術館藏）等作品陸續問世，十二世紀堪稱日本繪卷發展的第一個興盛期[306]。

（二）鎌倉時期繪卷的盛況

　　十三、十四世紀，繪卷藝術持續於宮廷環境及武家社會中發展，不僅製作數量倍增，題材表現上更加蓬勃豐富，除了延續過去京都宮廷與貴族社會熱衷的物語繪、日記繪、世俗說話繪卷以及經說類繪卷等類型之外，歌合繪、戰記繪、記錄繪、寺社緣起繪卷、高僧傳繪卷等繪卷類型亦逐一成形，特別是具備著宗教性的寺社緣起繪卷、高僧傳繪卷類型最為發

303　上野直昭〈絵巻物考斷片—主として表現型式について〉（《東京国立博物館研究誌》6號，東京：東京国立博物館，1951），頁6；奧平英雄《絵巻物再見》（東京：角川書店，1987），頁60-64；秋山光和《絵巻物》（東京：小学館，1975），頁90-91。卷軸為繪卷藝術主要的型式，不過在宗教相關圖繪中，亦出現將繪卷圖樣轉變成為掛軸型式的作品，本文所介紹的《弘法大師行狀曼陀羅》即屬於掛軸型式。

304　《源氏物語》為平安時代中葉（約10世紀）作者紫式部所撰寫完成的長篇物語小説，內容以主人公光源氏複雜的男女關係及平安貴族奢華絢爛的生活情景，貫穿全篇54卷，最終反映出人世的無常與憂愁。

305　「長押（Nageshi）」為日本傳統建築的一項構件，意指兩柱之間所存在的平行橫板，原本具安定樑柱之功能，逐漸地轉換成裝飾目的。

306　辻惟雄《日本美術の歴史》（東京：東京大學出版社，2006），頁147-160。

達[307]。鐮倉時期（1185-1333）為日本史上首度出現的封建政權，不僅政治中心從京都遷至鐮倉，支配政權的力量也從平安時期貴族的手中轉往武家。鐮倉幕府創始者源賴朝於全國設置守護、地頭制度，行使軍事權、警察權、米糧徵收權及官僚支配權。同時在莊園制逐漸瓦解之下，各個區域有力的武士開始掌握經濟。在文化上，雖然鐮倉時期仍部分繼承貴族文化的內涵，但同時也開創出屬於武家典範的新文化風貌，其中最值得矚目的是伴隨佛教發展下所掀起的一連串變化[308]。

　　自十二世紀中葉起，武士階級接連抬頭，社會產生前所未有的巨變，加上天災、戰亂不斷所導致的饑荒與疾病，帶給人生無常及現世苦痛等痛感，讓末法之世即將到來的氣氛迅速凝聚。此時，興起於平安時期這個貴族長期支配時代的天臺宗與真言宗，已呈現明顯地貴族佛教化傾向。而如此的時代背景及社會環境，卻正好成為了過去分別求法於比叡山延曆寺的法然、道元等僧侶開拓新佛教的絕佳契機。諸如：淨土宗、曹洞宗、臨濟宗、淨土真宗、時宗、日蓮宗等新佛教宗派，藉由明快清晰的往生思想，爭取各地新興武士階級及民眾的支持，一方面，亦透過淺顯易懂的圖像來闡述佛法、教義及宗祖傳記。如此的表現方式，成為了庶民佛教化中相當重要的傳教啟蒙手段，藉此達到布道、勸化之目的[309]。除了新佛教宗派開始運用圖像進行傳教，過去的舊宗派也在這波浪潮下急緊直追，促使這段時代繪卷發展空前蓬勃，其中特別又以具備宗教性質的寺社緣起繪卷、高僧傳繪卷這兩類型最為發達。

（三）宗教性繪卷的興起：寺社緣起與高僧傳繪卷

　　「寺社緣起繪卷」是以描繪特定寺院及神社之草創由來，以及神佛信仰靈驗談為題的繪卷類型，其「緣起」一詞，事實上為佛教「因緣生起」之簡稱[310]。「寺社緣起繪卷」的興起，歸因於新舊佛教宗派彼此為爭取新興信眾層所導致，雖然此類型早於平安時期即成形，不過在進入到十二、十三世紀前後，發展景象達到前所未有的榮景。其中，以描繪紀州的觀音靈場粉河寺本尊千手觀音靈驗故事的《粉河寺緣起繪卷》，以及詮釋當麻寺本尊當麻曼茶羅與中將姬淨土信仰的《當麻曼茶羅緣起繪卷》這兩件國寶作品最具代表[311]。《粉河寺緣起繪卷》屬紙本著色型式，全長為1984.2公分，寬30.8公分，全繪卷由四段詞句及五段圖繪構成。內容從本尊造像與安置供奉等創建經緯起，前半（2段）畫面描繪粉河寺草創時期本尊千手觀音在獵人發心於山上建庵供佛的意念下，藉由 童行者形象達成創建的故事。後半（3段）則敘說某位河內國讚良郡長者之女所罹患的惡疾，在粉河寺千手觀音靈驗加護之下獲得痊癒，隔年春天，長者一家前往粉河寺參拜並隨之出家的始末。另一方面，鐮倉光明寺所藏

307　關於繪卷物類之分類，可參考秋山光和《原色的日本 美術：第8卷 絵卷物》（東京：小学館，1968）、重要文化財編纂委員會編《解説版新指定重要文化財‧繪畫1》（東京：每日新聞社，1980）、宮次男〈絵卷〉《國史大辭典2》（東京：吉川弘文館，1980）、奧平英雄《絵卷物再見》、小松茂美《日本絵卷聚稿 上》（東京：中央公論社，1989）、武者小路穰《絵卷の歴史》（東京：吉川弘文館，1990）、京都國立博物館《大絵卷展》（京都：京都國立博物館，2006）等論著。

308　中野玄三《日本仏教絵画研究》（京都：法藏館，1982），頁344-348。

309　久野健、持丸一夫《日本美術史要説》（東京：吉川弘文館，1954），頁134-140。

310　真保亨〈僧伝絵卷の成立〉《筑波大学芸術年報》（茨城：筑波大学，1992），頁2。

311　中野玄三《日本仏教絵画研究》，頁334。

的《當麻曼荼羅緣起繪卷》屬紙本著色型式，是由兩幅分別長796.7公分及689.8公分，同寬51.7公分的兩卷軸所組成。該繪卷以奈良當麻寺所藏《當麻曼荼羅圖》的由來為題，圖說奈良時期藤原豐成之女祈求極樂往生，以蓮線編織成曼荼羅，不久獲得阿彌陀如來來迎，如願往生極樂世界的物語。

宗教性的繪卷，除了上述透過寺院主祀神或稱本尊的緣起物語作為主題的繪卷之外，另一項型式稱之為「高僧傳繪卷」，是以創立該宗派或寺院的著名高僧傳記為對象所製作的繪卷。論及「高僧傳繪卷」形成的背景，大致可分成三種類型，首先是後世為了對已逝的宗派創始或具貢獻的僧侶表示感念，進而透過傳記的編撰以彰顯高僧的功績。一方面，亦有教派新繼承者為彰顯繼承權之正統性，因此編寫高僧傳並製作繪卷[312]。再者，結合前述兩種型式，再將各宗派開祖、高僧的德行及行為事跡加以神格化，進而成為布道傳教的利器。如鎌倉時期興起的淨土宗、淨土真宗、日蓮宗、時宗等宗派的創始者法然（1133-1212）、親鸞（1173-1262）、日蓮（1222-1282）、一遍（1239-1289）等高僧相繼辭世，興起一波「高僧傳繪卷」的製作熱潮。

當中，京都知恩院所收藏的《法然上人繪傳》堪稱最具代表性的作品，此作的前身產生於法然辭世的25年後，由沙門耽空起草執筆，筑前的繪師源光忠所構圖下完成，稱為「傳法繪」。日後，以法然為題的繪卷不斷被傳製，至今流傳最為完整的集大成之作是知恩院所藏，數量多達48卷220餘段的《法然上人繪傳》[313]。其繪卷描述的內容除了含括法然從誕生到辭世的人生歷程，更詳細地將代表著法然思想的法語、著述，以及弟子、門徒、皈依者相關的事蹟加以呈現，可視為高僧繪卷發展成熟期的代表之作。

一方面，回顧《高僧傳繪卷》的發展，事實上也經歷過一段漫長的孕育發展過程。根據中野玄三《日本仏教絵画研究》[314]一書的內容指出：日本佛教發展史上出現關於寺院創建者或高僧的生平傳記，早在奈良時期之前就已存在，雖然除了聖德太子、行基、鑑真等代表性的人物之外，大致以官寺高僧的史實紀錄為核心，不過已為往後達到高僧傳繪卷類型的發展奠定基礎。平安時期隨著真言、天臺兩宗的成立，將高僧傳的內涵從單一寺院創始者擴大到宗派開祖，為下一階段的發展奠定基礎。鎌倉時期隨著前段所述的淨土宗、淨土真宗、日蓮宗等宗派相繼成立，先是帶動一波前所未有的宗派變動，進而激起高僧傳、高僧傳繪卷的發達。從初期由淨土教系的宗派相繼製作該宗祖的相關傳記及傳繪之下，間接地影響到奈良、平安時期的其他宗派，以義湘（625-702）、元曉（617-686）、鑑真（688-763）、聖德太子（574-622）、玄奘（602-664）、空海（774-835）等高僧事蹟為基礎，分別製作出《華嚴宗祖師繪卷》、《東征傳繪卷》、《聖德太子繪傳》、《法相宗秘事繪卷》、《高祖大師秘密緣起》

312　中野玄三〈社寺縁起絵と高僧伝絵〉（《仏教芸術》189號，東京：每日新聞社，1990），頁11-12；若杉準治《絵巻を読み解く》（東京：新潮社，2003），頁132-133；奧平英雄，《絵卷物再見》，頁54。

313　京都知恩院所藏《法然上人絵伝》為紙本著色的繪卷，全長1163.2cm，寬32.9cm，關於該繪卷的説明，參照：真保亨〈法然上人絵伝〉（《日本の美術》95號，東京：至文堂 1974），頁2-13；仙海義之〈法然・親鸞の夢想—祖師伝絵が描く聖体示現〉，（《美術史論集》8期，神戶：神戶大學美術史研究会，2008），頁24-31。

314　中野玄三《日本仏教絵画研究》，頁334-335。

等高僧繪卷。而代表此時期的淨土教系統高僧繪卷，則有《淨土五祖繪傳》、《法然上人繪卷》、《善信上人繪傳》、《慕歸繪卷》、《一遍聖繪》、《融通念佛緣起》等作品[315]。各宗派的繪卷採靈驗之說以描繪開祖或高僧的生涯事蹟；一方面，亦將教派宗旨及教理融入繪卷圖文中，作為團結一宗教團信眾的象徵。如此的傳統自鐮倉時期以來，歷代廣受各宗派寺院之傳承，在廣泛被製作之下，衍生出各式各樣的版本，而多數的高僧繪卷也在具傳教及宗派象徵的含意中，逐步成為象徵各寺院的鎮寺之寶。

三、弘法大師空海及其行狀繪卷譜系

（一）空海的生平行狀[316]

　　弘法大師空海為日本佛教真言宗的開祖，於光仁天皇寶龜5年（774）年，誕生於四國讚岐國多度郡屏風浦的佐伯宅邸，其位置正好位於今日的四國香川縣善通寺一帶。關於空海的生平，在空海弟子真濟（800-860）所著的《空海僧都傳》[317]中，有如此的描述：「和上（和尚）生前為大僧都，諱名空海，灌頂時授予遍照金剛之名號。俗姓為佐伯直，出生於讚岐國多度郡，其先祖屬於天尊家系，過去追隨日本武尊，對征伐毛人有功，因而獲封土地。[318]」大師的父親名為佐伯直田公，母親玉依御前出自阿刀氏，舅父阿刀大足當任恆武天皇之子伊予親王的侍講，是位擁有著政治權力的學者。弘法大師幼名為真魚，正如其他宗教偉人的生平傳說一般，空海自出生以來，不斷出現各種祥瑞及靈驗的事蹟[319]。根據《御遺告》的描述，空海幼年經常在夢中出現端坐於八葉蓮花上與諸佛交談的景象，而在12歲那年，根據其父母所云，母親是在夢見天竺聖僧入胎內的夢境下懷胎，因此深信這個孩子過去即為佛弟子，將來也將繼續成為佛門的一份子。幼年的空海聽到如此之說，內心十分歡喜，經常以泥土捏製佛像，並將之放置於自行設立的小堂中祭拜。以上出自於《御遺告》[320]的內容，清楚呈現出幼年弘法大師的形象。除此之外，空海自小即喜好讀書，從15歲前後起，跟隨舅父阿刀大足學習儒學，並曾伴隨叔父前往當時的首都長岡京。18歲那年，進入大學明經科就讀，接觸到當時正從中國傳入的道教，並學習漢籍的閱讀詮釋及寫作，以及增進對奈良佛教的理

315　關於各繪卷的內容、年代及收藏位置，參照：奧平英雄〈繪卷物分類目錄〉《繪卷物再見》，頁254-278。此章節的繪卷作品排序，分別依照各繪卷製作年代次序進行排列。

316　關於弘法大師空海的生平事蹟，分別參考高野山大學密教文化研究所編《弘法大師全集》（和歌山：高野山大学出版部，1965）、三浦章夫編《弘法大師伝記集覽》（東京：森江書店，1934）、宮崎忍勝《新・弘法大師伝》（東京：大法輪閣，1967）、渡邊照宏・宮坂宥勝《沙門空海》（東京：筑摩書房，1967【1991】）、弘法大師空海全集編輯委員會編《弘法大師空全集》（東京：筑摩書房，1984-1987）、加藤精一《弘法大師空海伝》（東京：春秋社，1987）、密教文化研究会編纂《定本弘法大師全集》（和歌山：高野山大学密教文化研究会，1991-1997）、松長有慶監修・武內孝善著《空海》（東京：小学館，1995）、竹內信夫《空海入門》（東京：筑摩書房，1997）、真鍋俊照《空海のことばと芸術》（東京：日本放送出版協会，2002）、宮坂宥勝《空海生涯と思想》（東京：筑摩書房，2003）。

317　空海嫡傳弟子真濟所撰《空海僧都傳》成書於承和2年（835）10月2日，因寫成的時間距空海入定時間並不遠，因此在眾多空海傳記資料中，其內容被視為較為可靠的參考依據。本書現收錄於弘法大師空海全集編輯委員會編《弘法大師空海全集　第8卷》。

318　宮坂宥勝《空海生涯と思想》，頁29。

319　宮坂宥勝《空海生涯と思想》，頁29-32。

320　弘法大師空海全集編輯委員會編《弘法大師空海全集　第二卷》，頁781-786。

解。不過,學習過程中令空海深感志向目標的差異,因而告別教育體系以全心來思考人生真實之道,此時正好遇到 位修行者,被授予「虛空藏(菩薩)求聞持法」的修行法。

弘法大師自此開始於今日四國的德島(阿波)大龍嶽、高知(土佐)的室戶岬、愛媛(伊予)的金嚴、石鎚山等地展開求聞持法的苦修,在24歲完成的《三教指歸》著作之中,清楚記載當時翻山越嶺勵行苦修的情景。例如登大龍嶽修行獲虛空藏菩薩顯聖,或是在室戶崎閉目觀想,明星(金星)突然飛入空海口中,象徵佛力加護等靈驗事蹟。另一方面,根據其他關於弘法大師生平的文獻記載,也出現20歲之前在和泉槙尾山出家得度,接著於22歲前往東大寺受具足戒,並取得「空海」之說,不過這些事蹟考證目前仍存有疑點猶待解明。此外,關於空海從離開大學展開苦修到31歲遠渡中國唐土之前這段時間的紀錄,目前同時存在兩種的說法,一說認為持續於山地僻壤進行苦修精進,另一說推測是前往南都奈良的各大寺院鑽研佛教,不管如何,這段時間弘法大師的事蹟要到30歲前後才較為明朗[321]。空海來到大和地區的久米寺東塔下閱讀奈良時期遣唐使從中國攜回的《大日經》,這部經典被視為是引領空海邁向西渡中國之路,為求能解明《大日經》的精義,空海於延曆23年(西元804年)7月6日,也就是唐德宗貞元20年,隨遣唐人使藤原葛野麻呂搭乘遣唐船隊的第一艘船,從九州肥前的田浦出航,而後來的天臺宗開祖最澄所搭乘的為第二艘的遣唐船隻。

事實上,該遣唐船隻共有四艘,但是除了空海與最澄所分別搭乘的第一、二船順利抵達中國之外,其餘兩艘遣唐船卻因遭遇海難而沉沒汪洋。雖空海搭乘的船隻如願克服天象,不過也因航行中遭逢暴風雨來襲,船隻於出航的一個月後(8月10日),漂流到中國東南部的福州長溪縣赤岸鎮一帶靠岸。遣唐船隻因被當地官員誤認為是海盜,因而滯留於當地達50餘日,最後由空海代替遣唐大使行書信後,終在11月3日取得入京許可,在歷經7520里的長途跋涉,於12月23日抵達長安城[322]。空海來到長安之後,首先與醴泉寺的印度僧侶般若三藏學習梵文。接著於6月起,受教於青龍寺高僧惠果和尚門下,在短短半年內完成胎藏界、金剛界灌頂,並從惠果手上授予傳法大阿闍梨一稱,灌頂名為「遍照金剛」。在1年4個月短暫停留於長安城的期間,空海勤奮不懈地鑽研佛法及各項技能,同時在惠果和尚的託付下,逐步為返國傳布密教的工作做準備。除了聘請當時一流繪師、匠人製作密教繪畫、法器,一方面,惠果也將百餘部經典傳交給空海。可惜的是惠果在傳法給空海數個月後,於延曆24(805)年12月15日入定圓寂,當時弘法大師即代表全體弟子擬定惠果的墓碑誌[323]。

隔年8月,弘法大師空海結束留唐生活,搭乘高階遠成的船隻從明州出航,同年10月平安返抵九州,隨即將記錄有從唐攜帶回國的寶物名冊《御請來目錄》託高階遠成呈上朝廷。根據這份目錄所示,當時空海攜帶回國的佛教經典,包含新譯經典142部247卷、梵字真言讚42部44卷,以及經典相關理論書籍達32部70卷。在宗教文物方面,有著名的唐代繪師李真等人所作兩部曼荼羅與祖師圖10面、密教法器9種、惠果阿闍梨附屬物5件、傳法所需器物8件。再加上據傳為釋迦牟尼佛遺留之舍利80顆等相當龐大的佛教經典文物,前所未有地將完

321　渡邊照宏・宮坂宥勝《沙門空海》,頁58-66。
322　加藤精一《弘法大師空海伝》,頁35-40。
323　渡邊照宏・宮坂宥勝《沙門空海》(東京:筑摩書店,1967【1991】)頁101-102。

整的密教文化體系全面傳入日本[324]。返國後的空海，首先於九州大宰府一帶停留，接著據傳是來到和泉槇尾山寺（現：大阪府和泉市施福寺）修行。到了弘仁元年（810），弘法大師於京都高雄山寺（現：京都市右京區神護寺）舉行歸國後首度的護國大法會，並在弘仁3年11月15日及12月14日，為最澄等僧眾授予金剛界灌頂與胎藏界灌頂[325]。

弘仁7年（817）6月19日，空海為開創高野山修行道場向嵯峨天皇朝廷提出申請，7月8日獲得許可[326]。日後，弘法大師傳教布道的工作於承和2年（835）3月21日入定圓寂之前，在日本全國各地積極地展開，如弘仁13年在奈良東大寺建立的真言院灌頂道場，弘仁14年正月也就是空海50歲那年，創設真宗密教根本道場京都教王護國寺（東寺）。一方面，弘仁12年9月為協助四國讚岐地區興建「滿濃池」[327]，這座至今仍是日本最大的灌溉池塘。天長7年（828）於京都教王護國寺周邊，設立了日本最早的庶民教育機構「綜藝種智院」[328]，這些皆為空海力行宗教事業之外的重要事蹟。弘法大師空海62年生涯造就的功績，橫跨宗教、文化、藝術、教育等各層面，其精神及傳說更造就出即身成佛的大師信仰，多數的日本人深信，弘法大師至今仍隱身於高野山奧之院，默默為國家繁昌及人民幸福祈求，大師信仰成為日本佛教少數跨越宗派隔閡的宗教信仰。

（二）以空海為題材的繪卷型式

真言宗開祖弘法大師空海，不僅是日本佛教發展上極為重要的名僧，其廣泛流傳於全國各地的傳說事蹟及靈驗談，歷代不斷加以神格化[329]，進而成為少數具超宗派性格的宗教人物。一方面，空海獨特的人格特質及多采的造詣表現，也讓弘法大師成為日本歷史人物中少數擁有大量傳記的人物。佛教高僧立傳的傳統由來已久，而透過高僧題材製作繪卷的型式，於鎌倉時期成為舊佛教復興及新佛教興起重要的載體，導致在十二、十三世紀以降的佛教發展中，高僧傳繪卷型式廣泛被製作而流傳。論及高僧傳繪卷的發展，確實孤本也時而可見，不過多數是針對一題材分成數種系統的傳承型式。以弘法大師空海62年生涯及相關信仰為題，藉由詞句與繪畫所構成的繪卷圖繪，一般被通稱為「弘法大師傳繪卷」或「弘法大師行狀繪卷」。

回溯以弘法大師為題的繪卷發展歷程，根據歷史考究顯示，13世紀後半成形的《高祖大師秘密緣起》十卷[330]應是最早之作。該繪卷至今只保留與原本相當接近的第七卷，目前可見的完本為1468年的摹寫之作。隨著第一部繪卷誕生，於文永9年（1272）及元應元年（1319）前後，接連出現《高野大師行狀圖畫》六卷及《高野大師行狀圖畫》十卷等版

324　宮坂宥勝《空海生涯と思想》，頁140-142。
325　加藤精一《弘法大師空海伝》，頁105-112。
326　渡邊照宏・宮坂宥勝《沙門空海》，頁153-161。
327　弘法大師空海全集編輯委員会編《弘法大師空海全集 第五卷》，頁433。
328　弘法大師空海全集編輯委員会編《弘法大師空海全集 第三卷》，頁535-536。
329　武內孝善《弘法大師 傳承と史實》，頁240-241。
330　關於弘法大師傳繪卷最早的版本，目前指向鎌倉時代中葉，也就是13世紀前後〔參照：真保亨〈弘法大師伝絵卷—六卷本をめぐって〉《仏教芸術》57號，東京：每日新聞社，1965），頁58。〕

本[331]。到了十四世紀後半（1374-1389），由宮廷繪師巨勢行忠等人所完成的《弘法大師行狀繪卷》十二卷，可視為大師繪卷發展上的集大成之作。該作品目前收藏於京都市東寺，與目前由高野山地藏院所藏《高野大師行狀圖畫》六卷這兩部早期的繪卷，堪稱現存弘法大師繪卷中具代表性之作。

自十三世紀以來，以真言宗祖師空海傳記為題的繪卷作品，隨著大師信仰的延展，歷代以來不斷被繪製流傳，可謂日本高僧傳繪卷悠久發展過程中，少數能與法然、一遍等繪卷分庭抗禮的宗教繪卷。不過一方面，隨著廣泛地製作及流布，繪卷版本不斷地被摹寫、再製，以至於在現存的繪卷中夾雜著原本及傳抄本混雜的狀態，無形中增添解析該繪卷基礎發展脈絡的難度。所幸在前人的努力之下，逐步將現存弘法大師傳繪卷的各版本內容進行梳理，並系統性地針對繪卷內容展開分析，才讓今日的繪卷研究得以窺視其全貌。關於現存弘法大師傳繪卷呈現的風格及內容，美術史家梅津次郎根據多年來的研究[332]，將弘法大師傳繪卷分成：（1）高祖大師秘密緣起 十卷、（2）高野大師行狀圖畫 六卷、（3）高野大師行狀圖畫 十卷、（4）弘法大師行狀繪 十二卷、（5）版本高野大師行狀圖畫 十卷等五個系統。而真保亨〈弘法大師伝絵卷：六卷本をめぐって〉一文，承繼上述的分類系統，再針對這五大系統個別的歷史及相互關係，展開更深入的考察分析。首先指出《高祖大師秘密緣起》十卷，在序文部分出現於空海逝後400餘年的紀錄，所以藉由時間換算，該繪卷成立時間基本可推斷為西元1235年到西元1275年間，因此光從年度而論可視為先驅之作。

再者，比較第二系統的《高野大師行狀圖畫》六卷與第三系統《高野大師行狀圖畫》十卷，雖然兩者卷數不同，不過題名完全一致。真保亨從兩部繪卷的構圖內容中，發現第二系統內容在描述空海事蹟時，畫面內容的呈現較為簡要，而第三系統的繪卷內容的詞書文字某部分有出入，但是基本上的主軸相近，再從年代來判斷，認為元應元年的《高野大師行狀圖畫》十卷版本，應該是《高野大師行狀圖畫》六卷的增補本[333]。最後透過五系統繪卷內容的構圖及詞書構成的解析，指出《版本 高野大師行狀圖畫》十卷版本為《高野大師行狀圖畫》十卷與《高祖大師秘密緣起》十卷兩系統結合下的產物。

以上藉由梅津次郎的系統分類及真保亨的版本內涵分析，將鎌倉時期興起的弘法大師傳繪卷傳衍發展下所構成的交互錯雜的景象清楚呈現。本章因議題設定與篇幅所限，並不針對弘法大師傳繪卷各版本圖繪及詞書間的內容進行深度解析與比對，僅針對兩位研究者的繪卷版本分類做初步介紹，以呈現該繪卷成立至今一連串的發展軌跡。至於現存的弘法大師傳

331　宮次郎〈井上家旧藏弘法大師伝絵卷について〉（《美術研究》232號，東京：東京国立文化財研究所，1964），頁181-182；梅津次郎〈池田家藏弘法大師絵卷と高祖大師秘密緣起〉（《美術研究》78號，東京：東京国立文化財研究所，1938），頁268；梅津次郎〈弘法大師行狀絵卷の系譜〉（《日本美術工芸》319期，東京：日本美術工芸社，1965），頁11。

332　梅津次郎〈池田家藏弘法大師絵卷と高祖大師秘密緣起〉，頁268；梅津次郎監修《角川絵卷物総覽》（東京：角川書店，1995）。

333　真保亨〈弘法大師伝絵卷—六卷本をめぐって〉，頁59。

繪卷各版本系統間呈現的異同[334]，以及本章主題的臺北天后宮藏《弘法大師行狀曼陀羅》於該繪卷發展上所具有的位置等課題，將另闢專文透過各版本圖繪、文字及主題的比對分析，進一步解析說明臺北天后宮藏《弘法大師行狀曼陀羅》具有的特色及意義。

四、臺北天后宮《弘法大師行狀曼陀羅》解析

（一）概述《弘法大師行狀曼陀羅》

　　傳承自日治時期新高野山弘法寺的臺北天后宮藏《弘法大師行狀曼陀羅》繪卷作品，全件是由四個卷軸內容所組成，內容共分成43個主題，描繪弘法大師空海從誕生、出家、入唐、弘法、入定等生涯軌跡及相關傳說。比對前篇章所述的弘法大師傳繪卷之歷史源流及類型說明，顯示出該繪卷不論形制內容或是基本構成上，皆屬弘法大師傳繪卷的典型一例。事實上，以描繪弘法大師傳的繪卷畫作品，不只類型及版本隨著歷史傳承發展而相當多樣，繪卷名稱上更相當的多元，舉凡：高野山地藏院所傳「高野大師行狀圖畫」、京都案樂壽院的「高祖大師秘密緣起」、京都東寺所傳「弘法大師行狀繪」等版本，皆與臺北天后宮藏的「弘法大師行狀曼陀羅」相異，卻仍可見部分的規則慣例。首先不論使用的是「弘法大師」或是「高野大師」、「高祖大師」，皆為空海和尚的各項稱號。再者普遍使用了「行狀」一詞，其意為生涯活動或功績之意，最後多數繪卷是以「圖畫」、「繪」或是「緣起」等文字，來說明圖繪的性質。不過，在臺北天后宮所藏《弘法大師行狀曼陀羅》，卻使用的是「曼陀羅」一詞，曼陀羅為梵文「mandala मण्डल」之意，為表示佛陀參悟之境、聖域、世界觀之物，以佛、菩薩、天神等佛像體系位置及文字、色彩、象徵來進行呈現。曼陀羅原為密教系統專屬的宗教表現，不過在日本，曼陀羅的概念受更廣泛的詮釋，只要是表現綜合世界或特殊宗教主題的繪畫作品即可被稱為曼陀羅。因此，除了密教系統的兩界曼陀羅、別尊曼陀羅之外，還可見淨土曼陀羅、垂跡曼陀羅[335]、宮曼陀羅等類型，而出現於臺北天后宮所藏《弘法大師行狀曼陀羅》題名的「曼陀羅」一詞，表現的是較為廣義解釋下的曼陀羅。

　　在材質及形制方面，臺北天后宮所藏的《弘法大師行狀曼陀羅》屬絹本著色之作，不過，論及該繪卷的構成樣式，不同於傳統繪卷採行的平行從左往右的橫向畫面呈現，而是將連串的畫面切割成48則大小畫面，分布於四個縱向的掛軸型式上。這四卷掛軸的尺寸一致，長216公分（畫心126公分）、寬77公分（畫心56.5公分）[336]，48則圖繪畫面周邊採金欄花草綢緞所裱裝，而各圖繪間以寶藍色隔開，同時在畫面周邊採金色雲狀造型以表現空間感。一方面，就繪卷掛軸整體形制而言，可說是相當完整精緻之作，特別在風帶、軸、卷緒等配件

334　近年以弘法大師傳繪卷為題的相關研究極為豐富，如：鹿島繭〈三大寺本系高野大師行狀絵 について〉（《仏教芸術》214號，東京：每日新聞社，1994）、塩出貴美子〈弘法大師伝絵の系統的研究─浄土寺本について〉（《鹿島美術財団年報》14期，東京：鹿島美術財団，1997）、辻英子〈高野山親王院藏『高野大師行狀図画』十卷について〉（《聖徳大学研究紀要文学部》11期，千葉：聖徳大学，2000）、新見康子〈弘法大師行狀絵─歴史としての可能性〉《弘法大師行狀絵卷の世界─永遠への飛翔》（京都：東寺宝物館，2000）等論著。

335　守屋正彦《日本の仏教美術》（東京：東京美術，2003），頁47。

336　以上數據為筆者於西元2010年3月17日實際田野調查及測量所得。

圖101 臺北天后宮藏《弘法大師行狀曼陀羅》一式四卷全貌[337]

上的用料及裝飾上，顯示匠師巧藝及該作具有藝術價值。目前本繪卷掛軸仍保存於原件的桐
木箱內，在桐木箱蓋上仍保留清楚的落款文字（圖103），為「大正三年冬十一月吉辰 應需
岡田雅君 雅山謹畫」等字樣。一方面在繪卷紙本背面，可見「松華堂謹製」的圖章印記。
透過落款內容可知，該繪卷完成於大正3年（1914）11月，是繪師雅山應岡田這位人物索求
而繪製。欲解答這四幅繪卷的來龍去脈，除了藉由文物本身呈現的蛛絲馬跡之外，相關文獻
資料更提供文物考證重要的線索。

　　根據《臺灣日日新報》對大正4年（1915）弘法寺舉行的弘法大師誕生會的報導得知，
繪卷為弘法寺信徒總代岡田敬五郎為獻給弘法寺，因而聘請名畫家橋本雅邦的弟子雅山，耗
費一年多的時間所完成之作。岡田敬五郎為日治時期駐臺的紙商，自明治29年（1896）來臺
後，在臺北市府中街一帶經營紙業買賣[338]，並相當投入新高野山弘法寺的各項活動。在臺北
天后宮另一藏品—大正9年（1921）弘法寺所鑄造的銅鐘上所記載的捐獻名錄中，亦可見岡
田敬五郎之署名。這四幅繪卷在報導記事中被稱為「弘法大師御繪傳大軸」，於大正4年6月
15日所舉行的弘法大師誕生會當天，懸掛於弘法寺本堂供信徒參拜。當時，寺方除了在上午
十點舉行開眼儀式，也在晚上七點半，安排弘法寺住持小山祐全以繪卷內容為題進行講演，
可見這四幅繪卷奉納入藏當時的盛況[339]。

337　本文所使用的圖版照片皆為筆者的研究調查成果。
338　岩崎潔治《臺灣實業家名鑑》（臺北：臺北雜誌社，1913），頁27。
339　參照〈弘法大師誕生會〉《臺灣日日新報》，1915年6月15日，第七版。

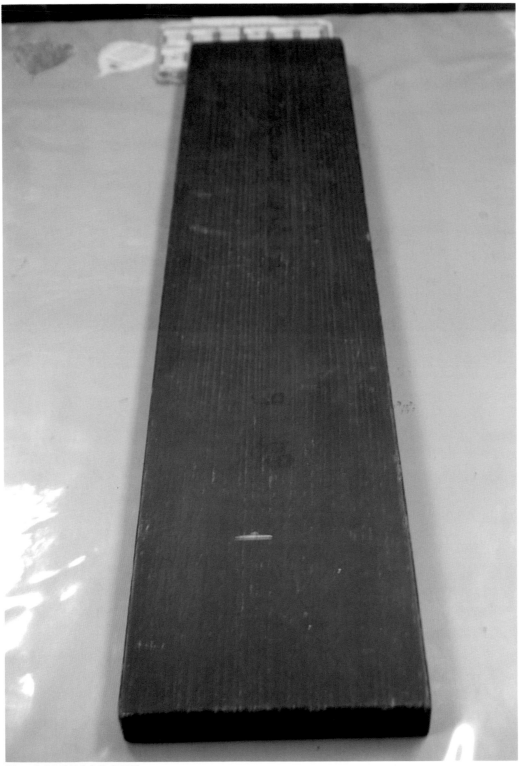

圖102 繪卷收納桐木盒蓋（正面）

圖103 繪卷收納桐木盒蓋（背面）

圖104　《弘法大師行狀曼陀羅》一式四卷各主題排列構成圖（卷四、卷三、卷二、卷一）

　　此繪卷掛軸除了在收納桐木箱蓋上留有清楚的落款，在繪卷圖面中並無出現任何的落款文字。繪卷內容雖由48個畫面所組成，但是實際上清楚標示出主題的只有43則，這是因為有三個主題分割成二則畫面來表現，而最後一則的主題「高野山 奧之院」並無序號。論及《弘法大師行狀曼陀羅》的內容及呈現方式，首先可見每一則畫面皆於圖面右或左側的長條形題框內，清楚標示編號與主題，例如：第一畫面的「第壹 脫胎」，或是第十二畫面的「第十二 久米感經」，接著透過色彩、線條、圖像等元素來描繪該主題內容，並無再使用任何的詞書文字進行說明。關於以弘法大師為題的繪卷圖畫，相信於前一章節中已有初步的說明，至於臺北天后宮所藏《弘法大師行狀曼陀羅》的內容構成及圖繪表現，根據筆者初步的分析比對，發現該藏本與東寺本、親王寺等版本之間存在著明顯的差異。因此，在針對臺北天后宮所藏《弘法大師行狀曼陀羅》展開圖像內容解析時，除了參考弘法大師相關傳記及典籍文獻之外，並參照高野山金剛峰寺及阿波真言宗中學林所傳的數本匯整歷代行狀圖詞內容的權威性資料[340]。以下篇章的圖解說明，將根據構成《弘法大師行狀曼陀羅》四卷的48畫面內容採行的由右到左、從上往下的排列配置規則進行解說，關於各主題畫面實際的配置方位，可參照本頁上（圖104）的圖版排列構成圖。

<hr />

340　以下各畫面內容之圖解分析，主要參照：松橋慈照《弘法大師行狀曼荼羅図解》（高野村【和歌山縣】：金剛峯寺，1910）；鎌崎実応《弘法大師摂化行狀記》（德島：阿波真言宗，1881）；朝比奈秀玉《高祖大師行狀曼荼羅略記》（名古屋：其中堂，1883）三本原始文獻。因上述資料皆屬古版印或古抄本資料，內容並無明確表示出頁碼，因此以下引用出處即省略頁碼標註，僅以【無頁碼】加以標示。

（二）解析《弘法大師行狀曼陀羅》卷一

1. 託胎

　　本卷軸的第一畫面位於卷一的右上方，主題為「第壹 託胎」。藉由題名內涵呈現的是弘法大師入胎誕生的景象，畫面呈現之場景，雖只是傳統和風家屋的一隅，不過透過茅葺屋頂的風格，及延伸於和式房間外圍空間的緣側及組高欄形制，令人感受到空海家世的不凡。在擺設有華麗屏風室內可見一位女子側臥，此人為空海的生母玉依御前，位於畫面左上角處出現一位立於祥雲上的僧侶，僧侶雙手合掌，其身後的圓光凝聚成三道光芒射向空海母親。如此的構圖所描繪的是傳說空海母親在懷胎前，曾夢見印度高僧入胎的情景，因而生下後來的弘法大師。空海為佐伯家的三男，幼名真魚，寶龜5年（774）6月15日，出生於四國讚岐的多度郡[341]，因此自古以來佛教真言宗每逢6月15日，便舉行「青葉祭」之稱的慶典，以紀念弘法大師誕生。

圖105 「第壹 託胎」

341　松橋慈照《弘法大師行狀曼荼羅図解》，無頁碼。

2. 幼兒夜哭

　　第二個畫面為「第貳 幼兒夜哭」，接續於「第壹 託胎」之下，畫面由屋內朝屋外望，
屋外庭園景緻一覽無疑。屋內房間中共出現7個人物，其中於畫面中心位置為一位僧侶、一
位懷抱嬰兒的女子及著藍衣佩帶武士刀的男子，另外，於畫面右下緣部分可見一位配刀的年
輕武士及兩位女子。圖繪中的僧侶著緋色法服並披金襴五條袈裟，依僧服形制判斷應為奈良
佛教系統具大僧正地位的高僧。這位高僧面前擺有兩個紅色的器物，應為招待所準備的茶與
點心，面向而坐的懷抱嬰兒的女人是空海母親玉依御前，著紅色衣物的嬰兒即為弘法大師。
傳說中空海誕生後經常夜哭，直到高僧來訪之後，才得以安穩入睡，藉此呈現空海天生所具
有的佛緣慧根。

圖106 「第貳 幼兒夜哭」

3, 童稚奇異

第三畫面為「第叁 童稚奇異」，圖繪內容中可見一位穿著紅衣的少年，於它邸門外空地旁的松樹下，雙手合掌跪拜金色物的身影，同時身旁圍繞其他三位孩童。這位身穿紅衣的少年即為空海，據說空海自幼年時期開始即與其他幼童的遊玩方式不同，經常以茅草、木石搭改起草房，再用泥巴來捏製佛像，最後將佛像安置於茅草屋內禮拜，此畫面描繪地即為弘法大師空海幼年的日常生活剪影。

圖107「第叁 童稚奇異」

4. 二尊談話

「第四 二尊談話」的畫面場景是以佐伯宅邸內的房間為中心，畫面右側的空海母親沉睡於被窩，少年空海則乘坐八瓣蓮花，騰空與二佛談話。話說空海在5、6歲其間，經常於夢中浮現自己乘八瓣蓮花與諸佛共語的景象，如此遭遇對少年空海來說是非常愉快的事情，因此自始至終未曾將此事告訴他人[342]，第四幅內容表現的即為弘法大師這段傳說。

圖108 「第四 二尊談話」

---

5. 四天侍衛

　　第五個畫面名為「第五　四天侍衛」，圖繪中身穿紅色衣服者為空海，左側兩位幼童應該是幼年的同伴。在少年空海的正上方，可見一個華麗的天蓋，是由一位武將打扮的人物所執，同時身旁還有其他3位武將共駕祥雲，宛如護衛空海般站立於空海身後。這四位武將裝扮的人物即為守護佛法的護法神四大天王，分別是東方的持國天王，南方的增長天王，西方的廣目天王，以及北方的多聞天王，居少年空海身後，守護著四方空間。而四天王為空海撐天蓋及守衛的畫面，表示空海對佛法具有的重要性。接著在畫面右半部，出現一位穿著藍色朝服正裝卻跪地向少年空海朝拜的人物，這個人物是天皇指派從都城來到地方視察民情的「問民苦使」官員[343]。當來到讚岐見到未來成為弘法大師的空海身後矗立四天王如此令人感到不可思議的景象，讓問民苦使與4位隨從讚嘆不已。

圖109　「第五　四天侍衛」

6. 誓願捨身

　　第六個畫面位於第一卷軸最上方，以兩個畫面的構圖尺寸來呈現，「第六 誓願捨身」出自於空海幼年的一段傳說。話說空海自小經常思考天地創造及宇宙真理等問題，並對於佛存在何方，又該如何才能見到釋迦牟尼如來等疑問苦思不解。於是某日空海攀登捨身岳這座讚岐境內著名的險峻山岳，在登上頂點後一心祈求，並向十方佛法僧立下弘願說到：「*我期望未來能廣泛傳播佛法引導眾生，如果十方佛法僧能接受我的誓願。諸佛：請救起將從山頂投身而下的我的性命。倘若我的誓願無法成就實現，就捨去我的小命吧！* [344]」少年空海先朝虛空禱念，接著往山下一躍而下，接連3次皆有神仙現身搭救，該畫面所表現的即為少年空海這段典故。

圖110「第六 誓願捨身」

344　松橋慈照《弘法大師行狀曼荼羅図解》，無頁碼；松長有慶監修・武內孝善《空海》，頁16-17。

7. 俗典讚仰

　　「第七 俗典讚仰」描述的是少年空海求學的景象，畫面中空海端坐於書院建築內的一側，閱讀著手上的經籍，而位於空海右側，正耳提面命地教導空海學習的正是舅父阿刀大足。阿刀大足為伊予親王的學士，具有相當深厚的學養，資質聰慧的少年空海於阿刀大足的指導下，在各方面的學藝上皆展現相當高的才能。空海為了習得更高一層的學問，在15歲那年跟隨阿刀大足前往長岡京，3年後進入大學的明經科就讀[345]。空海對於學問追求的熱誠與執著，自幼年起伴隨其生長，經常達到廢寢忘食的境界，而如此的努力也間接反映於未來成為弘法大師空海時具有的超人理解力及優美的書寫力之上。

圖111「第七 俗典讚仰」

345　朝比奈秀玉，《高祖大師行状曼荼羅略記》，無頁碼。

8. 出家學法

第八畫面名為「第八 出家學法」，從題目清楚可知描述的內容為空海出家學習佛法的
景象，畫面中共出現四個人物，穿著紅衣者為空海，左側與空海對談者應為和泉槙尾山寺的
僧侶。話說空海20歲那年（廷曆12年（793）），從過去的山林修行者之道，決意投身佛門
以求正統的佛法，便來到和泉國（今大阪府）槙尾山寺出家，授與十戒即七十二行儀，成為
沙彌，法號為教海[346]。

圖112「第八 出家學法」

346　松橋慈照，《弘法大師行状曼荼羅図解》，無頁碼。

9. 授戒

　　「第九 授戒」描繪的是正式成為佛門弟子的「授戒」儀式，該畫面以佛寺內的一室空間為場景，圖右半邊可見空海身著紅色衣裳盤坐於地，身旁有3位僧侶以剃刀理去空海頭髮的景象。一方面，畫面左側一位端坐於禮盤上者為空海的戒師槇尾山寺勤操僧正，前方大壇中央擺設有火舍，兩旁排列密教法器中具有「六器」之稱的閼伽、塗香、華鬘等供養器，搭配兩旁的燈明，為剃度儀式進行時所用。關於弘法大師授戒剃度的時間，往昔普遍認為是20歲前後，不過近年來因《續日本後紀》〈空海卒傳〉出現「年三十一得度…」之新事證，一舉撼動20歲前後的定說[347]。

圖113「第九 授戒」

---

10. 室戶崎降魔

畫面第十的「第十 室戶崎降魔」描寫弘法大師得度後前往四國修行時所遭遇的一項體驗。根據《三教指歸》描述，空海於四國的大瀧之岳、石鎚山等險峻山地苦修虛空藏菩薩求聞持法，時見象徵虛空藏菩薩的閃耀星光（明星）浮現於海波的彼岸，達成物我一體、佛法無境的修行體悟[348]，在該畫面的右半部構圖的描繪即弘法大師苦修的這段經歷。此外，畫面左半邊可見數個浮現於半空中的怪物，傳說空海於四國土佐的室戶之崎修行時，經常受到天狗、精怪等怪物的擾亂，弘法大師便以法力降伏這些怪物。

圖114「第十 室戶崎降魔」

---

11. 老嫗受鉢

「第十一、老嫗受鉢」的內容出自於一段關於弘法大師的傳說，話說空海某次來到播磨地區，因天色已晚便希望借住於民家，再找尋留宿的地方時正好一位應門的老婦，一見空海便滿懷喜悅的留住大師的腳步。宣稱其父中年出家，在圓寂前曾告知未來的某日將有一位大菩薩來訪，今日所見的空海即為等待已久的大菩薩[349]。第十一的畫面所描述的即為這一段傳說，關於弘法大師雲遊各地所留下的傳說或奇談，散布於全日本各地，其中與食物及老婦相關的傳說不計其數，內容充滿著關於靈驗之說[350]，顯示弘法大師信仰根植於庶民社會的景象。

圖115「第十一 老嫗受鉢」

349　長谷宝秀編《弘法大師伝全集》卷一（京都：六大新報，1934【ピタカ複刻1977】），頁156-157。並參照武內孝善《弘法大師　伝承と史実》，頁124-125。

350　齋藤昭俊《弘法大師信仰と伝説》，頁174-182。關於弘法大師相關傳說，可參照齋藤昭俊《弘法大師伝説集》卷一—卷三（東京：国書刊行会，1975）。

（三）解析《弘法大師行狀曼陀羅》卷二

12.久米感經

　　「第十二 久米感經」為《弘法大師行狀曼陀羅》第二卷的第一個主題，共分「其一」
與「其二」兩個畫面來呈現內容題材。「其一」居畫面右半部，描繪著弘法大師居於一座寶
塔內閱讀經典的景象。雖然描繪於畫面之中的寶塔無法見其完整全貌，但是根據「久米感
經」之題，以及參照弘法大師相關傳記的記載，可知弘法大師讀經的地方應為奈良久米寺
東塔院。而這座由三重塔結構構成的寶塔是由善無畏三藏來日時所創建，並收藏漢譯《大昆
盧遮那經（大日經）》七卷，「其一」畫面中空海所閱讀的經典即為這部《大日經》[351]。又
有傳說指出，空海之所以得知久米寺藏有《大日經》，在於某次修行時獲得的感應，這部與
《金剛頂經》並稱密教二大經典，引領弘法大師越過當時修持上所面臨的瓶頸。不過一方
面，雖然空海一心不亂的鑽研《大日經》，卻無法解讀經典艱深難解的內涵，加上當時日本
國內並無能夠指引的明師，讓空海為追求該法門精義，進而興起入唐求法的念頭。再者，
「其二」所呈現弘法大師雕刻金佛的畫面，描述的是空海為祈求入唐一切順利，使用白壇木
來雕刻藥師佛的景象，據說這座佛像至今供奉於京都仁和寺[352]。

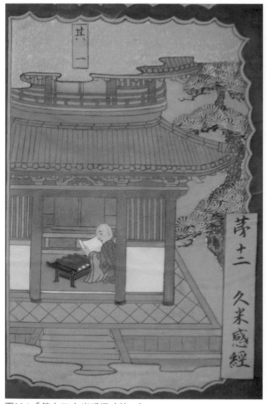 

圖116「第十二 久米感經（其一）」　　　　　　　圖117「第十二 久米感經（其二）」

351　鋏崎実応《弘法大師摂化行状記》，無頁碼。
352　武內孝善《弘法大師　伝承と史実》，頁66-69；松橋慈照《弘法大師行狀曼荼羅図解》，無頁碼。

13. 大師換書

　　繪卷的第十二則「第十二 大師換書」內容亦分成「其一」、「其二」兩則畫面，在
「其一」畫面之中，見弘法大師端坐於樹下，一旁執筆書寫者應為遣唐大使藤原葛野麻呂，
其餘還有三位隨行的官吏與僧侶。話說空海搭乘的遣唐船於延曆23年（804）出航，在歷經
險惡海況下，遣唐船隻登陸地點偏離預定的目的地揚州或蘇州，意外於中國南方的福州長溪
縣赤岸鎮一帶登陸。空海一行人的遭遇不受福州當地員官所採信，雖然遣唐大使藤原葛野麻
呂接連提出上陸許可申請，卻接連被駁回。此時大使考慮到若文章優美應可改變當地長官的
心意，便委託空海代為書寫申請文[353]，當地長官閱讀到空海所寫的文句，終於許可一行人正
式靠岸。「其二」畫面呈現的是中國地方長官閱讀空海撰寫的申請文的景象。

圖118「第十三 大師換書（其一、其二）」

353　根據史料記載，空海當時所撰寫的文書共有兩份，一份為〈代大使上書福州觀察使之書〉，另一份是〈向福
　　州觀察使請求入京須可文書〉，這兩份文件內容皆收錄於《性靈集》卷五。參照武內孝善《弘法大師　伝承
　　と史実》，頁75。

14. 勅問

　　「第十四 勅問」畫面中的故事承接「大師換書」所帶來的結果，空海接著協助遣唐大使擬定入長安城的申請文件，透過地方官員送往長安，在等待了58日之後，從長安城派來迎接遣唐使的存問敕使抵達福州，引領遣唐使一行23人，長途跋涉7500里的路程，終於在福州出發的49日後順利抵達長安城。本繪卷第十四的「勅問」所表現的情景，即為存問敕使抵達福州拜見空海一行人的畫面，畫面左側頭戴官帽跪地作揖者為長安前來的存問敕使，空海則站立於前，身旁圍繞著同船遣唐使一行人。

圖119「第十四 勅問」

15. 大師入京

　　繪卷第十五的主題為「大師入京」，空海及遣唐使一行人在存問刺使這位唐代官員的引導下，於12月21日抵達長安城近郊的萬年縣長樂驛。12月23日，唐德宗皇帝派迎客使趙忠獻上23頭配戴著七寶馬鞍的馬匹，提供遣唐使等人使用[354]。同日，空海等一行人終於抵達目的地長安城，進駐到城內官舍的宣陽坊。

圖120　「第十五 大師入京」

---

16. 大師受法

「第十六 大師受法」畫面所描繪的是空海前往青龍寺拜見當時唯一傳承印度正統密教精義的惠果和尚，在《空海僧都傳》內文中，詳細記載這段灌頂傳法的經歷。空海在抵達大唐國都長安的隔年2月，在遣唐大使藤原葛野麻呂先行返國之後，空海從宣陽坊移居於西明寺，並前往青龍寺東塔院拜訪仰慕以久的惠果和尚。雖然兩人第一次見面，卻一見如故般的熟悉，惠果和尚在會見空海時，滿心歡喜地說道：「我早知道你會來，我已等你很久了。」即刻請弟子備足香花，引領空海進入灌頂壇，並於3個月內一連為空海舉行胎藏界、金剛界兩界灌頂，以及授予阿闍梨的傳法灌頂，將正統密教大法完整傳授給空海[355]。同時，空海在兩界灌頂過程的投花儀式中，兩次皆投到大日如來，如此的景象令惠果和尚讚嘆不已，進而授予空海「遍照金剛」之法號，成為真言密教第八祖。

圖121 「第十六 大師受法」

17. 鎮可呵責

　　繪卷第十七畫面的主題為「鎮可呵責」，在圖繪中出現兩位身穿戰袍，手執長戟、弓箭、金鞭的武將裝扮人物，以及一位倒臥於地的僧侶。圖中這兩位手持武器的人物為佛教護法神四天王，而倒地不起的僧侶為惠果和尚師兄弟順曉和尚的徒弟珍賀，如此的畫面來自於一段傳說。話說珍賀對惠果和尚不惜將密教大法傳授給一位來自日本的年輕僧侶空海一事，感到無法信服，因而多次向惠果和尚抱怨。在某天晚上，珍賀於睡夢中夢見四大土入夢斥責其作為，於是在醒來之後，對自己的舉動感到懊悔，立即向空海道歉。該畫面表現的即為珍賀夢中受四天王責難的景象。

圖122 「第十七 鎮可呵責」

18. 護法盜法

　　「第十八 護法盜法」為題的畫面呈現著一棟佛寺及其周邊庭園的外貌，在座落於圖繪右半部樹叢的後面，依稀可見一位膚色深紅身穿藍袍，手執大斧的精怪人物。傳說這位人物為奈良興福寺僧侶守敏的護法，因守敏忌妒空海的才智，因而派遣護法來到長安城，企圖盜取惠果傳授的密法[356]，如此的緣由，第十八則圖繪採護法盜法為題。據說在傳授胎藏法時確實被守敏護法盜取，不過進行金剛法灌頂時，嚴密的結界讓盜法行為無法得逞。

圖123「第十八 護法盜法」

---

19. 密具相傳

第十九則的「密
具相傳」畫面，位於第
二卷軸最上方，使用的
空間為其他各畫面的兩
倍，內容所描述的是惠
果和尚將代表真傳法脈
的各種佛具、寶物交付
給空海的事蹟。話說惠
果和尚因深知圓寂之日
迫近，便將從歷代祖師
手中傳承的8種象徵密
教的法器，親手傳給空
海，做為代表著正統法
脈傳承的信物。在這張
圖繪中，空海跪地叩謝

圖125「第十九 密具相傳」局部

師恩，一方面，惠果和尚身旁的兩位僧侶人正將舍利塔、金剛盤、金銅五鈷杵、經卷等物品
裝箱準備交給空海[357]。惠果和尚將全數的密法及法具全數傳授給空海，同時表達自己任務已
盡即將圓寂，期待空海能將密教永傳於世。

圖124「第十九 密具相傳」

---

20. 大師五筆

　　「大師五筆」之題的由來，出自於空海入唐時的一段軼話，據說唐代宮中有3個牆面，皆留有大書法家王羲之的字，不過隨著年月產生的斑駁風化，於是對其中兩面牆展開修繕，卻找不到適合的人來重新書寫。某日皇帝親自找尋合適的人選，便敕令空海來負責書寫牆面，只見空海以雙手搭配著左右足及口5處，各持一隻毛筆來進行書寫，如此景象令皇帝對空海的書法造詣感到佩服，便賜「五筆和尚」封號給空海。第二十則的畫面表現的即為空海於宮中牆前準備書寫的景象，畫面的下半部可見唐代皇帝及朝臣們紛紛屏息以待。

圖126「第二十 大師五筆」

21. 流水書記

　　繪卷第二十一則主題為「流水書記」，從構圖上可見畫面右下方有位僧侶合掌站立於河畔，這位人物為弘法大師空海，另外於畫面左上方出現一位腳踏祥雲，身後浮現圓形光背的仙人。傳說空海某日在長安城河畔上散步，突然出現一位童子詢問空海是否就是著名的五筆和尚，並請空海在虛空中寫字證明具有的能力。於是空海提筆於虛空中書寫，空中即浮現出文字，童子見此狀也拿起筆寫出同樣的字。接著，童子要求空海在流動的水面上寫字，只見寫下的詞句毫不散亂地隨著水流波動，童子見狀稱讚空海的功力，自己也在水面上寫下「龍」字，不過空海發現龍字缺了一點，童子請空海將最後一筆加上，只見龍字幻化成一條飛龍。空海見狀詢問童子來歷，童子留下五髻童子名號，隨後乘雲朵消失於虛空中，據說這位童子是文殊菩薩的化身，藉由童子的形象來確認空海的書寫功力[358]。本畫面所表現的就是五髻童子在印證空海具有的能力之後，乘雲朵欲返天界之際，空海合掌恭送神佛的景象。

圖127 「第廿一 流水書記」

358　松長有慶監修　武內孝善著《空海》，頁44。

22. 三鈷投所

　　繪卷第二十二主題為「三鈷投所」，當空海入唐順利學習完成密教大法，一方面深感惠果和尚圓寂之後，即刻將密教傳播發揚到日本的迫切性，雖然來到長安的時間不到兩年，若此刻回國將違背留學僧需20年待在唐代的規定，不過為了讓自己的心願早日付諸實現，便請求憲宗皇帝特准放行。在元和元年（806）正月，空海如願取得歸國許可，攜帶著大批珍貴的法器、經典自明州乘船回國。在出航的前夕，空海走到岸邊祈求航行順利，並將手上的三鈷杵投擲於天，請三鈷杵指引適合傳法布道的地點。在這幅畫面中，可見空海朝天丟擲三鈷杵的景象，同時身旁圍繞著二位唐代官吏及三名隨行的僧侶，眾人對乘雲而去的三鈷杵感到讚嘆。傳說位於日本上空漂浮著幾朵紫色祥雲，空海的三鈷杵即順著日本方向飛去，最後落到未來成為真言密教根本道場的高野山麓。

圖128「第廿二 三鈷投所」

（四）解析《弘法大師行狀曼陀羅》卷三

23. 久米講經

　　繪卷從第三卷起，背景自空海留學的唐代長安回到日本，第二十三個畫面的標題為「久米講經」，我們可以清楚看到，該畫面所出現的場景即為空海首度接觸到《大日經》的久米寺東塔。空海在平安返抵日本後，為感謝過去在久米寺這段機緣下，指引他入唐獲得密法的傳承，再次來到久米寺講授《大日經》。畫面中可見空海端坐於東塔內中央位置的大壇前，大壇上擺設著密教六器及五鈷杵、照明等物，身旁環繞著6位僧侶誦讀佛經，在東塔佛殿門外，有5位僧侶或信徒席地合掌。此外，在東塔周圍可見日本國內無數的眾神乘祥雲齊聚，守護空海講授的佛法精義。

圖129「第廿三 久米講經」

24. 大內書額

　　「大內書額」為本卷軸第二十四畫面的標題，所謂的大內意指朝廷宮殿之意，在該畫面中出現四個人物，分別為圖繪中央身穿袈裟的空海，兩旁三位著官服者，應為當時朝廷的官員。畫中人物站立於宮殿建築外的石階上，可見空海的右手上揚，上方出現一支騰空的毛筆，上述的畫面出自於以下典故。據說空海精於書法，當時都城的朱雀門與應天門的門額皆出自於空海之筆，不過，當應天門額懸掛之後，眾人發現該門額上的「應」字少了一劃，空海得知後立即趕到應天門下，將沾墨的毛筆朝門額一丟，完美無瑕的補上這一筆[359]。本畫面呈現的即為這項傳說的經過。

圖130 「第廿四 大內書額」

359　朝比奈秀玉《高祖大師行狀曼荼羅略記》，無頁碼。

25. 清涼宗論

「第廿五 清涼宗論」題材的畫面分布在繪卷第三卷的最上方，以一般畫面兩倍的篇幅來進行描繪。在長條畫面的中央部分，可見空海端坐於蓮花上，雙手結大日如來智拳印，頭上戴著五智寶冠，身上散發金色萬丈光芒，宛如大日如來降臨一般。在一旁的佛殿外，多位身著袈裟僧袍及官服錦衣的僧眾們，無不紛紛跪地合掌或仰天對此殊勝情景深感讚嘆。以上的畫面構成來自

圖132 「第廿五 清涼宗論」局部

於空海自唐歸來，弘法布教時所出現的靈驗之談。日本自六世紀佛教傳入以來所傳承的佛法屬顯教系統，不過空海入唐習得密法，將密教提倡的即身成佛之道傳入日本[360]。可是，如此的教義卻引起國內其他教派高僧的爭議，對此嵯峨天皇（西元786-842年）邀集空海及各宗派高僧集聚清涼殿，首先由法相、三論、天臺、華嚴等宗派進行陳述，接著空海以弁顯密二教論的8個證言進行說明，辯才無礙的論述讓各宗高僧臣服。同時，天皇也敕令承認密教義理，不過一方面也宣稱尚未見其實像。此刻空海朝南方而坐，結跏趺坐於禮盤上，手結智拳印口念真言，一時之間，空海變成金色的大日如來，頭戴五智寶冠，全身大放光芒。如此景象令在場僧眾對密教的教義徹底領會，本畫面所呈現的內容即為以上所描述的情景。

圖131 「第廿五 清涼宗論」

360　銕崎実応《弘法大師摂化行状記》，無頁碼。

26. 東寺蜂伏

　　「東寺蜂伏」為本繪卷第二十六個主題，場景位於兩棟佛殿間，畫面中出現七隻巨蜂盤踞作勢扎人，嚇得僧眾們一路跌跌撞撞逃跑，但是在畫面左下方，見弘法大師空海鎮定盤坐於基壇。接著再從「東寺蜂伏」之題來進行考證，相信「東寺」一稱容易令人聯想到位於京都的教王護國寺，不過，根據嵯峨天皇下賜東寺的時間，以及本圖像的內容解析，推測畫面描述的內容應與高野山地藏院所傳《高野大師行狀圖繪》卷七的〈東大寺蜂〉類同。根據《弘法大師攝化行狀記》[361]記載，弘仁元年（810），奈良東大寺突然出現巨蜂，擾亂僧侶不得安寧，此時正逢空海受派為東大寺真言院別當[362]。據說當弘法大師進駐到東大寺，過去危害僧眾的巨蜂群即消失無蹤，讓信眾對空海所具有的威德感到讚嘆。

圖133 「第廿六 東寺蜂伏」

361　鋑崎実応《弘法大師摂化行状記》，無頁碼。
362　「別當（Bettou）」為統籌寺院事務者的一項職稱。

27. 傳教灌頂

　　繪卷第二十七則為「傳教灌頂」，從本畫面標題及構圖內容推測，應描述的是空海為傳教大師最澄灌頂的這段事蹟。話說空海與最澄最初的交集，應該在大同4年（809），也就是空海進駐京都的高雄山寺這年。最澄得知空海自唐攜帶大量珍貴的佛典歸來，便託弟子前去借取。一方面，雖然最澄於日本佛教界的地位遠在空海之上，不過研修天臺法門的最澄入唐時所學的祕法侷限於胎藏法，這與完整受過胎藏法、金剛法等體系密法學習的空海差別甚大。因此，最澄為精進密法，曾以書信向空海表示希望能授與正統密法，根據記載空海於弘仁3年（812）11月與12月，接連舉行金剛界灌頂壇、胎藏界灌頂壇，共為包含最澄在內的190餘位僧眾舉行灌頂傳法[363]。該畫面所呈現的應為傳法灌頂的景象，弘法大師空海居於屏風旁，面對的身著紅色七條袈裟、頭戴白帽子的僧侶即為接受灌頂的傳教大師最澄。

圖134　「第廿七　傳教灌頂」

---

28. 河越書額

　　第二十八「河越書額」之主題，出自於一段與弘法大師相關的傳說故事，據說某日朝廷為了請空海幫金剛定寺書寫匾額，於是專程派遣敕使來到高雄山寺。不過，此時突然降起大雨，導致路途必經的青瀧川溪水暴漲，敕使一行人無法順利渡河前往弘法大師駐錫的高雄山寺。從畫面構圖上，可見提筆的空海立於河川之左岸，右岸則見敕使舉起匾額，傳說空海見狀便直接由河川左岸提筆揮毫，只見墨汁騰空躍過滾滾洪流，扁額上於是浮現出「金剛定寺」四個大字。從這幅圖像所呈現的主題，將廣泛流傳於民間的具超人神通能力的弘法大師形象清楚表露。

圖135 「第廿八 河越書額」

29. 槇尾濁水（其一，其二）

　　第二十九以「槇尾濁水」為題的圖繪，分成兩個畫面來呈現。「槇尾」一詞，指的是空海當年剃度，今日位於大阪府和泉市的槇尾山寺。這座寺院不僅為開創時間悠久，也是西國三十三所觀音靈場的第四番札所。在兩畫面的圖像表現上，「其一」見空海盤坐執五鈷杵，一旁有豐沛清澈之溪水順流，「其二」中的空海身處山谷間，手握樹葉凝視盛開的山茶花。關於該畫面所描述的內容，應為空海自唐返國後的一段傳說。大同3年（808）空海再次來到槇尾山寺，見該地水源不足之況，於是誦念真言進行加持，頓時平地不斷湧出清泉，被當地人稱為智慧水[364]，這段描述即為本幅「槇尾濁水」（其一）的構圖內容。空海來到山谷林間，為禮敬諸天神佛，便取檜木葉於手中搓揉，以達到潔淨之意[365]，再將枝葉投擲到山茶花欉，以上的景象清楚呈現於「其二」的圖示中。

圖136　「第廿九　槇尾濁水（其一、其二）」

364　鋏崎実応《弘法大師摂化行状記》，無頁碼。

365　日本山岳信仰修行者於山野中逢敬拜神佛前，因無法取得清水來潔淨身心，於是以搓揉草木之葉的方式來代替手水淨身，此行為亦稱為「柴手水」。

30. 高野入山

　　繪卷第三十畫面為「高野入山」，描繪內容呈現弘法大師空海前往高野山的景象，關於這段傳說的記載，最早出於西元十世紀前後的《金剛峰寺建立修行緣起》。弘仁7年（816）4月，空海在大和國（今奈良縣）宇智郡遇上一位帶著白、黑二狗的獵人，獵人詢問空海去處，空海表示正尋找一處適合密教拓展之地，獵人便要這兩隻狗引領空海到該地。弘法大師隨著這兩隻獵犬行經一處供奉丹生明神的神社，丹生明神現身恭迎空海的到來，便將高野山這塊土地獻給弘法大師做為設立道場之用。空海隨即登上高野山，只見該地周圍山勢宛如蓮花盛開，又發現當年從唐歸國前投擲的三鈷杵即懸掛於松樹上，空海滿懷歡喜地得知這裡就是長年尋覓之地。同年，空海在取得嵯峨天皇朝廷許可，開始闢土開山興建真言密教根本道場[366]。在第三十的構圖表現中，首先，位於弘法大師空海身旁一黑一白的獵犬，即是以獵人形象現身的狩場明神的二隻導引高野山位置的獵犬。此外，位於畫面右半邊的女子是獻地的丹生明神，而日後由大師開創的高野山真言密教根本道場位置，即位於該畫面的上半部，此處清楚可見三鈷杵的蹤跡。

圖137 「第卅 高野入山」

31. 秘鍵奉呈

　「秘鍵奉呈」為繪卷第二十一的主題，畫面中見弘法大師手持如意端坐於殿內，前方桌面上擺置了一卷經文，殿外迴繞著數名盛裝佇候的官員。上述之描繪內容，根據經範撰《大師御行狀集記》[367]記載，弘仁9年（818），日本全國各地發生嚴重的流行疾病，造成無數的傷亡。嵯峨天皇憐憫蒼生之苦痛，親自以金筆抄寫一部《般若心經》，並請弘法大師清楚為大眾解釋《般若心經》的功德。空海於是起草《般若心經秘鍵》一卷，闡明天神地祇皆喜愛《般若心經》，書畢即交由殿外等候的官員，奉呈天皇。

圖138「第卅一 秘鍵奉呈」

---

32. 疫病加持

　　承接第三十一的「秘鍵奉呈」內容，弘法大師以《般若心經秘鍵》來講述佛法之殊勝，從高深難解的經典理論到實際入世通俗的救苦濟生之道，明確地解明經典蘊含的意義及佛教的精神，肯定佛法是為拯救世人脫離苦痛不幸的良方。在第三十二「疫病加持」描繪的內容中，弘法大師率領僧眾一行來到流行病橫行的市井街道，藉由《般若心經》及其加持之力，拯救與病魔搏鬥中的庶民百姓。

圖139「第卅貳 疫病加持」

33. 稻荷來影（其一、其二）

　　第三十三的「稻荷來影」共分成兩個畫面來表示，「其一」呈現四位身著官袍的男子，「其二」於畫面左方可見弘法大師面對一位穿著白衣的老翁，桌上擺有豐盛的食物，老翁身旁擺有兩捆稻穗，而後方還有一長列的豐盛食物與數名婦女、孩童，以上的畫面所描繪的是東寺（教王護國寺）與伏見稻荷大社的關係。傳說空海某日於紀伊國（今和歌山縣）某處的田邊，正好巧遇一位挑著稻穗的老翁，空海一見便知曉老翁並非凡人，老翁表示希望能協助空海護持佛法，兩人並相約於東寺再見。不久之後，這位稻荷神所化身的老翁與二位婦人、孩童挑著稻穗來到東寺參拜，弘法大師見狀前往相迎並設宴款待之[368]。「其二」所構成的畫面呈現的就是稻荷神一行來到東寺與弘法大師相會的情景，那位與空海對坐的白衣老翁即為稻荷神，此外，出現於老翁左側的稻穗可視為稻荷神的象徵之物。

圖140　「第卅三　稻荷來影（其一、其二）」

（五）解析《弘法大師行狀曼陀羅》卷四

34. 守敏降伏

　　守敏是與空海同時代活躍於世的著名僧侶，在第三十四則「守敏降伏」畫面中所出現的僧侶人物即為守敏，圖繪中的守敏左手持金剛鈴、右手握著念珠，而跟前出現兩大缸裝滿小蛇的器皿。傳說守敏具有高強的法力，卻喜好與弘法大師較量高下，在接下來的第三十五則「善女龍守護」與第三十六則「神泉雨乞」圖繪中，生動地描繪出兩人間的故事。在畫面中所見器皿中的蛇，表示守敏為阻止空海祈雨，而將掌控雨水的龍神（蛇的形象）禁鎖於器皿的景象，不過守敏設下的阻礙終究一一被空海所破解，最終臣服於弘法大師空海之下[369]。

圖141「第卅四 守敏降伏」

369　銕崎実応《弘法大師摂化行狀記》，無頁碼。關於守敏與空海之間的傳說，可參考：中前正志〈ある矢取地藏をめぐる覚書：付『弘法大師御伝記』の挿絵と北摂感応寺所蔵「弘法大師絵伝」〉（《女子大国文》133期，京都：京都女子大学，2003），頁1-18。

35 善女龍守護

　　第三十五幅「善女龍守護」描述的內容為淳和天皇天長元年（824）時，京都因乾旱所衍生的事端，據說該年因久旱不雨導致民不聊生，天皇敕令舉行祈雨法會。法會先由資歷地位較高的守敏和尚負責，只見守敏一連7天祈禱修法，卻只為京都帶來微薄的細雨。接著空海於神泉苑展開請雨經法儀式，不過卻一連7天毫無降雨，此時弘法大師藉由冥想發現守敏以咒術將龍神禁鎖於大缸中，接著在更深層的冥想境界裡知曉來自北印度大雪山無熱池的善女龍王已逃脫守敏咒力的威脅。空海於是將修法時間延長兩日，見善女龍王降臨請雨經法壇上守護空海的祈雨法會[370]。在這幅畫面中除了可見空海執五鈷杵、念珠展開祈雨修法，左上方所出現的飛龍即代表龍王，一旁則出現讚嘆如此靈驗景象的圍觀百姓。

圖142「第卅五 善女龍守護」

---

36. 神泉雨乞

　　「神泉雨乞」接續描繪第三十五則「善女龍守護」，弘法大師位於神泉苑的祈雨壇場，在善女龍王降臨護持之下，讓祈雨經法獲得了感應，原本晴朗的天空一時之間佈滿烏雲，不久之後開始降下甘霖，為京都帶來豐沛的雨量。在此幅畫面中將弘法大師設壇得雨的景象生動地描繪出來。

圖143「第卅六 神泉雨乞」

37. 火災救水

「火災救水」為本繪卷第37個主題，在描繪構圖中可見火海、濃煙等災難景象，相當寫實地呈現出本畫面的內容。據說某回敕使有事拜訪弘法大師，在談話中見空海三度朝西方灑水，敕使請教空海此舉之意，空海表示大唐青龍寺正遭逢祝融之災，因此正協助撲滅其火勢。日後，根據唐朝傳來的消息，該日青龍寺確實發生過火災，不過幸運地被一場突如其來的大雨給撲滅。畫面中可見一棟佛寺建築被火舌吞沒，一旁有兩位僧侶雖逃出卻相當不捨地望著佛寺，圖繪右半部的天色漸黑降雨，如此弘法大師相關的靈驗之談，藉由畫面圖像達到布教的效果。

圖144「第卅七 火災救水」

38. 龍潛伏龍

「龍潛伏龍」畫面構成的背景為寺院內的荷花池畔，可見3位武士裝扮的男子與兩位女子，從人物的表情及視線研判，似乎在搜索池中存在著引起眾人注目的標鵠。傳說位於河內龍泉寺的這座水池，自古潛伏著一條惡龍，長期以來擾亂世人的安寧，令官民苦思不得對策。直到弘法大師來到此寺，藉由加持靈力制伏了惡龍，更矯正其惡行恢復本心[371]，於是寺院內的池塘重新湧入清泉，日後寺院名亦改為「龍泉寺」。

圖145「第卅八 龍潛伏龍」

---

371 朝比奈秀玉《高祖大師行狀曼荼羅略記》，無頁碼。

39. 仁王經講贊

　　第二十九主題是「仁王經講贊」，表現空海藉由《仁王經》的修法，以追求達到利益眾生之境，畫面所呈現的是7位僧侶分別坐於佛殿內的景象，各個手持《仁王經》誦念修持。根據文獻記載，空海一生為祈求國家安泰及眾生平安，共舉行過51次的法會，其中，《仁王經》可視為最重要的一項修法經籍，而設置於東寺講堂內的立體曼荼羅眾佛像即是以《仁王經》為依據所建造，這也就是以「教王護國」為名的東寺這個真言密教根本道場創設的宗旨。

圖146「第卅九 仁王經講贊」

40. 親王受戒

　　「親王受戒」題名指的親王為日本皇族中首位出家的高岳親王，也就是日後成為弘法大師十大弟子之一的真如阿闍梨。真如俗名高岳，生於延曆13年（799），為平城天皇第三皇子，於弘仁元年（810）脫離皇族身分出家，追隨弘法大師空海修習佛法，法號「真如」。第40畫面，所描繪的就是真如親王出家受戒的事蹟。

圖147 「第四十　親王受戒」

41. 大師遺戒

　　承和元年（834）11月15日，弘法大師召集門下眾弟子，宣佈遺言如下：「我在明年三月即將入定，不過，高野山的伽藍與兩部曼荼羅皆尚未完成，因此將這些事情託付給各位。」接著一一將高野山、東寺、神護寺等寺院及密法傳承分別交付給真如、真雅、真濟、真紹、真然等門下弟子[372]。在這幅「大師遺戒」所描繪的內容，即為弘法大師對於5位弟子託付的景象。此外，在《遺告二十五條》[373]中，亦清楚可見對眾弟子留下的遺言：「我將於三月二十一日寅時入定，之後將前往彌勒菩薩的兜率天，守護著你們的信仰，只要一心修行即可。」

圖148「第四十一 大師遺戒」

372　立松和平、武內孝善《あなただけの弘法大師空海》（東京：小学館，2001），頁102-103。

373　密教文化研究会編纂《定本弘法大師全集》，卷7（和歌山：高野山大学密教文化研究会，1992），頁356；武內孝善《弘法大師　伝承と史実》，頁187-188。

42. 真如寫影

　　第四十二的畫面題名為「真如寫影」，畫面中可見一位著紅色袈裟的僧侶執畫筆，正描繪著弘法大師空海的肖像，身旁還有一位僧侶捧著顏料協助作畫。從題名解析，真如寫影一題，指的正是真如透過畫筆來描繪形體之意。據說真如於弘法大師仍未入定之前，偷偷畫下大師端坐的形像，不過此舉意外被弘法大師察覺，便由大師親自為此肖像進行開光點眼儀式[374]，這幅大師畫像據說仍供奉於高野山御影堂內。

圖149「第四十二 真如寫影」

374　朝比奈秀玉《高祖大師行狀曼荼羅略記》，無頁碼。

43. 大師留身、仙院御幸

第四十三則主題共分成「大師留身」與「仙院御幸」兩部分，因此圖繪也分成兩個畫面來呈現，左半邊的畫面為「大師留身」，右邊所描繪的是「仙院御幸」。首先可見「大師留身」畫面中共出現3個人物，分別是一位端坐著僧袍卻披頭散髮的僧侶，另兩位人物出現於畫面右下側，雙手合十向畫面中這位長髮僧侶頂禮朝拜。此描繪的內容，即描述醍醐天皇敕封空海為「弘法大師」的這段史話。延喜21年（918）10月27日，醍醐天皇在寬平法皇與東寺長者觀賢和尚的建議之下，敕封「弘法大師」諡號以推崇空海具有的功績，圖繪中所呈現的是觀賢與其弟子淳祐前往高野山，進入大師入定的奧之院廟窟內向弘法大師報告的情景。畫面中散髮披肩者即為禪定中的弘法大師，傳說觀賢將敕封一事向大師稟報後，並協助大師剃髮及更衣，而「入定留身信仰」即在此基礎下發展開來。

高野山從平安時期末葉起，因周圍山脈地形宛如蓮花形狀，加上世間流傳此處為日本唯一淨土與神佛降臨之處，讓高野山成為朝聖參拜的重要聖地，「仙院御幸」所描述的即該時代流行於達官顯貴間的宗教朝聖之景象。當時又以寬治2年（1088）2月26日起，四度前往高野山參拜的白河上皇最具代表。本則圖繪主題所用的「仙院」一詞，指的即是白河上皇（在位期間1072-1086），圖畫中呈現天皇出巡臨幸時的龐大陣仗隊伍，將白河天皇前後4次前往高野山朝拜的景象生動傳達。

圖150 「第四十三 大師留身、仙院御幸」

◎高野山奧之院

　　本繪卷最後一則畫面為「高野山 奧之院」，高野山為弘法大師於紀伊地區開創的真言
密教根本道場，而奧之院所指的即為弘法大師入定之處，位於高野山廣大伽藍的深處，為大
師入定信仰最重要的聖地。歷代以來廣受朝廷及大眾之朝拜，畫面中所呈現的即為此景象。

圖151 「高野山 奧之院」

五、結語

　　以上，首先從日本繪卷藝術成立的背景及發展過程著手，分析繪卷樣式的發展與當時社會構成的關係，著眼於鎌倉時期因佛教新宗派興起，進而成為牽引繪卷畫蓬勃發展的背後因素。如此的變動導致傳教布道功能的寺社緣起繪卷，以及高僧傳繪卷等宗教性繪卷先後的興起、茁壯，構成日本繪卷類型中相當重要的式樣之一。本章所探討的以描繪空海傳記為題的繪卷圖繪─弘法大師行狀繪卷，即為該時代背景下的產物。弘法大師空海為日本真言密教的開祖，更是日本文化發展上相當重要的人物，大師信仰橫跨佛教各宗派並深入庶民社會，如此的情況反映於日本列島各地的大師傳說神話之中。本章透過弘法大師相關傳記及史料的解讀，理解空海生涯事蹟及相關傳說，作為解讀《弘法大師行狀曼陀羅》繪卷內容的基礎。弘法大師傳繪卷自鎌倉時期興起至今，歷經長時間的傳衍發展，目前學界依照傳本內容梳理出五個類型系統。

　　本章因議題設定及篇幅所限，僅參照美術史家梅津次郎及真保亨的系統分類之說，對各系統的傳承途徑及年代進行說明，意旨呈現出該繪卷成立至今的發展軌跡。最後，本章在循著上述的篇章內容之下，焦點鎖定臺北天后宮所藏《弘法大師行狀曼陀羅》一式四卷的繪卷內容探析。以傳承自高野山金剛峰寺及阿波真言宗中學林，匯整歷代弘法大師行狀圖詞資料所構成的權威性文本為主要依據，並適時以弘法大師相關傳記及研究書籍作為佐證資料。完成全篇48畫面、44主題的圖像解析，讓這件國內罕見的日治時期由信徒奉納寺院的宗教繪畫《弘法大師行狀曼陀羅》，在圖繪內涵及時代意義等面向得以明朗。至於《弘法大師行狀曼陀羅》一作，與日本國內通行的五大系統弘法大師傳繪卷間的異同，以及在內涵表現及風格樣式層面上所呈現的特色等相關的探討，受限於本研究掌握的文獻與研究議題設定，將做為未來延伸的後續研究方向。

後記

　　本書所展開的貫串宗教造型與民俗傳承這項共通主題的各研究，源自筆者留日期間頻繁探訪日本列島寺社場域下的體驗，石佛、巡禮、遍路、大師信仰等數千年來傳承於日本庶民生活中的信仰文化及其造型，深深吸引著筆者的目光，進而引發深究庶民信仰造型及其文化的動機。藉此筆者以日本近畿地區為核心的西國三十三所觀音巡禮的探訪為起點，數年之間，深入四國八十八所遍路靈場及散布於日本列島的各種民俗宗教場域，持續進行民俗田野踏查。本書收錄的各章內容，可謂歷經日本民俗探訪的實際經驗下，對於臺灣日治時期在臺日人信仰課題反饋下的研究成果。期待藉此深掘日治時期在臺日人的信仰生活面貌，進而讓這道至今仍鮮少受關注的研究礦脈清楚浮現而出。本書收錄的各篇章內容，主要由以下論文所改寫增補而成：

序章

新稿

第一章

· 〈日本的朝聖文化：西國巡禮與四國遍路〉，《傳藝雙月刊》，第95期，2011年8月，頁88-93。

· 〈海外における新西国巡礼の発展—戦前台湾の事例から—〉，「日本民俗學會第63回全國大會」，日本民俗學會主辦，2011年10月，滋賀：滋賀縣立大學。

· 〈聖地移植：日治時期巡禮文化的發展與變異〉，《東方文化遺址保護聯盟臺北國際學術研討會論文集》，2012年，臺北：國立臺北藝術大學。

第二章

· 〈台湾に残存する日本の石仏：その現状と変容〉，「日本民俗學會第62回全國大會」，日本民俗學會主辦，2010年10月，宮城：國立東北大學。

第三章

新稿

第四章

· 〈日本的佛教文化及宗教造型〉，《傳藝雙月刊》，第94期，2011年6月，頁68-73。

· 〈日本石佛在臺灣的傳承與展開：以日治時期日本人所造立的石佛為考察中心〉，

《藝術學》，第28期，2012年5月，頁215-287。

第五章

· 〈高雄市鼓山區千光路日本石佛「再出土」的考察〉，《藝術學》，第27期，2011年
5月，頁135-165。

第六章

· 〈日治時期宗教繪畫之探析：以臺北天后宮藏《弘法大師行狀曼陀羅》高僧傳繪卷為
例〉，《臺北文獻直字》，第175期，2011年3月，頁81-134。

· 〈法燈傳承千年不絕的日本佛教聖地：靈山高野〉，《傳藝雙月刊》，第100期，
2012年6月，頁78-81。

　　　傳承於臺灣這塊土地上的庶民信仰內涵及其造型文化相當的多元豐富，本書從中擷取一面向，鎖定今日已消逝的日治時期伴隨移居來臺日人傳入臺灣的日本庶民信仰，藉由現今仍遺留的造型物件與資料文本，針對這段早已被淡忘的民俗文化完成階段性的研究考察。本書能夠順利完成，要感謝行政院國家科學委員會專題研究計畫的補助（NSC 98-2410- H-119-003、NSC 99-2410-H-119 -001），藝術家出版社何政廣先生的支持，以及師長、學生、助理、友人、家人的指導與關懷，特別是林保堯教授的鼓勵，學生彬全、瑋儒辛苦的校稿，以及妻森岡智代與愛犬ポチの陪伴，讓這本書得以順利完成，在此讓我表達誠摯的謝意。

2012年8月

林承緯

引用書目

三ツ橋安邦《我が基隆》（基隆：不詳，1934）。

三九郎〈臺北新四國八十八箇所 巡禮の記〉（《臺灣遞信協会雑誌》153号，1934）。

三九郎〈臺北新四国八十八箇所　巡礼の記（二）〉（《臺灣遞信協会雑誌》154号，1934）。

三九郎〈臺北新四国八十八箇所　巡礼の記（三）〉（《臺灣遞信協会雑誌》155号，1935）。

三浦章夫編《弘法大師伝記集覧》（東京：森江書店，1934）。

上原昭一〈観音信仰〉《観音・地蔵・不動 民衆のねがい》（東京：集英社，1989）。

上野直昭〈絵巻物考断片―主として表現型式について〉，（《東京国立博物館研究誌》6號，1951）。

久野健、持丸一夫《日本美術史要説》（東京：吉川弘文館，1954）。

大園市藏編《臺灣人物誌》（臺北市：谷澤書店，1916）。

大護八郎《路傍の石仏》（東京：真珠書院，1965）。

小川直之〈石神と民俗〉（《日本の石仏》108号，2003）。

小田匡保〈巡礼類型論の再検討〉（《京都民俗》7期，1989）。

小池淳一〈民俗信仰の領域〉（《日本民俗学》247号，2006）。

小松茂美《日本絵巻聚稿 上》（東京：中央公論社，1989）。

小花波平六〈石神信仰の民俗学的研究系譜〉《石仏研究ハンドブック》（東京：雄山閣出版，1985）。

小花波平六〈庚申塔〉（《日本の石仏》100号，2001）。

小嶋博已〈巡礼・遍路〉《民間信仰調査整理ハンドブック》（東京：雄山閣，1987）。

山本和加子《四国遍路の民衆史》（東京：新人物往來社，1995）。

山本準〈徳島県における四国八十八か所写し霊場〉（《鳴門教育大学研究紀要》18巻，2003）。

山本準〈徳島県の写し霊場〉（《鳴門教育大学研究紀要》19巻，2004）。

川勝政太郎〈日本石造美術の概観〉《日本石造美術辞典》（東京：東京堂出版，1998）。

川越市総務部市史編纂室《川越の石仏》（埼玉：川越市，1973）。

中山和久〈模倣による巡礼空間の創造 ―篠栗四国霊場の表象と実践―〉（《哲學》119号，2008）。

中山慧照、大竹伸宜《全国石仏石神大事典》（東京：リッチマインド出版，1990）。

中前正志〈ある矢取地蔵をめぐる覚書：付『弘法大師御伝記』の挿絵と北摂感応寺所蔵「弘法大師絵伝」〉（《女子大国文》133期，2003）。

中島春甫《北投草山溫泉案內昭和五年》（臺北：台南新報社臺北印刷廠，1930）。

中野玄三《日本仏教絵画研究》（京都：法藏館，1982）。

中野玄三〈社寺縁起絵と高僧伝絵〉，（《仏教芸術》189號，1990）。

五來重《石の宗教》（東京：講談社，2007）。

仏教タイムス社《明治百年紀念・佛教大年鑑》（東京：仏教タイムス社，1969）。

日下部朝一郎《石仏入門》（東京：国書刊行会，1967）。

日本石佛協會編《日本石仏図典》（東京：国書刊行会，1986）。

日本石佛協會編《石仏巡り入門》（東京：大法輪閣，1997）。

日本石佛協會編《続日本石仏図典》（東京：国書刊行会，1998）。

王秀雄《日本美術史》（臺北：國立歷史博物館，1998）。

王俊昌〈日本佛教在基隆地區的傳佈—以真宗本願寺派為考察對象〉（《海洋文化學刊》7期，2009）。

仙海義之〈法然・親鸞の夢想—祖師伝絵が描く聖体示現〉，（《美術史論集》8期，2008）。

加藤光貴《臺南市讀本》（臺南：臺灣教育研究會，1939）。

加藤精一《弘法大師空海伝》（東京：春秋社，1987）。

古島敏雄〈民俗学と歴史学〉《現代日本民俗学Ⅰ》（東京：三一書房，1974）。

平田源吾《北投溫泉誌》（臺北：天狗庵，1909）。

弘法大師空海全集編輯委員會編《弘法大師空全集》（東京：筑摩書房，1984-1987）。

田上善夫〈地方霊場の開創とその巡拝路について〉（《富山大学教育学部紀要》58号，2003）。

田中一二《臺灣年鑑》（臺北：臺灣通訊社，1943）。

田中久夫《地藏信仰と民俗》（東京：岩田書院，1995）。

田中博《巡礼地の世界》（東京：古今書院，1983）。

田中智彦〈『四国偏礼絵図』と『四国辺路道指南』〉（《神戸大学文学部紀要》14，1987）。

田中智彦《地域的巡礼のデータベース作成に関する基礎研究》（科研基盤研究（C）研究成果報告書，岐阜聖徳学園大学，2001）。

田淳吉《わが里　郷土読本》（臺北：士林公學校，1935）。

石田哲弥《石仏学入門》（東京：高志書院，1997）。

立松和平、武內孝善《あなただけの弘法大師空海》（東京：小学館，2001）。

守屋正彦《日本の仏教美術》（東京：東京美術，2003）。

有賀祥隆〈不動信仰〉《觀音・地藏・不動 民衆のねがい》（東京：集英社，1989）。

江燦騰〈日據時期新竹真宗竹壽寺發展滄桑史〉（《竹塹文獻》21期，2001）。

江燦騰《日據時期臺灣佛教文化發展史》（臺北：南天出版社，2001）。

竹內信夫《空海入門》（東京：筑摩書房，1997）。

西岡英夫〈四國遍路と清明節〉（《南瀛佛教》16-4，1938）。

西恒晴次編《民俗資料調査整理の実務》（東京：柏書院，1975）。

辻英子〈高野山親王院蔵『高野大師行状図画』十巻について〉（《聖徳大学研究紀要文学部》11期，2000）。

辻惟雄《日本美術の歴史》（東京：東京大學出版社，2006）。

佐藤久光《遍路と巡礼の社会学》（京都：人文書院，2004）。

佐藤久光《遍路と巡礼の民俗》（京都：人文書院，2006）。

何培夫主編《臺灣地區現存碑碣圖誌臺北縣篇》（臺北：國立中央圖書館臺灣分館，1999）。

作者不詳〈本島青年團の事業經營狀況（一）〉（《臺灣教育》356期，1932）。

京都國立博物館《大繪卷展》（京都：京都國立博物館，2006）。

岩崎潔治《臺灣實業家名鑑》（臺北：臺北雜誌社，1913）。

庚申懇話會編《日本石仏事典》（東京：雄山閣出版，1975）。

庚申懇話會《石仏調査ハンドブック》（東京：雄山閣出版，1981）。

松金公正〈植民地時期台湾における日本仏教寺院及び説教所の設立と展開〉（《台湾史研究》16
　　　号，1999）。

松金公正〈日本統治期における妙心寺派台湾布教の変遷：臨済護国禅寺建立の占める位置〉
　　　（《宇都宮大学国際学部研究論集》12，2001）。

松金公正〈真宗大谷派による台湾布教の変遷：植民統治開始直後から臺北別院の成立までの時
　　　期を中心に〉（《アジア・アフリカ言語文化研究》71，2006）。

松長有慶監修・武內孝善著《空海》（東京：小学館，1995）。

松橋慈照《弘法大師行状曼荼羅図解》（高野村【和歌山県】：金剛峯寺，1910）。

林仁昱〈蘭陽地區佛教發展史初探〉（《宜蘭文獻雜誌》23期，1996）。

林承緯〈日本的朝聖文化：西國巡禮與四國遍路〉（《傳藝雙月刊》95期，臺北：國立臺灣傳統藝
　　　術總處籌備處，2011）。

林承緯〈高雄市鼓山區千光路日本石佛「再出土」的考察〉（《藝術學》27期，2011）。

林承緯〈日治時期宗教繪畫之探析：以臺北天后宮藏《弘法大師行狀曼陀羅》高僧傳繪卷為例〉
　　　（《臺北文獻直字》175期，2011）。

林承緯〈民俗學與無形文化資產：從學科理論到保存實務的考察〉（《文化資產保存學刊》20期，
　　　2012）。

林承緯〈日本石佛在臺灣的傳承與展開：以日治時期日本人所造立的石佛為考察中心〉（《藝術
　　　學》28期，2012）。

林承緯〈聖地移植：日治時期巡禮文化的發展與變異〉（《2011東方文化遺址保護聯盟臺北國際學
　　　術研討會論文集》，臺北：國立臺北藝術大學，2012）。

林松文〈天皇廟不動明王安座〉（1993）。

林會承《臺灣文化資產保存史綱》（臺北：遠流出版社，2011）。

武內孝善《弘法大師 傳承と史實》（大阪：朱鷺書房，2008）。

武田明《巡礼の民俗》（東京：岩崎美術，1977）。

武者小路穰《絵卷の歴史》（東京：吉川弘文館，1990）。

芝田隆雄〈新竹森林公園に就いてIV現在の設施〉（《林學季報》6-4，1937）。

長谷宝秀編《弘法大師伝全集》卷一（京都：六大新報，1934【ピタカ複刻1977】）。

青井哲人《植民地神社と帝国日本》（東京：吉川弘文館，2005）。

宮次男〈地藏信仰〉《觀音・地藏・不動 民衆のねがい》（東京：集英社，1989）。

後藤洋文〈関東地方の新四国霊場〉（《仏教と民俗》16，1980）。

星野英紀、浅川泰宏《四国遍路》（東京：吉川弘文館，2011）。

星野英紀《四国遍路の宗教学的研究》（京都：法蔵館，2001）。

浅川泰宏《巡礼の文化人類学的研究—四国遍路の接待文化》（東京：古今書院，2008）。

浅野清編《西国三十三所霊場寺院の総合的研究》（東京：中央公論美術出版，1990）。

秋山光和《原色の日本 美術：第8卷 絵卷物》（東京：小学館，1968）。

秋山光和《絵卷物》（東京：小学館，1975）。

若杉準治《絵卷を読み解く》（東京：新潮社，2003）。

若杉慧《野の佛》（東京：創元社，1963）。

重要文化財編纂委員會編《解說版新指定重要文化財・繪畫1》（東京：每日新聞社，1980）。

倉石忠彦〈道祖神信仰と石造物〉（《日本の石仏》137号，2011年）。

宮地硬介〈霊場を訪ねる者〉（《台湾遞信協会雑誌》176期，1936）。

宮次男〈絵卷〉，《國史大辭典2》（東京：吉川弘文館，1980）。

宮次郎〈井上家旧蔵弘法大師伝絵卷について〉（《美術研究》232號，1964）。

宮坂宥勝《空海生涯と思想》（東京：筑摩書房，2003）。

宮治昭〈仏像の故郷—ガンダーラ〉《ガンダーラ美術とバーミヤン遺跡展》（靜岡：靜岡新聞社，2008）。

宮崎忍勝《新・弘法大師伝》（東京：大法輪閣，1967）。

徐小虎《日本美術史》（臺北：南天書局，1996）。

徐壽《臺灣全臺寺廟齋堂名蹟寶鑑》（臺南：國清寫真館，1932）。

真保亨〈弘法大師伝絵卷—六卷本をめぐって〉（《仏教芸術》57號，1965）。

真保亨〈法然上人絵伝〉，（《日本の美術》95號，1974）。

真保亨〈僧伝絵卷の成立〉，《筑波大学芸術年報》（茨城：筑波大学，1992）。

真野俊和《旅のなかの宗教》（東京：NHKブックス，1980）。

真野俊和《日本遊行宗教論》（東京：吉川弘文館，1991）。

真野俊和《日本民俗学原論—人文学のためのレッソン》（東京：吉川弘文館，2009）。

真野俊和〈日本の巡礼〉（《日本の石仏》133号，2010）。

真鍋俊照《空海のことばと芸術》（東京：日本放送出版協会，2002）。

翁純敏《吉野移民村與慶修院》（花蓮：花蓮縣青少年公益組織協會，2007）。

財團法人臺灣山岳會編〈北投の名所廻り（第100回）〉（《臺灣山岳彙報》13-2，1941）。

高野山大学密教文化研究所編《弘法大師全集》（和歌山：高野山大学出版部，1965）。

高雄市役所編〈高雄市略圖〉《高雄市要覽（昭和四年版）》（高雄：高雄市役所，1929），附錄。

高雄市役所編〈高雄市略圖〉《高雄市要覽（昭和八年版）》（高雄：高雄市役所，1933），附錄。

高雄市役所編《高雄市要覽（昭和十一年版）》（高雄：高雄市役所，1937）。

密教文化研究会編纂《定本弘法大師全集》（和歌山：高野山大学密教文化研究会，1991-1997）。

張德南〈十八尖山發展探尋〉（《竹塹文獻》28期，2003）。

曹洞宗宗務廳《曹洞宗海外開教傳道史》（東京：曹洞宗宗務廳刊，1980）。

梅津次郎〈池田家藏弘法大師繪卷と高祖大師秘密縁起〉（《美術研究》78號，東京：東京国立文化財研究所，1938）。

梅津次郎〈弘法大師行状絵卷の系譜〉（《日本美術工芸》319期，東京：日本美術工芸社，1965）。

梅津次郎監修《角川絵卷物総覧》（東京：角川書店，1995）。

清水俊明《石仏》（東京：講談社，1979）。

莊永明《臺灣鳥瞰圖：一九三〇年臺灣地誌繪集》（臺北：遠流出版社，1996）。

許陽明〈走尋北投溫泉守護神〉（《北投社雜誌季刊》5，1997）。

許陽明〈珍稀罕見的石窟庶民寺廟北投不動明王寺〉《話我故鄉—北投》（臺北，八頭 里仁協會，2012年2月3日），取自：http://163.21.33.100/t415/peitoe/cavetemple.htm。

郭祐孟〈基隆觀音石佛巡禮記〉（《圓光新誌》89期，2004）。

郭祐孟〈宜蘭觀音石佛踏查記〉（《圓光新誌》92期，2007）。

郭祐孟〈新竹十八尖山的西國三十三所觀音石佛〉（《竹塹文獻雜誌》39期，2007）。

陳玲蓉《日據時期神道統治下的臺灣宗教政策》（臺北：自立晚報，1992）。

陳清香《臺灣佛教美術的傳承與發展》（臺北：文津出版社，2005）。

陳凱雯〈日治時期基隆神社的興建與昇格之研究〉（《臺灣學研究》10，2010）。

陳鸞鳳《日治時期臺灣地區神社的空間特性》（臺北：學富文化，2007）。

鹿島蘭〈三大寺本系高野大師行状絵 について〉（《仏教芸術》214號，1994）。

傅朝卿等編著《文化資產執行手冊》（臺中：文化資產總管理處籌備處，2006）。

朝比奈秀玉《高祖大師行状曼荼羅略記》（名古屋：其中堂，1883）。

朝岡康二〈民俗学的な資料としての「モノ」とその記憶〉《民俗学の資料論》（東京：吉川弘文館，1999）。

渡邊照宏・宮坂宥勝《沙門空海》（東京：筑摩書房，1967【1991】）。

渡邊照宏《不動明王》（東京：朝日新聞社，1975）。

黃蘭翔〈清代臺灣傳統佛教伽藍建築在日治時期的延續〉（《中華佛學學報》18期，2005）。

塩出貴美子〈弘法大師伝絵の系統的研究—浄土寺本について〉（《鹿島美術財団年報》14期，東京：鹿島美術財団，1997）。

奧平英雄《絵卷物再見》（東京：角川書店，1987）。

新見康子〈弘法大師行状絵—歴史としての可能性〉《弘法大師行状絵卷の世界—永遠への飛翔》（京都：東寺宝物館，2000）。

新谷尚紀〈いくつもの民俗学の中で、いまあらためて柳田國男の民俗学に学ぶ意義、その実践〉《歴史としての人類学・民族学・民俗学—フランスと日本の場合》（東京：成城大学，2009）。

新城常三〈近世に於る地方霊場の発達：新西国と新四国〉（《民俗学研究所紀要》5号，1981）。

新城常三《新稿社寺参詣の社会経済史的研究》（東京：塙書局，1982）。

溫國良〈日據初期日本宗教在臺布教概況—以總督府民政部調查為中心〉（《臺灣文獻》50卷2期，1999）。

鈴木正晴《日本の地藏》（東京：毎日新聞社，1974）。

嘉津山清〈日本の石仏その研究の軌跡—石仏を世に出した人たち〉（《日本の石仏》101号，2002年）。

臺北州總務部總務課《臺北州統計書》（臺北：臺北州，1943）。

臺灣新聞社編《臺灣實業名鑑》（臺中：臺灣新聞社，1934）。

臺灣總督府《昭和十年勢調查結果表》（臺北：臺灣總督府，1935）。

臺灣總督府臨時臺灣舊慣調查會《蕃族調查報告書第一冊》（臺北：臨時臺灣舊慣調查會，1917）。

銕崎実応《弘法大師摂化行状記》（徳島：阿波真言宗，1881）。

劉枝萬《台湾の道教と民間信仰》（東京：風響社，1994）。

潘繼道〈花蓮地區日治時期慰靈碑遺跡初探〉（《臺灣文獻》61-1，2010）。

蔡錦堂《日本帝国主義下台湾の宗教政策》（東京：同成社，1994）。

蔣秀純紀錄〈北投耆老座談會紀錄〉（《臺北文獻》75期，1986）。

橫田健一《觀音信仰と民俗》（東京：木耳社，1990）。

臨時臺灣戶口調查部《臺灣現住人口統計》（臺北：臺灣總督府官房課，1940）。

齋藤昭俊《弘法大師伝説集》卷一—卷三（東京：国書刊行会，1975）。

齋藤昭俊《弘法大師信仰と伝説》（東京：新人物往来社，1984）。

舊臺灣日本寺院等調查委員會《台湾開教の歩み》（東京：日華佛教文化交流協會，1989）。

釋慧嚴〈日本曹洞宗與臺灣佛教僧侶的互動〉（《中華佛教學報》11期，1998）。

釋慧嚴〈日治時代來臺淨土宗的開教事業〉（《玄奘人文學報》第5期，2005）。

闞正宗〈日本曹洞宗派下寺院調查〉（《古今論衡》8期，2002）。

闞正宗〈真言宗弘法寺與臺北天后宮—《閱讀臺北天后宮》內容的商榷〉（《臺北文獻直字》158，2006）。

闞正宗〈日治時代東和禪寺的觀音講會〉（2009觀音學術研討會，2009）。

闞正宗〈真言宗在臺開教史—兼論戰後寺宇存廢〉（《護僧》56，2009）。

闞正宗《臺灣日治佛教發展與皇民化運動：「皇國佛教」的歷史進程（1895-1945）》（臺北：博揚出版社，2011）。

鎌倉新書編《戒名・法名・神号・洗禮名大事典》（東京：鎌倉新書，1981）。

鹽月桃甫〈太魯閣めぐり〉《東臺灣を見よ 第六篇》（臺北：東臺灣研究會，1924）。

《臺灣日日新報》1901年05月31日，第五版。

《臺灣日日新報》1905年07月08日，第五版。

《臺灣日日新報》1905年10月10日，第五版。

《臺灣日日新報》1905年10月17日，第五版。

《臺灣日日新報》1905年10月19日，第五版。

《臺灣日日新報》1910年02月19日，第五版。

《臺灣日日新報》1912年05月20日，第二版。

《臺灣日日新報》1915年06月15日，第七版。

《臺灣日日新報》1917年05月08日，第七版。

《臺灣日日新報》1921年04月25日，第五版。

《臺灣日日新報》1917年01月01日，第十一版。

《臺灣日日新報》1917年04月16日，第二版。

《臺灣日日新報》1919年11月24日，第五版。

《臺灣日日新報》1919年12月04日，第三版。

《臺灣日日新報》1920年07月12日，第五版。

《臺灣日日新報》1920年04月14日，第四版。

《臺灣日日新報》1923年02月04日，第一版。

《臺灣日日新報》1923年05月31日，第四版。

《臺灣日日新報》1923年06月14日，第九版。

《臺灣日日新報》1923年06月17日，第四版。

《臺灣日日新報》1925年04月13日，第二版。

《臺灣日日新報》1925年04月15日，第二版。

《臺灣日日新報》1925年10月06日，第三版。

《臺灣日日新報》1926年07月03日，第四版。

《臺灣日日新報》1926年07月13日，第二版。

《臺灣日日新報》1926年07月24日，第二版。

《臺灣日日新報》1926年10月06日，第二版。

《臺灣日日新報》1927年09月09日，第五版。

《臺灣日日新報》1928年04月12日，第四版。

《臺灣日日新報》1928年07月17日，第五版。

《臺灣日日新報》1928年10月26日，第八版。

《臺灣日日新報》1929年03月18日，第四版。

《臺灣日日新報》1929年07月22日，第七版。

《臺灣日日新報》1929年10月14日，第四版。

《臺灣日日新報》1929年10月19日，第五版。

《臺灣日日新報》1929年12月14日，第五版。

《臺灣日日新報》1930年01月18日，第五版。

《臺灣日日新報》1930年03月09日，第二版。

《臺灣日日新報》1930年10月17日，第五版。

《臺灣日日新報》1931年03月27日，第二版。

《臺灣日日新報》1931年04月22日，第七版。

《臺灣日日新報》1931年04月25日，第七版。

《臺灣日日新報》1931年08月11日，第三版。

《臺灣日日新報》1931年11月04日，第二版。

《臺灣日日新報》1932年04月26日，第四版。

《臺灣日日新報》1932年07月10日，第八版。

《臺灣日日新報》1932年07月19日，第三版。

《臺灣日日新報》1932年09月20日，第三版。

《臺灣日日新報》1933年03月13日，第七版。

《臺灣日日新報》1933年06月30日，第三版。

《臺灣日日新報》1935年08月06日，第五版。

《臺灣日日新報》1937年03月06日，第九版。

《臺灣日日新報》1938年04月24日，第五版。

《臺灣日日新報》1938年04月26日，第五版。

《臺灣日日新報》1939年03月23日，第二版。

《臺灣日日新報》1939年03月25日，第七版。

《臺灣日日新報》1940年07月06日，第五版。

《臺灣日日新報》1943年08月24日，第三版。

《臺灣日日新報》漢文版1932年07月17日，第四版。

《臺灣日日新報》漢文版1932年09月19日，第八版。

《臺灣日日新報》漢文版1933年03月20日，第八版。

《臺南新報》1932年04月24日，第四版。

吳苙筠、黃泰郎採訪〈宜蘭佛光山圓明寺保留日據時代佛像〉《雪隧新聞》2011年11月02日。

《今日新聞網》2010年12月08日。（http://www.nownews.com/2010/12/08/91-2671786.htm）

《聯合報》2010年12月08日，B1版。

《自由時報（電子報）》，南部新聞，2010年12月13日。

（http://www.libertytimes.com.tw/2010/new/dec/13/today-south5.htm）

《人間福報》2010年12月15日，第九版。

《TAIPEI NEWS》2010年12月16日，第十五版。

國家圖書館出版品預行編目資料

宗教造型與民俗傳承─日治時期在臺日人的庶民信仰世界
／林承緯著. -- 初版. -- 臺北市：藝術家, 2012.10
256面；17×24公分

ISBN 978-986-282-082-7(平裝)

1.民間信仰 2.宗教文化 3.日據時期

271.9   101020481

宗教造型與民俗傳承
── 日治時期在臺日人的庶民信仰世界

林承緯 著

發行人／何政廣
主　編／王庭玫
編　輯／謝汝萱
美　編／廖婉君

出版者／藝術家出版社
台北市重慶南路一段147號6樓
TEL：（02）2371-9692～3
FAX：（02）2331-7096
郵政劃撥：01044798 藝術家雜誌社帳戶

總經銷／時報文化出版企業股份有限公司
桃園縣龜山鄉萬壽路二段351號
TEL：（02）2306-6842
南部區域代理／台南市西門路一段223巷10弄26號
TEL：（06）261-7268
FAX：（06）263-7698
製版印刷／鴻展彩色印刷（股）公司
初　　版／2012年10月
定　　價／新臺幣380元

I S B N　978-986-282-082-7（平裝）

行政院新聞局出版事業登記證局版台業字第1749號